职业教育高质量发展研究与实践探索

劳晓芸　马建超　主编

上海交通大学出版社
SHANGHAI JIAO TONG UNIVERSITY PRESS

内容提要

本书主要面向从事职业教育理论研究及实践工作的国内外学者与专家，收录了“长三角区域财经商贸类职业教育师资协同创新发展联盟成产暨2021年职业教育高质量发展论坛”征文活动中评选出的获奖论文及经典案例，以及部分专家论坛报告概要。本书围绕“职业教育高质量发展”的主题，内容涵盖现代职业教育“高质量发展”理念、现代职业教育体系及制度建设、现代职业教育办学模式与机制、现代职业教育课程教学改革、现代职业教育的德育路径、现代职业教育对外交流合作等方面。

图书在版编目(CIP)数据

职业教育高质量发展研究与实践探索 / 劳晓芸，马建超主编. — 上海：上海交通大学出版社，2023.6
ISBN 978-7-313-26401-5

Ⅰ.①职… Ⅱ.①劳… ②马… Ⅲ.①职业教育-教育质量-中国-文集 Ⅳ.①G719.2-53

中国国家版本馆CIP数据核字(2023)第028536号

职业教育高质量发展研究与实践探索
ZHIYE JIAOYU GAOZHILIANG FAZHAN YANJIU YU SHIJIAN TANSUO

主　　编：劳晓芸　马建超
出版发行：上海交通大学出版社　　地　　址：上海市番禺路951号
邮政编码：200030　　电　　话：021-64071208
印　　刷：上海万卷印刷股份有限公司　　经　　销：全国新华书店
开　　本：787mm×1092mm　1/16　　印　　张：19.25
字　　数：468千字
版　　次：2023年6月第1版　　印　　次：2023年6月第1次印刷
书　　号：ISBN 978-7-313-26401-5
定　　价：98.00元

序

在习近平新时代中国特色社会主义思想指引下，党和国家全面推进现代职业教育体系构建，培养高技能人才，建设技能型社会，为此，近年来，密集出台政策文件，从类型教育到提升服务社会能力的提出，从双师型教学团队到教材教法改革（三教改革）的倡导，从产教融合型城市试点方案到新修订的职业教育法的颁发，吹响了新时代职业教育发展的进军号。"长三角"，作为全国最富有活力、最发达经济地区之一的经济圈，建设世界级城市群的提出，对我们的职业教育提出了国际化水平和全新的要求，能否支撑起"国家乃至世界高质量发展的标杆"，这对职业教育来说是义不容辞的职责和使命。

近十年来，"长三角"不仅经济发展形成了良好的互动互补，职业教育的交流也十分密切和频繁，"双一流"高职专业建设，示范性院校和品牌专业建设，在线精品课程以及中高职教育、中本教育有效衔接等，都取得了卓有成效的瞩目成绩，取得了一大批省市级乃至国家级教学成果奖，为所在区域经济发展乃至全国经济建设和发展作出了不可磨灭的贡献。

2021 年，在上海市教育行政部门的大力支持下，上海商学院和上海商贸职业教育集团牵头，承担了《上海市职业教育高质量高水平发展政策研究》《基于国际赋能的长三角财经商贸类专业职教师资培训协同创新平台的探索与实践》等上海市级项目建设，且携手"长三角"区域 16 所职业院校及上海商贸职教集团 35 所成员院校，推动并促成"长三角"区域财经商贸类职业教育师资协同创新发展联盟，举办 2021 年职业教育高质量发展论坛，发起"长三角"区域职业教育教学探索与实践研究成果征集活动。

博观而约取，厚积而薄发。"长三角"职业院校不断锐意进取，积极推进职业教育教师、教材、教法"三教"改革，从人才培养模式到专业和课程建设积极探索，勇于实践，形成了一批有辐射影响、有实践借鉴意义的教育教学改革与研究成果，成为"十四五"期间"长三角"区域职业院校高质量发展的鲜明标杆。本书从中遴选出 40 余校深耕现代职业教育体系建设、培养高质量人才的教育教学研究成果，经专家评审推出 57 篇（项）成果文案。这些来自职业教育院校教师的研究与实践成果，其研究的领域和范围涵盖了职业教育师资队伍建设、课程思政、校园文化建设，教学理念与教学设计、专业与课程、德育与美育、产教融合、实践教学与赛训育人、质量保障与诊断评估等多个维度与视角。这既是一项职业教育发展的阶段性成果梳理，又为"长三角"地区职业院校教师展望新发展、投入新实践奠定厚实基础，推进未来发展之新华章。

加快建设世界重要人才中心和创新高地，着力形成人才国际竞争的比较优势是新时代职业教育肩负的新任务。面对新挑战、新机遇，坚持为党育人、为国育才，全体职业教育工作者，有责任立足新发展阶段，贯彻新发展理念，服务构建新发展格局，推动高质量发展，深入实施新时代人才强国战略。在大力弘扬劳动精神、奋斗精神、奉献精神、创造精神、勤俭节约精神，全面实施“技能中国行动”，为健全人才培养、使用、评价、激励制度，构建“党委领导、政府主导、政策支持、企业主体、社会参与”的高技能人才工作体系进程中，继续砥砺前行。

谨以此书致谢奋战在职业教育一线的职教教师与职教教学管理者。期待这样的成果，在不远的将来，能再次收集整理，汇编成著，成为职教人的“良师益友”。

目　录

四、课程思政与校园文化建设

一、专业与课程建设

全要素一体化中高职贯通人才培养的上海实践

曾海霞[1]

推进不同层次职业教育纵向贯通，是巩固职业教育类型定位、推动现代职业教育高质量发展的重要支撑。本项目于2009年2月启动研究，2010年2月形成方案，提出一体化贯通培养的基本模型，同年从3个专业试点起步，逐年小幅增加。经过4年多的实践检验，2014年被列为教育部"两校一市"教育综合改革试点项目，总结经验，优化方案，进一步扩大试点，2020年去"试点"后大规模推广，成为上海职业教育人才培养模式的主流。

本文揭示职业教育纵向衔接的深刻内涵，探明一体化贯通培养的路径与方法，积极回应国家对长学制培养高端技术技能人才的关切，引领上海214个中高职贯通专业点的人才培养实践，培育出42个高水平贯通专业，延伸出中本贯通、高本贯通、五年一贯制等相关模式，构建多层次、多样态的职业教育一体化人才培养格局。

一、成果背景

上海开展以全要素一体化为标志的中高职贯通人才培养实践，主要基于以下两方面的背景。

（一）外因：上海转型发展倒逼职业教育加快提升人才培养能级

国民经济发展进入"十二五"之际，上海面临实现"四个率先"、加快建设"四个中心"和建设社会主义现代化国际大都市的发展定位，创新驱动、转型发展是上海职业教育依傍的经济增长方式，在加快产业结构战略性调整过程中，相应岗位呈现技术含量高、复合程度高、创新要求高的"三高"态势，技术技能需要更长周期训练，对人才的受教育程度、文化素质要求进一步提高，呼唤职业教育提供更高质量的技术技能人才。

（二）内因：上海职业教育急需找到突破发展瓶颈的切入口

《上海市中长期教育改革和发展规划纲要（2010—2020）》提出"为了每一个学生的终身发展"理念和"新增劳动力平均受教育年限达到15年"目标。在职业教育体系尚不完善之际，中职、高职不衔接、松散衔接导致"效率不高"，技术技能人才"供"不应"需"。职业教育需要加快建立中职、高职教育课程、培养模式和学制贯通的立交桥，打通技能型人

---

① 曾海霞，上海市教育委员会教学研究室。

才深造发展的渠道，让学生成为适应工作变化的知识型、发展型技术技能人才。加快探索适应上海经济社会发展需要和特点的高素质技术技能人才培养模式，是当时上海职业教育发展面临的重大课题。

二、要解决的主要教学问题

中职、高职实现有机衔接，建立科学的体系是关键。本文围绕中职、高职不同层次职业教育人才培养如何真正实现有机衔接这一核心问题，着重解决以下具体问题：①如何形成整体性培养方案？②培养实施要围绕哪些要素？③分别建立怎样的规范？④区域层面如何保障培养的整体质量？

三、解决教学问题的过程与方法

充分把握类型教育定位，上海从构建中高职有机衔接模型的“大写意”，到找准要点、夯实内容的“全景图”，再到开发标准、形成规范的“工笔画”，不断深化，推动“目标—内容—过程—条件”全要素一体化的中高职贯通培养体系从整体构建到做深做实，走向精雕细琢。

具体过程与方法为：

（一）整体建构，系统设计

2009 年研制方案，跳出中高职院校原有学制叠加、内容叠加的“物理反应式”松散衔接经验，以现代职业教育体系构建的大视野，立足职业教育整体发展的大格局，打破中职、高职原有学制界限，提出“化学反应式”一体化中高职贯通培养模型（见图 1），确定新的 5 年基本学制，不分中高职阶段，进行培养方案的一体化设计与实施，从学制到内容全方位融合、全流程再造。

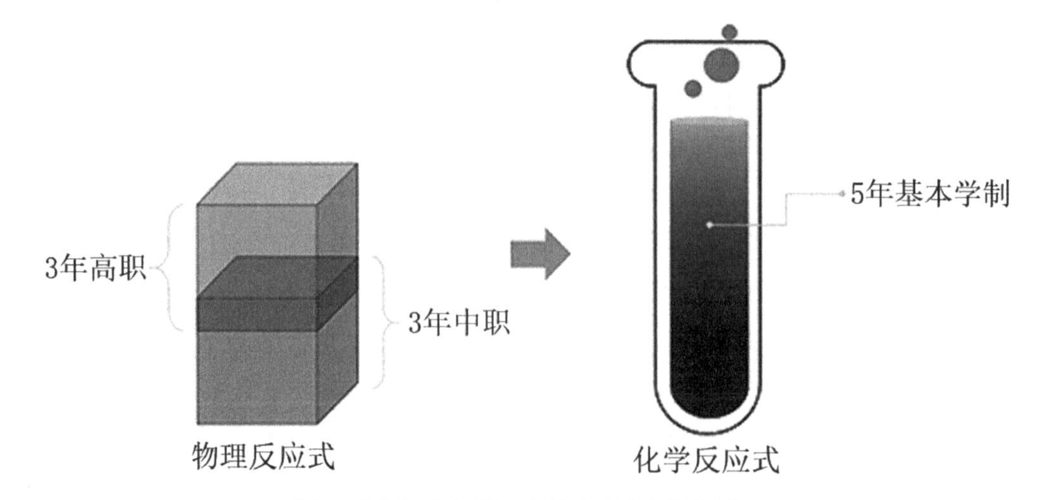

图 1 “化学反应式”一体化中高职贯通模型

2010年启动实施,在行业岗位技术含量较高,专业技能训练周期较长,熟练程度要求较高,适合中高职培养目标相互衔接贯通,且社会需求比较稳定的3个专业进行小规模试点,逐年小幅扩大,2014年进一步优化方案。

(二)要素分析,确立规范

针对衔接培养的难点与痛点,把握“目标—内容—过程—条件”全要素,确立相应的衔接规范。

1. 揭示中高职贯通精深型、复合型两类培养目标特性

坚持从行业企业对相应岗位人才的实际需求出发,研究不同行业的职业岗位特点和技术技能人才发展规律,明确基于纵向发展特性的精深型、基于横向发展特性的复合型两类中高职贯通培养目标特性。

2. 提出线状、网状两种中高职贯通课程体系的建构逻辑

打破中职、高职原有课程体系,遵循长学制学生身心发展规律和职业能力形成规律,科学地进行工作任务与职业能力分析,提出对应精深型培养目标特性的纵向递进、逐阶上升“线状”课程建构逻辑和对应复合型目标特性的横向扩展、螺旋上升“网状”课程建构逻辑,按照各阶段的能力要求和学生学习经验的建构规律,对专业课程的展开顺序进行编排,建立相应课程内容的紧密接续,建立高结构的课程体系(见图2)。

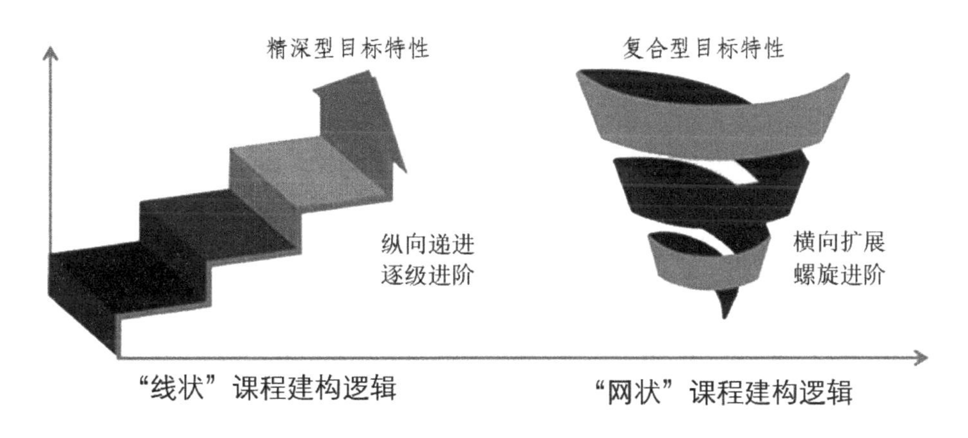

图2 中高职贯通一体化课程体系的建构逻辑

研制并发布《关于上海市职业院校制订中高职教育贯通专业人才培养方案的指导意见》,规范以一体化课程体系为核心的培养方案设计,明确一体化人才培养方案的制订原则、制订流程,规范培养方案的内容结构与体例要求。

3. 聚焦培养过程“五合力”

①明确一年甄别、三年转段的中高职贯通学程框架,建立市级层面统一的学籍管理制度,引导试点院校协调机制与管理制度,形成相向而行的管理合力。②建立联合家长会、院校双导师、校园活动双开放等制度,形成良性互动的育人合力。③搭建教学比武、教学展示等平台,精研课堂教学,形成互促互进的教学合力。④组建22个“横向联合”市级联合教研组,引领“纵向贯通”院校联合教研组,构建跨界、跨校的立体教研网络,形成

纵横交错的教研合力。⑤开展市级层面的跟踪检查、专项督导，强化评价结果的应用，引导院校加强内部质量控制，形成双轮驱动的评价合力。

4. 引导培养条件“四共同”

投入专项建设资金，实现中高职院校专业实训条件共享。实施教师联合培养、双向流动，实现中高职院校师资共用。实施专业教材、数字化课程资源集中开发，实现教学资源共建。建设42个高水平贯通专业，推动中高职院校专业内涵共进。

（三）建立中高职贯通专业教学标准体系

1. 顶层设计，建立开发机制

以国家专业目录和专业教学标准为指引，建立本市教育行政部门组织规划、教研机构研究指导、中高职院校与行业企业协同实施的中高职贯通教育专业教学标准开发机制，投入专项资金，建立“立项—实施—验收—审定”管理流程，以文件方式强化成果应用。

2. 研究先行，明确开发技术

发挥教研引领作用，研制《上海市中高职教育贯通专业教学标准开发指导手册》，明确开发理念、原则，细化开发程序与方法，建立完整的技术规范。

3. 高效有序，推进开发实施

以两年为周期，第一批研制出22个中高职贯通专业能力标准、22个中高职贯通专业教学标准，开发出537门专业课程和307门核心专业课程标准。第二批推进10个中高职贯通专业教学标准开发。坚持能力本位、有序衔接的理念，同步开发数学、英语、信息技术等3门公共基础课程标准。

4. 教研跟进，推动标准落地

依托市级联合教研网络，面向全市同类专业，开展专业教学标准专项培训和研修活动，进一步规范学校贯通专业的人才培养方案，开展基于标准的课程实施、教学设计、教材建设等专题交流与研讨。将专业教学标准作为中高职贯通专业跟踪检查、专项督导的基本依据，形成质量管理闭环。

四、本成果的主要内容

本成果聚焦中高职人才培养纵向衔接的内涵与外延，经历“构建模型—做实内涵—建立标准”三个阶段，1年研制方案，4年小规模试点和优化调整，通过7年大规模实践的检验，从小规模试点到区域性推广，全要素一体化中高职贯通培养实践成果的内涵不断拓展、深化，其操作性更强、适用面更广、辐射影响力更大。

（一）构建了“化学反应式”一体化中高职贯通培养模型

本成果遵循职业教育发展规律、学生成长规律和职业能力形成规律，揭示了从目标到内容的一体化贯通是职业教育人才培养纵向衔接的本质。

本成果跳出简单叠加的“物理反应式”松散衔接经验，打破学制界限和管理机制制约，缩短周期，重构内容，再造流程，提高效率，实现“3＋2≥6”的培养效果，构建“化学反应式”贯通培养“上海模型”，为破解中高职衔接培养“整体性不足、科学性不强”难题提供了思想方法，丰富了职业教育纵向衔接的理论内涵。

（二）确立了基于全要素一体化的中高职贯通培养规范

本成果聚焦培养目标、培养内容、培养过程、培养条件四大要素，围绕全要素一体化贯通的实现路径，揭示培养目标的衔接方式，提出一体化课程体系的建构逻辑，明确培养过程和培养条件一体化的路径与方法。

制定《关于上海市职业院校制订中高职教育贯通专业人才培养方案的指导意见》等30余项指导性制度及文件，形成214份中高职贯通人才培养方案、6册中高职贯通专业教学设计方案汇编，积累一大批中高职一体化管理机制建设、实训条件建设、师资培养、联合教研、质量监控等方面的优秀范例。

（三）形成了中高职贯通专业教学标准体系的开发范式及开发成果

本成果明确了中高职一体化课程开发理念和开发原则，建立了科学、规范的专业教学标准开发程序，形成了以《上海市中高职教育贯通专业教学标准开发指导手册》为标志的系统化技术指南。

以产业需求为导向，通过调研和工作任务分析，确定各中高职贯通教育专业的培养目标，形成职业能力标准；以工作任务为线索，通过课程转换分析，构建以任务引领型课程为主体的贯通培养课程体系；以职业能力为依据，通过课程内容分析，建立中高职贯通专业课程标准。

开发了22个中高职贯通专业的职业能力标准、专业教学标准及307门专业课程标准，继续推进第二批10个专业教学标准，同步开发数学、英语、信息技术等3门公共基础课程标准，建立了高质量的中高职贯通教学标准体系，为中高职院校编制中高职贯通专业人才培养方案、实施专业教学、开展专业建设提供了基本依据，为保障和评价中高职贯通人才培养质量提供了重要依据。

五、应用效果

（一）培养质量得到认可，学生可持续发展支撑有力

精深型、复合型培养定位和一体化培养方案缩短了培养时间，拉长了技术技能训练周期，加深了文化素质积淀、职业素养养成，更能匹配技术含量、复合程度、创新要求“三高”的岗位需求，毕业生受到企业的高度认可。214个专业点基本覆盖本市重点发展产业和紧缺、急需行业，为经济发展提供更优质的技术技能人才。企业参与人才培养的动力更足，251家企业的227名行企专家直接参与22个专业教学标准开发。与院校深度合作，参与培养方案设计与实施，在贯通专业开展订单式、现代学徒制等培养模式。

以上海城建职业学院、上海电子信息职业技术学院为例，贯通专业毕业生岗位适应能力、创新能力、职业稳定性更优，对口就业率高出分段培养学生近10%。贯通学生在各级各类大赛中获奖比例也高于分段培养，入选第46届世赛国家集训队的19名高职院校

选手中，中高职贯通生源占比 47.4%，明显高于高中生源 31.6%、三校生生源 21%的比例。

（二）中高职院校实现联动发展

坚持“大手牵小手”，高职引领，中职跟进，优势互补，人才共育，专业共建，资源共享，共生共长。连续三年开展中高职贯通教学比武，100 多支中高职联合教学团队同台竞技。通过深度磨合，本市职业院校实现理念趋同、行为一致，形成“双良发展”态势。

第一批贯通专业教学标准开发共吸纳来自 26 所高职院校的 219 名教师和 39 所中职学校的 224 名教师，第二批 10 个开发项目组包含 250 名中高职专业教师。直接承担数学、英语、信息技术 3 门贯通课程标准开发的院校教师 37 名，间接参与的教师近 60 名。按专业大类成立 22 个市级联合教研组，吸纳了 410 名中高职院校教师，开展听课评课等深层次教研活动超过 1000 场次。

（三）贯通培养品牌效应彰显

中高职贯通从小规模试点走向大规模实践，已扩大至 214 个专业点，中职、高职院校覆盖面超过 90%，占中职招生人数近三分之一，成为上海职业教育人才培养的主流模式。衍生出中本贯通、高本贯通和五年一贯制等相关模式，贯通培养成为上海职业教育的“热词”，门户网站上相关动态、新闻达万条。贯通培养受到家长和社会的广泛关注，招生分数连年攀升。

（四）同行和媒体给予高度关注

贯通培养被《中国教育报》《文汇报》《解放日报》等 18 家权威媒体报道。成果辐射到长三角、对口帮扶地区，相关制度文件、教学标准体系等被其他省市广为参考。面向兄弟省市开展十余场中高职一体化课程开发、贯通专业教学标准开发经验介绍。《上海市中高职教育贯通专业教学标准开发指导手册》得到教育部相关职能部门的高度关注，开发经验和成果成为国家层面一体化课程开发研究的参考。

三艺术、三阶段、三平台——中职公共英语课程立体矩阵式教学模式的探索与实践

谢永业　何莉娜　杨　菁　周维红[①]

公共基础课程是中职校课程体系的重要组成部分。中职英语课程是提高学生英语沟通能力、理解文化差异、发出中国声音的主阵地。因此，如何提高中职英语教学质量，帮助学生养成英语学科核心素养显得尤为重要。然而，传统“讲授式”课堂教学难以充分激发学生的学习动机，学生主动表达机会少，导致学生语言沟通能力停留在浅层次，故而，基于问题导向的中职英语教学改革迫在眉睫。

一、存在问题及解决方法

（一）成果主要解决的教学问题

1. 中职学生英语基础相对薄弱，学习动机与兴趣不强，深度学习不易发生，学科核心素养难以有效养成

在过往英语学习过程中，中职学生把英语学习停留在纸笔考试范畴中，偏离了语言学习的初衷，这种认知导致学生逐渐丧失英语学习兴趣，慢慢出现听到英语发怵、学习英语发呆、运用英语发愁等现象。

2. 中职公共英语课程信息化教学资源库建设相对滞后，资源职教特色不强，教学内容不够多元化

当前与中职英语课程教学相匹配的、符合学生多样化需求的信息化资源库建设相对滞后。教师难以在海量的网络资源中寻找并筛选出具有中职教特色、符合学生认知发展的高质量教学资源。

3. 中职英语教师对学情缺乏多维度动态了解，教学设计与实施不够科学灵活，影响课堂教学质量的提升

中职生处于成长变化期，在生理、心理、学习行为、职业发展规划、社会支持体系等方面都在发生动态变化。在教师实际教学中，由于缺乏信息管理平台有利支撑，学情分析容易出现把握不到位、主观片面化的现象，影响课堂教学质量的提升。

---

① 谢永业、何莉娜、杨菁、周维红，上海市工商外国语学校。

4. 传统中职课堂教学受时空限制，差异化教学效果甚微，学生个性化学习需求待满足，教学效率待提高

在传统教学中，尽管教师在差异化教学方面做了很多努力，但由于时间和场所固定，容易出现课堂时间不足、组织困难等问题，差异化教学效果甚微。因学生学习习惯、学习风格、学习背景差异大，统一的教学节奏和方法难以满足学生个性化需求，教学效率有待提高。

（二）解决教学问题的方法

1. 深入挖掘“三艺术”与中职英语有机融合着力点，以“三艺术”为载体，一体化推行课堂教学改革，提升学生学习兴趣

一是听歌曲，感受“旋律”，并通过翻译歌词理解歌曲含义，帮助学生在轻松愉悦的学习过程中获得语言知识，领会歌曲背后蕴含的情感思想。在这过程中，学生能以“跟唱”“演唱”“翻唱”等喜闻乐见的方式实现“歌”中学。

二是看电影、听台词、读剧本，了解电影的故事脉络，吸引学生注意力。学生为电影配音，身临其境地感受故事主角心理，进入电影人物情绪状态。在译台词过程中，潜移默化地掌握语言技能，最后，学生以改台词来表达自我思想，实现“影”中学。

三是编剧本、导戏剧，在创作一部完整戏剧的过程中，学生充分发挥想象力和创造力，调动各种感官和肢体语言，通过反复的商讨、修改、表演，团队合作、人际沟通、语言表达、跨文化理解等综合运用能力不断提升，实现“戏”中学。

2. 依托“教学诊改”平台功能建立资源审核机制，开发基于“三艺术”职教特色教学资源，促进信息化教学资源库更新

建立教师、教研室、督导室教学资源审核机制，师生共同开发基于“歌曲”“电影”和“戏剧”的具有职教特色的开放性、动态化、信息化高质量教学资源。教师对资源进行革故鼎新，形成“使用—更新—再使用”的良性循环。

3. 依托“学生管理”平台，通过勾勒学生“数字画像”多维度动态剖析学情，为科学设计教学并灵活实施教学奠定基础

在保护学生隐私和保障数据安全的前提下，对数据进行建模分析，从基本情况、行为数据、学业水平、艺术素养等多维度勾勒学生“数字画像”，细化学生学习行为、心理特征和人格特质，全面剖析学情，为科学设计教学并灵活实施教学奠定基础。

4. 运用“网络教学”平台，利用信息化教学手段实施基于“三艺术”的差异化混合式教学，提升教学效率和质量

教师根据学生的英语水平，在“课前—课中—课后”三个阶段实施差异化教学。课前分别推送不同难度的“歌曲”“电影”和“剧本”资源；课上学生以小组为单位，合作完成课堂任务，教师对学生进行精细化指导；课后，进一步延伸课堂教学内容，升华主题，教师实施差别辅导，从而提高教学效率。

二、教学模式的核心内涵及运行机制

（一）教学模式核心内涵

该教学模式是以“歌曲、电影、戏剧”为“艺术”轴、以“一阶、二阶、三阶”为“阶段”轴，以“教学诊改、学生管理、网络教学”为“平台”轴的教学模式(见图1)。

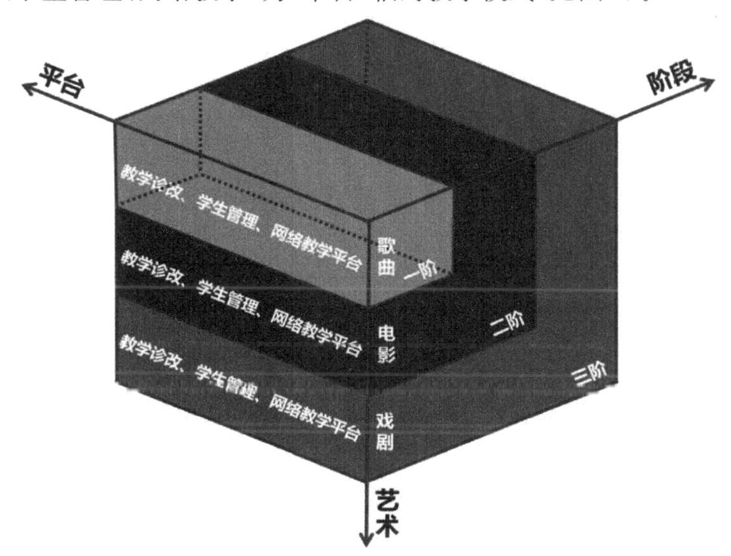

图1 “三艺术、三阶段、三平台”的立体矩阵式结构图

在三阶段中分别以歌曲、电影、戏剧三种艺术形式为载体，依托三大平台功能，实现混合教学。以“艺术”轴和“阶段”轴为基轴划分出“语言知识”“语言技能”“语用能力”三大模块。在“一阶”运用“歌曲”，帮助学生夯实语言知识；“二阶”运用“电影”，促使学生锤炼语言技能，“三阶”运用“戏剧”，促进学生形成语用能力。

（二）教学模式运行机制

“三艺术、三阶段、三平台”中职公共英语课程立体矩阵式教学模式运行机制可划分为三个阶段：

1. 一阶：“歌曲＋英语”，夯实语言知识

在选择歌曲时，尽可能把握“师生共建”原则，守住歌曲内涵红线，深入挖掘英语歌曲中语音、词汇、语法等语言教学知识点，侧重学生英语语言知识获取。

教师以遵循“侧重语言知识、歌曲主题正向”为选歌原则；以符合青少年偏好的英语“流行歌曲”为主旋律；歌曲节奏要“慢”；语言知识点以“出现重复率高”为最佳；歌曲内容以“想象空间大”为最好。

(1) 课前：“听”，教师依托学生管理平台，剖析学情，利用网络教学平台推送难易程度不同的歌曲，学生自主完成歌曲聆听、歌词填空，初步了解歌曲。

(2) 课中：教师根据课前学生自学情况，发布不同任务清单。“译”，学生借助歌词语

境及语言知识点，完成歌词翻译，更好理解歌曲内容。“说”，学生通过主题讨论、角色扮演、对比联想完成语言输出。

（3）课后：学生根据歌曲旋律，结合已学的语言知识点，对歌曲进行歌词改编后可尝试翻唱，并上传平台，教师整理歌词，对学生改编的歌词进行分析和差别辅导。

2. “二阶”：“歌曲＋电影＋英语”，锤炼语言技能

在第一阶段基础之上，教师利用“以歌曲为辅，电影为主”的原则实施教学。以“职场情境”为主线，发掘英语电影中的职场能力、职场冲突、团队合作、职场文化等职场元素，侧重培养学生的听、说、读、写、译能力，促使学生更好地锤炼语言技能。

电影选择以“学生推荐”“教师筛选”双渠道为原则；以世界主流电影为筛选类型；节选职场片段，选取配有英文字幕的片段最佳。

（1）课前：“视”“听”电影。教师依托学生管理平台剖析学生学情，通过网络教学平台为学生推荐适合学生理解、难易程度不同的电影。学生通过平台观看电影并倾听电影台词音频。

（2）课中：①“读”，教师下发相关电影的片段剧本，学生通过阅读，深入了解电影的故事梗概和情节。②“说”，学生在课前看完电影和阅读完节选剧本后，先进行电影配音，再表达出电影的核心观点，并融合自身观点、中国文化，通过场景置换，阐述因思维差异而可能产生的结果变化。③“译”，学生最后“译”出电影片段中的经典台词，对剧本文本进行二次深加工。

（3）课后：学生灵活运用“读”“说”“译”语言技能，对电影剧本进行改编，落地为“写”。教师根据学生改写好的剧本，进一步获知学生语言技能掌握情况，并通过剧本改写的走向，把握学生思想发展动态。

3. “三阶”：“歌曲＋电影＋戏剧＋英语”，形成语用能力

进入第三阶段，课堂教学以“学生为主体，教师为辅助”，根据不同学生的英语能力，分别借助“英语课本剧”“剧本自创”等形式，发掘学生自身潜能，侧重学生英语语言综合能力运用。剧本以中职英语课标中涉及的与职业相关话题要求，有机结合专业学习和职场需求。

（1）课前：依据平台数据分析结果，发布不同任务清单。基础型学生选取英文课本剧，对其再创作，形成新剧本，并进行编排。提高型学生结合专业学习和职场需求，设定角色，创作剧本，编排戏剧。

（2）课中：基础型学生对自己改编的剧本进行“表演再现”，师生进行表现性评价。提高型学生对自己创作的剧本进行全方位表演，其他团队成员进行互评。

（3）课后：学生根据评价进行再创作，再次优化剧本，并上传平台供同伴学习，教师根据学生上传的剧本再次打磨、润色，形成师生共建剧本。通过“改编剧本”“自创剧本”，及沉浸式戏剧表演形式，促进学生深度参与学习，使学生的团队合作、人际沟通、语言表达、跨文化理解等能力得到了全方位锻炼。

三、成果的创新点

（一）路径创新

本成果探索了艺术与中职公共英语课程有机融合的新路径。该模式突破学科界限，积极探索将艺术与中职公共英语课程有机融合。通过深入挖掘“歌曲”“电影”“戏剧”三种艺术形式中的教学资源，与中职英语课程教学中“语音、词汇、语法”语言知识及“听—说—读—写—译”语言技能有机融合，以艺设境、以艺激趣、以艺促学，促使艺术发挥潜移默化的作用，激发学生学习兴趣，促使学生深度学习。

（二）结构创新

本成果设计了“三艺术、三阶段、三平台”立体矩阵式的新结构。该模式突破二维教学元素设置的局限，以养成英语学科核心素养为主线，依靠教学元素内部逻辑关系，设计了“三艺术、三阶段、三平台”立体矩阵式的新结构，三大元素彼此相连、互相渗透，构成了紧密相连的立体三维结构。从单一维度来看，三大艺术形式内涵不断丰富，难度逐层递进；三大阶段层层进阶、一以贯之；三大平台互为支撑，相辅相成。

（三）模式创新

本成果形成了中职公共英语课程教学的新模式。该模式在课程教学的“课前—课中—课后”三个阶段，基于教学诊改平台功能，形成了教学资源库“使用—更新—再使用”的良性循环；充分运用学生管理平台，多维度、动态剖析学情，为教学设计和实施教学提供数据支撑；运用网络教学平台，实施融合信息化教学手段的混合教学，满足学生个性化学习需求，提高教学效率。

四、成果的推广应用效果

（一）学生综合素养全面提升，可持续发展能力不断加强

自该模式实施以来，学生在各级各类技能竞赛中屡获大奖，实现全国职业院校英语职业技能大赛“三连冠”，获得上海市“星光计划”英语项目个人及团队“九连冠”，在学业水平考中英语科目成绩名列全市前茅。升入高校后，在英语入学统测中，成绩稳居高位。

（二）教师教学科研能力不断提升，队伍建设成果斐然

教师在各级各类大赛中获得国家级奖 1 个，市级一等奖 10 余个，主持多项市级课题，发表论文 20 余篇。成果负责人和团队教师主编参编国家和市级规划教材 4 套，上海市优秀校本教材 2 套。教师积极开展课例研究，形成近百个典型课堂教学案例。成果共培育市级骨干教师 5 名，校级 9 名，成果负责人谢永业教师担任上海市中职英语学科中心组副组长。团队教师成为《上海市中高职贯通英语课程标准》和《上海市英语学科德育

指导意见》研制专家组成员。

（三）中职英语学科内涵建设不断深化，课改成果丰硕

在模式运行中，形成一系列课程改革成果。开发英文歌曲互动学习程序，收录英语歌曲70余首、电影资源65部，完成英语配音作品256个，制作英语戏剧绘本32本，改编英语课本剧159本，创作剧本53本，完成舞台剧表演120余场。疫情期间，团队在上海市“空中课堂”项目中策划、指导、审核、主讲在线课200余节。

（四）示范引领作用持续发挥，社会服务效应显著增强

该教学模式得到兄弟院校广泛认可和肯定，与上海市十余所中职校联合开展教师研修活动，并在上海教育电视台《沪上名师访谈录》、市第四期名校长名师培养工程成果展示会等进行成果推广。同时，依托市教委职业体验日平台，开发“演员诞生季”英语项目，并将其在社区学校推广应用。国内多所中职学校借鉴或采纳了该模式的改革成果。英国电影教育机构执行总裁格雷厄姆（Graham）先生和美国加州罗斯福学校校长杰里米（Jeremy）等国际友人来校交流研讨。

上海市工商外国语学校积极将成果向全国辐射，联合开展沪京、沪宁、沪甬教学模式推广活动，并与多所高校联合开展研究活动。依托扶贫扶智教育公益项目，把教学成果推广至内蒙古、贵州等地，促进当地教育教学改革。

面向数字经济的中职财经商贸类专业课程体系改革与实践——以上海市商业学校为例

朱晓将　王云玺　金南辉　陈玉红①

数字经济对我国经济社会发展产生了巨大的推动作用，在催生新产业的同时也进一步推动传统产业转型升级。面对大数据、人工智能、区块链、虚拟现实、跨境电子商务等一系列新技术、新工艺、新业态、新模式的挑战，传统中职财经商贸类专业课程体系在对接产业需求、专业课程设置、专业教学标准开发、教学方法改革等方面都存在滞后现象。如何对接产业升级发展，重新审视专业课程改革，从而实现专业升级与数字化改造，是中等职业学校必须面对的首要问题。

上海市商业学校依托“产业集群”，以跨界思维和系统思维，提出“四轮驱动”建设财经商贸类专业课程体系理念，从而提高财经商贸类专业学生财贸职业核心素养和核心技能，力图为上海区域经济发展提供更多知识型、发展型技术技能人才，同时为中等职业学校财经商贸类专业课程体系建设提供有益的借鉴。

一、专业课程体系建设现状

近年来，中等职业学校在财经商贸类专业课程体系改革领域做了大量卓有成效的工作，为经济社会发展提供了有力的人才支撑。但仍存在一些问题，制约了课程改革与实践的进程，主要表现在以下四方面。

（一）专业课程体系与产业发展契合度不高

统计分析发现，中等职业学校普遍存在专业方向老化、课程设置陈旧现象，不能满足区域经济发展与产业结构升级需要。中职校应通过不断加强人才需求调研，了解生产过程中主要职业岗位群对人才培养所需的技术技能要求，明确数字经济时代财经商贸专业人才培养规格，构建财经商贸类专业新型课程体系，以适应数字经济产业升级与数字化转型对技术技能人才需求的变化。

（二）教学标准严重滞后发展前沿

调研发现，即便是在北京、天津、武汉、广州、上海等经济发达地区开设财经商贸类专业的中职校，也普遍存在专业人才培养方案与课程标准同产业发展前沿脱轨现象严重、

① 朱晓将、王云玺、金南辉、陈玉红，上海市商业学校。

专业知识与技能过时的弊端，对人才培养的质量产生严重影响，因此，中职校应通过不断优化专业人才培养方案和课程标准，将行业发展的最新成果落实到专业教学中。

（三）教学资源匮乏影响人才培养质量

数字经济时代，各类虚拟仿真实训平台层出不穷。如北京地区海关在全国率先采用区块链技术，颠覆了传统报关工作的业务流程，然而中职校国际商务专业报关工作还停留在填单、制单阶段。因此，如何对接行业发展前沿技术，开发数字化教学资源、创设企业真实工作环境，营造工作氛围，提高理论与实践教学的效益是中等职业学校教学应当思考的重要课题。中职校可利用虚拟仿真、大数据、人工智能等新技术，开发数字化教学资源，解决专业课程改革“无下米之炊”的困境。

（四）教学方法制约创新型人才培养

目前不少中等职业学校的教师由于缺乏行业背景、缺少对行业发展前沿理论与技能的掌握，影响了专业群建设效果。中等职业学校可通过承担项目建设、企业实践、引进企业能工巧匠等方式，建设创新教学团队，引导教师紧跟科技进步步伐，更新职教理念，采用线上线下混合式教学方法，搭建“企业—专业—创新创业”“三元融合”实训平台，引进真实工作项目，构建“以产业带动教育，以教育促进产业”工作机制，解决以往理论与实践教学相脱节问题。

二、专业课程体系改革实践

中职财经商贸类专业根据自身优势，按照专业基础相通、技术领域相近、职业岗位相关、教学资源共享的原则，以优化课程体系、更新专业教学标准、开发教学资源、改革教学方法等途径为切入点，形成“四轮驱动”中职财经商贸类专业课程改革模式，对财经商贸类专业课程体系进行升级与数字化改造，构建符合时代特征的新型课程体系。

（一）构建专业模块化课程体系

为确保学生职业能力、人文素质、职业素养整体提升，根据财经商贸类专业职业岗位的调研分析，按照“底层共享、中层互选、高层分立”逻辑，开展以培养综合素质为核心的专业通识教育课程平台建设，以培养专业基础素养为核心的专业基础共享课程平台建设，以培养专业核心素养为核心的专业核心岗位课程平台建设，构建能力递进模块化课程体系（见表 1）。

对标《职业教育专业目录》，对接职业教育新阶段新格局高质量发展新要求，对接数字经济和现代产业体系新需求，将互联网、大数据、云计算、人工智能、物联网、5G、区块链等新一代信息技术融入专业人才培养方案和课程标准，开展专业升级和数字化改造。同时，注重集群内相通或相近的专业基础课程和相关或相近的专业技术课程建设，系统构建财经商贸类专业课程体系。加强专业课程内容整合，实时引入数字经济时代各专业新知识、新技术、新标准、新工艺、新成果和国际通用的技术技能型人才职业资格标准，动态更新教学内容。财经商贸类专业群内各专业分别建设 3—5 门专业基础共享课程，各专业至少建成4—6门体现本专业特色的专业核心岗位课程。

表1　基于职业岗位能力培养的模块化课程体系

<table>
<tr><th colspan="2">模块</th><th>会计事务专业</th><th>国际商务专业</th><th>电子商务专业</th><th>商务英语专业</th><th>商务日语专业</th></tr>
<tr><td>专业核心岗位课程模块</td><td>高层分立</td><td>基础会计
初级会计实务
财务管理
会计职业道德
出纳实务</td><td>国贸业务流程
外贸单证实务
国际货运代理
市场营销基础
国商法律法规</td><td>商品信息采集
网店经营管理
电商客户服务
网络营销
网页设计制作</td><td>商务英语听说
商务英语读写
商务英语口译
国贸业务流程
外贸英语函电</td><td>基础日语
商务日语听说
商务日语阅读
商务日语写作
国贸业务流程</td></tr>
<tr><td>专业基础共享课程模块</td><td>中层互选</td><td colspan="5">商务数据分析、智能机器人、跨境电子商务、数字营销、网络营销、全媒体运营、人工智能跨语言编程、无人机操作、虚拟商业社会仿真模拟实训、小企业会计、社交电商、跨境电商多平台运营、商务模拟实训、创新创业工作坊、跨文化交流</td></tr>
<tr><td>人文素质共享课程模块</td><td>底层共享</td><td colspan="5">语文、数学、英语、思想政治、历史、信息技术、音乐、美术、体育与健康、心理健康、劳动教育、创新创业、工匠精神、劳模精神、沟通与演讲、沙盘模拟企业经营、商业企业文化、财经应用文写作、商务礼仪、行业发展前沿</td></tr>
</table>

各专业除开设体现专业核心岗位能力的专业核心课程以外，以限定选修课、任意选修课等形式开设能反映数字经济时代专业升级的专业基础共享课程，如商务数据分析、人工智能跨语言编程、数字营销、智能机器人、全媒体运营、社交电商等，使学生能充分了解数字经济行业企业对财经商贸类专业人才的知识与技能需要，体现宽基础、窄口径、具有终生发展能力的人才培养特征。

以电子商务专业为例，该专业开设的主要课程包括：商品信息采集、网店经营管理、电子商务客户服务、网络营销、网页设计与制作、商务数据分析、小企业会计、全媒体运营、社交电商等。专业目标是培养具有一定文化水平，良好的职业道德和人文素养，能从事商品信息采集、网络营销、电子商务客户管理、网店经营管理、商务数据分析等相关工作，具有职业生涯发展基础的知识型、发展型技术技能人才。

在实践性课程设置方面，为财经商贸类专业开设虚拟商业社会仿真模拟实训、商务模拟实训、跨境电子商务创新创业工作坊，这三项实践性课程作为中期实习内容，在学生完成学业水平测试之后分批实施，深化学生对理论知识与专业技能的掌握。

（二）建设专业教学标准

学校在贯彻落实国家和市级课程标准的基础上，发挥长期以来形成的产教融合、校企合作的资源优势，邀请上海乃至全国财经商贸行业、企业专家开展论证，组织开发具有行业背景和学校特色的专业人才培养方案和课程标准。对接职业标准、行业标准、技能标准、1+X证书考核标准，将大数据、人工智能、区块链等新技术融入会计事务、国际商务、电子商务、商务英语、商务日语专业人才培养方案和课程标准，完成人文素养共享课程、专业基础共享课程、专业核心岗位课程的课程标准，形成具有上海特色、符合数字经济特征的教学标准(见表 2)。

表 2　专业对接行业企业制定教学标准一览表

序号	专业	对接行业、企业	合作领域	已建课程标准
01	会计事务	财政局、商务委 会计师事务所	业财一体化、共享财务中心 区块链技术、数据安全 个税申报、企业所得税申报	12 门
02	国际商务	经信委、商务委 跨境电商工委会	新零售、跨境电子商务 数字营销、网络直播 跨境电商多平台运营	14 门
03	电子商务	电子商务行业协会 信息服务行业协会	网络直播、网络营销 电商客服、网店经营与管理	15 门
04	商务英语	经信委、商务委 外服集团企业 大数据产业联盟	精准营销、商务数据分析 海外客户营销 文化旅游、智慧城市	14 门
05	商务日语	经信委、商务委 外服集团企业	精准营销、商务数据分析 海外客户营销 文化旅游、智慧城市	10 门

各专业积极参与实施 1+X 证书制度试点,将各行业领域新知识、新技术、新业态、新模式有机融入专业教学,人才培养方案与课程标准及时反映行业企业岗位对职业素养和职业能力的新要求,促进 1+X 证书项目顺利实施。

学校与行业企业紧密联系,积极探索定向培养、联合培养、订单培养和“现代学徒制”等多样化的人才培养模式,与积极探索创新实践企业签订校企合作协议,力求在理实一体化教学过程中结合行业企业对“互联网+”的改革探索成果,协同推进财经商贸类专业人才培养模式改革。

(三)校企合作开发数字化教学资源

把握数字经济时代职业教育的发展趋势,对接财经商贸类企业实际工作岗位需求和技术标准进行数字化课程资源建设,与企业合作,产教融合、校企合作开发数字化教学资源,利用人机对话、虚拟仿真、多触点电子沙盘、智慧教育等新技术,共建企业经营管理 ERP 沙盘、国际贸易多人对战电子沙盘、货运代理实训平台、电子商务 EC—STORE、KPI 绩效评价、跨境电子商务等实训平台,形成以电子教材、云教材、微课、视听资源包等构成,总量达 1.5GB 的数字化、网络化、虚拟仿真的教学资源网络(见表 3)。

表 3　财经商贸类专业数字化教学资源开发统计

项目内容	会计事务专业	国际商务专业	电子商务专业	商务英语专业	商务日语专业
电子教材 云教材	基础会计、财务会计、沙盘模拟企业经营等6门	国贸业务流程、货运代理、外贸单证等5门	商品信息采集、网络营销、电商客服等5门	商务英语口译、初级英语口语等5门	商务日语听说、商务日语写作等3门
精品课程 网络课程 在线开放课程	个人理财基础、ERP基础知识等7门	单证实务、国际贸易业务流程等6门	网店经营与管理等3门	TAFE英语、商务英语听说、商务英语读写等4门	国际贸易业务流程等2门
微课	珠算、点钞技术、出纳实务等8门	国际贸易业务流程、国际商务实用英语等9门	商品信息采集等6门	商务英语口语、商务电话等10门	基础日语、商务日语口语等6门
视听资源包	14门	16门	15门	12门	10门

（四）建设“数智化”创新教学团队

引进真实工作项目，搭建“企业—专业—创新创业”“三元融合”实践性教学平台，赋予专业教师“三能”，即“课程资源建设能力”“资源整合应用能力”“课堂教学组织能力”，帮助教师掌握数字经济时代的新知识、新技能，增强课堂教学实效。

“三元融合”实践教学平台中，企业包括德国巴伐利亚职教联盟、中国电子商会跨境电商工作委员会等行业头部企业；专业包括会计事务、国际商务、电子商务、商务英语、商务日语等；创新创业是由学校与市北高新技术园区、中国电子商会跨境电商工作委员会、企业等合作开展政行校企“四位一体”创新创业教育。通过聚集企业、专业、创新创业优势，培养兼具创新创业思维和可持续发展能力的技术技能型人才。

引企入校开展虚拟商业社会综合实训、跨境电子商务实践性教学，创新创业工作坊，将企业真实项目引入课堂，使教师和学生参与企业具体工作项目，以缩短职业教育与行业发展的差距，建设数智化创新教学团队。

在教学过程中，鼓励教师采用项目教学、案例教学、情境教学、模块化教学等教学方式，广泛运用启发式、探究式、讨论式、参与式等教学方法，采用翻转课堂、融合式教学、理实一体教学等新型教学模式，推动课堂教学革命。加强课堂教学管理，规范教学秩序，打造优质课堂，教师掌握数字经济时代的新知识、新技能，增强课堂教学实效，提高课堂教学质量。

学校注重专业带头人选拔和培养、骨干教师的职业能力培养、青年教师和专业教学团队建设及“双师”素质教师引进和培养；采取引进和培养相结合的方式提高师资队伍整体水平（见表4）。

表4　财经商贸类专业创新教学团队建设

项目内容	会计事务专业	国际商务专业	电子商务专业	商务英语专业	商务日语专业
名师工作室	1	1	1	1	1
创新教学团队	2	2	1	1	1
市级综改项目	2	2	2	1	1
市级教学标准开发	参与	牵头单位	牵头单位	牵头单位	参与
参加市级以上教学大赛获奖	3	3	2	2	1
校企合作开展课题研究	3	3	2	2	1
校企合作开发校本教材	2	2	4	3	1

数字经济时代对中职财经商贸类专业人才质量有了更高的要求，人才的培养离不开优质的专业课程体系。本文采用行动研究法、文献研究法和对比分析法，对目前中职财经商贸类专业课程体系存在的问题进行剖析，形成了“四轮驱动”开展中职财经商贸类专业课程改革的工作模式，从而对中职财经商贸类专业课程体系进行升级与数字化改造，构建符合时代特征的新型课程体系。

沉浸真实项目　孕育核心素养——中职文创类专业“项目实践课程”实践探索

沈　蓝　许彦杰　徐　青　张　静[①]

一、成果简介

作为一所专注于文化创意教育的中职学校，上海市逸夫职业技术学校在长期的人才培养过程中发现，中职文创类课程教学“重技能、轻素养”“远职场、缺情景”及课程评价“单一性、符号化”的问题比较明显，越来越难以满足现代企业对人才综合能力的需求及复杂多变的市场用人要求。

随着时代发展对高素质技术技能人才的更高要求，中等职业教育人才培养不能只限于知识技能的培养，立德树人成为根本任务。而培养学生核心素养正是落实这一根本任务的重要突破口。

学校着力思考“中国学生发展核心素养”如何与学校特色相结合，文化创意专业人才应该培养怎样的“核心素养”，如何设计指向“核心素养”的实践框架和创新行动等问题，为此，构建了以“审美、专业、创意和社会”四大素养作为核心素养的四阶段发展路径，并以项目实践课程为切入点，将核心素养培育和思政元素“基因式”融入课程和课堂。同时，依托产教融合资源平台，完整构建项目实践课程“目标—资源—内容—教学—评价—管理”六要素，全方位落实核心素养培育，在全国率先构建促进文创类学生核心素养落地的实施路径，同时也率先开辟出文化创意专业产教融合人才培养的新思路。

五年来，学校在文化创意集群专业一共开设126门具体项目实践课程，涉及城市精神、社区形象、企业产品、老字号革新、医疗友好、红色文创等多元主题，开拓出校企(社)合作型、跨专业跨学科型、国际工作坊等多种课程教学方式。学生核心素养培育取得实效，积累丰厚课程作品投入市场应用；在全市首创中职学生原创作品品牌；毕业生社会满意度高；教师专业水平与双师素养得到突破性提升。出版专著《给你真实的职场体验》，课程教学与人才培养模式推广至长三角和边远地区。学校教育教学改革成果受到学习强国、新华社等媒体广泛报道。

---

① 沈蓝、许彦杰、徐青、张静，上海市逸夫职业技术学校。

二、成果主要解决的教学问题及解决教学问题的方法

（一）主要解决的教学问题

1. 重技能、轻素养

当前文创类专业在课程教学中较多重视专业技能的培养，而对于文化创意行业非常看重的审美素养、创意素养，以及学生的思政品德、社会能力等关注度不高，课程中缺乏与“核心素养”培育的链接，难以发挥五育并举、核心素养培育等作用。

2. 远职场、缺情景

从学校到社会，从“学生”到“职业人”，职校学生角色跨度较大。能够让学生提前认知、感受、体验职场，将有助于学生更好适应未来职业需求及变化。但当前中职文创类专业人才培养脱离真实工作情景，难以满足灵活多变的市场需求，难以贴合市场对文创人才职业综合素养的需求。

3. 单一性、符号化

课程评价是课程教学的重要环节，传统评价通过比较单一、符号化的方式对学生学习情况进行结论性判断，忽视职业工作本身的复杂性和学生素养发展的独特规律和多样性，难以有效测评学生学习成效。这样的评价理念和方式难以驱动和激励学生在真实职业工作中探索，同时也会损害课程改革的努力。

（二）解决问题的方法

1. 重定目标

构建文创人才核心素养，落实立德树人根本任务。按照《中国学生发展核心素养》的要求，学校结合文化创意专业集群特点及中职学校育人规律特点，进一步思索要怎么培养学生的问题，构建文创类学生核心素养培育重点内容（见表1）——以创意素养为核心，以审美素养和专业素养为重点，以社会素养为基座，从而进一步明确以思政价值观引领育人目标，深化文创类专业学生的人才培养目标，为培养学生具备未来融入社会并得以可持续发展所需要的关键能力和品格提供导向。

表1　中职文创人才核心素养表

核心素养	具体阐释
创意素养	具有艺术观察、表达和创意表现的能力；独立思考、勇于探究的精神
审美素养	健康良好的情操德行、审美价值取向；感知表现美的意识和能力
专业素养	认识自我，培养发展一技之长；不断适应环境、解决问题的持续行动力
社会素养	遵循公民准则，具有社会责任感；履职尽责并乐于奉献；具有团队意识和互助精神；具有良好的思想道德品质

2. 重组资源

建设产教融合平台，创设真实的实践场景，解决人才培养脱离真实工作情境的问题。一方面，学校充分利用校企联合工作室、校内的华山艺术馆（市级美术馆）、长三角中职美术教育联盟等平台，推进项目实践课程校企联动，跨专业、跨学科设计项目，开展面向企业、社区的真实提案。通过紧贴市场的项目浸润和实践学习，将学生置于复杂任务中，让其能充分调动与运用分析、综合、设计、操作和评价等高阶思维技能，并获得对企业产品标准和工作环境及压力的真实体验。

另一方面，在项目实践课程中，学校重视引入行业、企业专家组成导师团队，全程参与、深度介入项目实施、指导、评价等各个环节。在学校师生与行企专家互动过程中，来自行业、职场的话语体系、最新知识技能、素养范式等潜移默化地渗透至学校，助力学生发展，同时也帮助教师成长。

3. 重构课程

开发项目实践课程教学支架，落地核心素养培育，解决“重技能轻素养”课程教学问题。结合项目课程开发，推进以核心素养发展为目标，以项目为载体，以工作任务为内容选择参照点，整合相应的知识、技能与素养，并以项目实施为主要学习过程，以获得典型产品（或服务）为结果的项目实践课程建设。一是以项目为单位进行课程教学和学习活动，项目成为课程的核心与焦点。遵循项目工作规律，开发项目实践课程教学支架，依照“项目任务点—知识与技能要求点—核心素养目标点”逻辑组织开发课程内容，突破学科课程以知识为中心的课程教学框架思维，实现真实项目课程化，并在项目学习中落实核心素养培育。二是开展“以学生为主体”的教学组织方式，运用实地调研、互动分享、展示汇报等多种教学方式，转变以教师为中心的教学局面，鼓励学生自觉开展自主学习与合作学习，助力学生核心素养的提升。

4. 重塑评价

构建项目实践课程评价体系，引导激励学生可持续发展，解决传统人才评价单一、符号化问题。系统构建了项目实践课程评价体系，实现了评价方式从传统纸笔评价、单维度评价向表现性评价、多元多维评价的转变，融合不同评价主体的价值标准，融合动态的运行过程和静态的输出成果的评判，融合学生多维度核心素养养成的检验。在评价主体方面，形成由学生个体及同伴、教师等组成的校内主体以及由企业、专家、社区等组成的校外主体共同参与的多元主体。通过外部项目导入、多导师参与及学生“逸想秀”展示及产品平台打造，使企业、专家、社区等教育共同体参与课程评价。在评价标准及维度上，将过程与结果相统一，既关注学习结果也关注学习过程中核心素养的养成。通过设置文创人才核心素养的评价内容维度和指标，实现了学生在学习过程中核心素养发展情况的可评可测，为科学开展评价工作提供依据。对学习结果的评价则结合市场产品评价导向生成评价维度及指标。在评价结果体现上，项目实践课程不主张给出一个“冰冷”的分值，而是通过综合评价等级、核心素养成长画像、个性化发展激赏等方式，完整呈现学生成长轨迹与成效，既综合化、个性化、可视化评估学生当期成长，也能通过多个项目的评估，考察并激励学生纵向的成长。

三、成果的创新点

（一）理念创新

“中国学生核心素养”这一概念的出现表明，教育评价标准的形式逐步发展变化，不再只强调学生对知识和技能的习得，而是愈发重视学生知识获取能力的提升和发展潜能。作为文化创意教育特色校，逸夫职校培养的是面向文创产业的具备独特核心素养的优质文化创意人才。学校立足于时代发展新要求、着眼于学生可持续发展、扭转“唯技论”课程教学倾向，构建文创类中职学生核心素养内容体系，即以符合市场特征的创意素养为核心，以审美素养和专业素养为重点，以从容应对职场变化的社会素养为基础。这些都是学校人才培养理念的创新。

（二）模式创新

学校通过将企业、行业、社区真实的文创项目服务引入项目实践课程，依托创设即时呈现与检验学生项目实践课程成果的“逸想秀”品牌平台，在真实的项目浸润、真实的学习实践、真实的职场空间、真实的评价检验中培养学生核心素养，将学生对职场的应战力培养前置，有效激励学生综合素养的提升。学校探索出文化创意专业集群“产教耦合、双元育人”人才培养的有效路径和模式，这一模式很好地贴合了强调创新变化、跨界融合的文创行业市场的运作实际。

（三）课程体系创新

经典的课程编制包括“目标—内容—方法—评价”四方面；基于项目实践课程的育人追求和组织特点，上海市逸夫职业技术学校构建了“目标—资源—内容—教学—评价—管理”六要素，并通过规划层面顶层设计课程改革实施方案，通过实施层面促进教学实施方案固定化、显性化，形成完整的项目实践课程闭环，为文创类人才核心素养转化探索出一条可行路径。这是目前国内较为系统科学开展的项目实践课程的有益尝试，也是在全国率先构建的促进文创类学生核心素养落地的实施途径，具有重要的价值意义。目标上，转变了重任务、轻素养的痼疾，将课程建设目标清晰化为核心素养培育；资源上，构建校企（社）深度合作、双元育人的机制，引入真实项目，革新课程资源；内容上，依照项目工作逻辑，贯穿知识技能教学内容，融入核心素养培育，将真实项目的完成转化为具有育人价值的课程内容；教学上，转变了传统教与学的方式，以学生为主，校内外双导师引领；评价上，构建了纵向贯穿学生项目成长路径的平衡、综合、立体的评价体系，发挥课程引导学生可持续、个性化、多样性发展的功能；管理上，通过顶层设计、全局统筹，革新管理范式，保障课程高质高效。

四、成果的推广应用效果

（一）应用效果

学校统筹实施了 126 门项目实践课程，共涉及 7 个主题，累计生成 2134 件学生课程作品，部分产品已被企业、社区街道、三甲医院等投入实际应用。

依托项目实践课程学习实践，学生核心素养得到全面培育，教师在真实市场项目中获得实践教学经验，并在校企导师互动中提升实践教学能力，专业水平和双师素养得以同步锤炼提升。

(1) 学生获益。2016—2021 年（上半年）间，学生荣获国家级奖励 14 项，市级以上奖励 506 项。毕业生求职成功率、入职后岗位胜任力和薪酬涨幅在文化市场同类人员中占绝对优势。

服装设计与工艺专业毕业生毕业后被企业遴选为龙凤旗袍新一代非遗传人，2019 年作为品牌企业代表参加上海市两会，担任中国进口博览会非遗项目“龙凤旗袍”主讲人，毕业两年年薪提高 47%。珠宝玉石加工与营销专业毕业生高职毕业后在第七届老凤祥青年珠宝首饰设计大赛中作为最年轻的选手荣获最具商业价值奖，年薪破格提高至 178%。

(2) 教师提升。2016—2021 年（上半年）间，教师获国家级 14 奖励项，市级以上奖励 146 项；学校获国家级奖励 1 项，市级以上奖励 94 项。教师在真实市场项目中获得实践教学经验，并在校企导师互动中提升实践教学能力。

(3) 行业认可。与老字号及品牌企业等建立长期的校企合作关系，通过在项目实践课程中引入企业的真实项目，培养了一批具有创新意识、创业能力的优秀毕业生。一批学生作品转化成产品，受到市场垂爱。文创衍生品课程学生作品已在多地酒店装饰使用；“创逸静安”课程学生作品转化成产品，在 2020 年上海市第二届“建筑可阅读”系列活动中吸引众多顾客驻足购买；“逸绘老北站”课程学生作品成功转化为街道文化宣传产品。

(4) 高校赞许。上海高校对本校毕业生的普遍反馈是“具有较强的岗位适应力、全面的综合素养，未来可期”。

(5) 社会信任。近三年学校招生稳定向好，招生人数及录取分数线逐年攀升。

（二）推广辐射

(1) 长三角辐射。牵头举办“聚焦素养 · 项目浸润 · 双元育人——现代职教改革背景下课程教学与人才培养模式革新长三角研讨会”、长三角美术联盟校长论坛，交流项目实践课程理念和项目合作，影响广泛。

(2) 教育扶贫。2018—2021 年暑期，上海市逸夫职业技术学校共接待喀什地区青少年学生 1000 多人，教师 150 余人，提供多门促进两地文化交流的项目实践课程供师生体验学习；2019 年云南文山州民族职业高中教师来沪培训，2020 年西藏日喀则教育代表团来校考察，学校均重点推介了项目实践课程成果并就当地如何开展项目实践作了经验分享和指导。

(3) 出版专著。2021年出版《给你真实的职场体验——基于核心素养培育的项目实践课程研究与实践》。

(三) 社会影响

(1) 全市首创学生原创作品品牌。注册学生原创作品品牌商标——"逸想秀",并设有线下学校展示门店及线上小程序,为学生搭建了作品展品展示营销平台。品牌产品亦作为礼品被政府机关在国内外教育文化交流活动中采用。

(2) 输出社区文创服务。以"逸想秀"社区文化活动及文创产品定制服务为内容,学校与街道合作,共同提升社区文化品质,打造社区特色文化。

(3) 主流媒体频频点赞。五年间获新华社、人民日报、学习强国及市级以上主流媒体报道多达88次。

基于全产业链现代学徒制的中职学校船舶制造专业群人才培养模式研究与实践

韦方方　薛智伟　顾淑华①

一、成果背景及研究历程

（一）成果背景

近年来，随着国家维护海洋权益、建设海洋强国的要求造船工业不断涌现出“国之重器”，从常规动力潜艇到导弹快艇，从驱逐舰到万吨大驱，再到如今的国产航母，都彰显着造船工业的风采。

江南造船集团职业技术学校作为船舶类技能型人才培养的“蓄水池”，承担着为船舶行业储备和培养高素质高技能型人才的重任，承担着为国家培养高精尖船舶制造的技能型人才梯队的重要使命。根据我国社会主义现代化发展对产教融合的总体要求，围绕校企协同育人机制上缺乏“同频共振性”、内容上缺乏“技术先进性”、形式上缺乏“真实生产性”等问题，学校创建了基于全产业链现代学徒制的中职学校船舶制造专业群人才培养模式。

（二）研究历程

2015 年始，学校经多年探索与积累，初步确立基于全产业链现代学徒制的人才培养模式。

学校“十三五”期间深入实施“产教结合、校企合作发展规划”，开展基于全产业链现代学徒制的中职学校船舶制造专业群人才培养模式研究；建立“四级贯通”校企协同育人联动机制，并调整各部门在现代学徒制人才培养模式下的职能职责；成立“产学研成果转化基地”；建立“三互有机一体”船舶制造专业群课程体系；研究成果通过评审验收，学校启动试点工作；学校校长韦方方向全市中职校校长汇报“江南”特色产教融合背景下现代学徒制育人模式。

2021 年 6 月，研究成果《“江南”特色产教融合人才培养模式的思考与研究》被评为 2020 年上海市中等职业教育课程与教学改革研究优秀课题。

---

① 韦方方、薛智伟、顾淑华，江南造船集团职业技术学校。

二、成果解决的教学问题及方法

（一）主要解决的问题

(1)校企协同育人机制缺乏“同频共振性”。
(2)校企协同育人内容缺乏“技术先进性”。
(3)校企协同育人形式缺乏“真实生产性”。

（二）解决问题的方法

1. 双向挂职、双重身份，建立“四级贯通”校企一体联合育人机制

该模式推动了校企人员双向挂职，“学生、学徒”身份认定。企业任命教培中心主任兼学校校长，统筹职前职后育人资源；要求能工巧匠兼教师，保障企业项目课程融通；制订“招生即招工”方案，明确“学生学徒”双重身份。

建立了“四级贯通”校企协同育人联动机制。从办学指导、专业发展、组织管理、教学运行方面建立了四个层级机构。成立了由企业人事副总牵头，生产部门负责人参与的办学指导委员会，成立了以行业专家领衔的专业指导委员会，重构了教学运行管理和质量监控组织架构。双方共商招生规模、招生条件，共建教学标准、教学资源，共享专业师资、实训条件，共管教学运行、质量监控，共评教学水平、学生能力。

2. 国际领先、德技并重，打造“互通互融互选”专业群课程体系

借助“产学研成果转化基地”，将产业最新成果转化为教学成果。将研究出的国际领先的造船生产标准转化成具有国际影响的专业教学标准和课程标准，再转化成国内认可的职业工种鉴定标准和学习评价标准。依托标准，打造船舶制造专业群“三互有机一体”的专业群课程体系。

“一互”是根据船舶制造专业群共通的通识素养和核心素养需求，开设可以共享的专业基础课，落实“互通”；“二互”是按照“群”的建设理念，考虑到群内不同专业对应的岗位工种在建造船舶的整个工艺流程中的协作与配合，基于跨工种、协同式作业的职业能力与素养的养成，设置对应课程，产生“互融”的效应；“三互”是面向课证融通设置船舶制造企业项目课，每名专业学生以项目为单位选择企业课程，有效拓宽其职业能力发展空间，不同专业间实现“互选”。以“互通、互融、互选”形成“三互有机一体”核心理念，融合需求、标准、过程、评价，按照“群”的建设理念构建彼此联系、相互渗透、共享开放的船舶制造专业群课程体系。通过对标对岗重构课程内容，分层分类结构课程层级，让教学内容与产业发展需求接轨，融入“悬规植矩、器惟求新”的企业文化，养成跨工种、协同式作业的职业能力与素养，逐渐内化企业文化和规章制度。

3. 企业主导、工学交替，开设“实船实岗实景”全产业链学徒班

根据企业人力资源需求，学校制定人才培养规划，明确工学交替式学徒班教学组织形式。通过精准对接生产部门，精细划分岗位需求，学徒班以“年级＋专业＋生产部门”命名，学生在校学习知识，在企开展实践。以企业提供的多船型、多批次、多元化的生产任务为载体开展产教融合型教学，通过引入“实船实岗实景”，有机地在各种船型、生产区

域、生产岗位间进行专业群多工种协同培养，形成“岗位要求—生产标准—工艺识图—产品制造—产品报验”的教学内容闭环。以“学徒班”为平台，校企共同定制培养了企业亟需的能直接进入真实生产流程的跨工种、协同式、实战型人才。

三、成果的特色与创新

（一）创设企业主导的校企协同育人机制

以中国特色现代学徒制双主体育人思想为指导，创设了企业主导的校企协同育人机制。落实招生即招工，校企联合按照船舶制造专业群岗位用人标准开展面试选拔，学生进校后即签订学徒、学校、企业三方协议，明确学徒实践岗位、教学内容、权益保障等；贯通职前与职后，利用校长与教师校企身份互兼优势，统筹布局企业与学校的资源一体化，制订学徒职业生涯发展规划；依托“四级贯通”联合育人机制，把控现代学徒制人才培养全过程。

学校依据产教融合型教学特点，优化组织机构和职能职责，打造船舶制造专业群课程体系，实现“主体工种全覆盖，主要产品全满载”，形成可借鉴、可复制、可推广的人才培养模式。此外，搭建“产教融合数字化管控平台”，以产教融合为导向，以智能治理为驱动，充分依托产业信息化、产业数字化、产业智能化技术手段，形成产学研流程和管控流程，构建“三化两循环”的教学管理实施路径。

（二）创设“产学研成果转化基地”

发挥校企一体办学优势，创设船舶行业首家基于技能人才培养的产学研成果转化基地。产学研合力将产业最前沿的新标准、新技术、新工艺、新规范成果转化为专业教学标准、课程教学标准、行业鉴定标准和学生评价标准，打造人才培养标准链，搭建社会服务和技术推广平台，深入推进产教融合，持续支撑行业发展，有效服务国家战略。

根据江南造船重点产品双燃料船及未来大型液化气船建造需要，校企双方共同研发围护系统 MARKⅢ焊接关键技术。围绕法国 GTT 公司认证的液化气船世界级焊接标准，校企以 N、A、R 三证的考证要求为出发点，将工艺评定取证要求转化为教学实训课题，制定评价标准。

根据船舶行业被誉为“皇冠上的明珠”的豪华邮轮建造需要，校企共同研发豪华邮轮内装工艺。围绕意大利芬坎蒂尼公司对豪华邮轮内装的生产工艺，校企以船舶木塑工、船舶钣金工的岗位要求为出发点，开发教学课题，配置教学条件。

（三）创设“实船实岗实景”全产业链学徒班

学徒班依托企业各生产部门，全面盘活校企教育培训资源，立足企业项目，深入“实船实岗实景”开展浸润式教学，开发交互协同式教学资源；统一配置校企双师，合理分配岗位工作项目带教教师。

结合“工学交替”教学组织形式，形成“岗位要求—生产标准—工艺识图—产品生产—产品报验”的教学环节，培养行业急需的船舶制造全产业链跨工种、协同式、实战型人才。

依托企业背景，学校根据学生学习综合表现，对标军衔制度，形成学生技能晋升机制。将学生分为两个评阶(技能兵士和技能军士长)和七个评级(下士、中士、上士、四级军士长、三级军士长、二级军士长、一级军士长)。学生在实训中完成的产品质量、工时、物量、安全防护、工艺纪律等要素都将被计入评分，评分越高对应的评阶评级就越高。通过每学期全校性技能比武开展评价，形成梯队人才准入和退出机制，强化尖端人才，补充潜力人才进尖刀班，形成长期滚动式培养机制。

四、成果的推广应用效果

(一) 育人效果

成果让学生、教师、专业、学校、企业各方受益。学校在第45届世赛焊接项目全国选拔赛中获全国第五，在第46届世赛建筑金属构造项目中获全国第六；教师深度参与行业、企业、科研院所的新技术、新工艺、新工法的成果转化，获全国教学大赛一等奖1个，上海市教学比赛特等奖2个，获上海市级项目和课题5个；船舶制造与修理专业被评为上海市示范性品牌专业，船舶机械装置安装与维修专业被评为上海市品牌专业，焊接技术应用专业被评为上海市现代学徒制首批试点专业；学校获评上海市改革发展特色示范校，获批优质中职培育校；企业通过“产学研成果转化基地”运行，已成功转化法国GTT公司认证的MARKIII围护系统焊接标准和意大利芬坎蒂尼邮轮内装工艺。转化后的成果深度服务船舶行业技术发展，服务企业人才梯队建设，解决高新产品培训和考证复证近600人次，同时学校每年输送30名取得GTT国际认证的毕业生。

(二) 推广应用

学校立足职业院校发展，将成果从焊接技术应用和船舶制造与修理专业逐步向船舶内装、船舶机械装置安装与维修等其他专业辐射推广；为全国各类院校如何与所属行业及相关企业深度融合发展，提供了模式借鉴，显著提升了学校在上海和全国的影响力和竞争力，成果引起国内学校同行广泛关注，产生了显著的引领和示范作用。赴各省市职业院校、大中型企业开展专题讲座十余次。全国各地知名企业、院校等来学校学习交流百余次。

学校与企业共同研发“产学研成果转化基地”，将国际领先的造船生产标准、工艺、工法，转化成8个专业教学标准和52个课程标准，再转化成行业认可的12个职业工种鉴定标准，为产业输送高新舰船技术技能人才，最终实现校企双赢，解决了传统人力供给过剩而新兴产业人才供给不足的结构性就业矛盾。65%的毕业生从事高新舰船建造工作，支撑国家重点工程，既补齐教育人才短板，又补齐产业创新短板，打造了推进高质量发展的新引擎。

(三) 辐射影响

完成成果转化的CCS焊接标准，形成了教学课题，获得了2018年全国职业院校技能大赛教师教学能力比赛获一等奖。课题转化成果刊登在《文汇报》上，向全市分享经验；获上海市第八届教法评优一等奖，该比赛成果转化成上海市优秀教学案例，辐射推广至上海市乃至全国。

数字经济背景下财经商贸类高职专业人才培养探索与实践

陈　敏　熊平安　赵　宏　曹　静[①]

近年来，随着现代信息技术的迅速发展，数字经济已被视为撬动全球经济的新杠杆，互联互通、大数据、云计算、人工智能、共享经济等新名词不断涌现，数字技术与实体经济正在快速深度融合，传统产业商业及服务业通过数字化建设、信息技术改造不断革新发展。

数字经济驱动传统产业更新迭代，传统商贸行业企业与“数字数据、数智数能”的联系越来越紧密，商业模式和商贸服务能级不断提升，由数字经济带来的商业赋能，引发了“产业、行业、企业、职业、专业”五业新发展。传统财经商贸类高职专业的课程体系、教材内容严重滞后，教学方法、考核方式陈旧，实践教学薄弱，学生的专业知识和技能水平、创新发展意识、综合素养培养已不能满足“五业”新发展对岗位人才的需求。

2014年开始，项目组以能力为导向，以“专业、教学、素养、创新”协同发展为推动，由上海商学院牵头，联合上海商贸职业教育集团及有关院校，共同开展了数字经济背景下“大数据与会计、连锁经营管理、电子商务”3个财经商贸类高职专业人才培养的改革与实践探索，着力解决数字经济背景下财经商贸类高职专业人才培养不能满足社会发展需求，专业课程内容陈旧，教材建设严重滞后，毕业生的专业知识技能落后于行业发展和企业岗位能力需求，人才综合素养不能适应“五业”新发展所需等问题。

一、解决教学问题的方法及路径

（一）领衔市级重大科研项目，开展专业人才教学标准开展

根据教育部和上海市教委要求，依托国家级首批职教集团示范培育单位上海商贸职教集团产教优质资源，借鉴国外先进经验，2014年研发了“会计、连锁经营管理、电子商务”3个高职专业国际水平教学标准，并按照这一国际水平教学标准改革实践。2015年领衔上海市重大教育科学研究项目“上海市中高职、中职本科贯通教育人才培养模式”，开展贯通教育人才培养模式研究；2019年领衔研发本市首批中高职贯通“大数据与会计”“连锁经营管理”专业教学标准；主持制定国家商务部行业标准《专业店店长》、中国连锁经营协会团体标准《中国连锁企业培训体系建设标准》。开展理论研究和实践探索，出版

---

① 陈敏、熊平安、赵宏、曹静，上海商学院。

《中高职教育贯通培养模式若干问题研究》《中高职教育贯通人才培养实践探索》。

分析国内相关专业岗位职业能力，参照国外相关标准所涵盖的职业能力标准进行对比分析，构建 3 个专业的职业能力标准体系；承担市级、商务部项目研发，对标市级教学标准及行业需求，以能力为导向，进一步明确专业人才的培养目标定位。推动专业教学标准与职业资格标准相结合、教学过程与工作领域相结合，专业建设紧跟上海商贸行业企业岗位人才专业知识贮备和能力发展需求，参与本市“互联网营销师”“连锁经营管理师”新职业标准开发工作。

（二）培育市级专业教学创新团队建设，提升教师教学能力

校企合作，开展“双师型”师资队伍建设。创设企业导师和高校导师双导师制，组织专业教师下企业实践；依托教育部高职高专师资培训基地、全国职业教育师资培养重点建设基地等平台，组织教师产学研训，提升教师教学与实践动手能力；13 名专业教师获电子商务数据分析职业技能等级培训讲师（中级）资格；3 名专业教师获网店运营推广职业技能等级证书（中级）证书。组织专业教学团队先后参加市职业院校专业教学比武，分别获市级专业教学比武一等奖、三等奖各 1 项。创建上海市高职高专院校“财经商贸类专业群教学创新团队”培育建设团队。通过产教融合、校企合作，强化行业指导、企业参与，校企共同开发基于工作项目式中高职贯通教材 4 本，其中《初级财务会计》参加上海市教委教材展示交流活动，获评为“优秀校本教材”；开发《企业实践项目和流程管理》工作手册，校企合作开发《电商直播》等活页式教材。

（三）围绕“专业、教学、素养、创新”四链融合，开展课程教学改革

“大数据与会计”专业融入了财务数据处理与分析、财务大数据可视化分析、云财务智能会计、RPA 财务机器人应用、财务共享服务等与数智化发展相关的教学内容，在《财务软件应用》课标中新增网上报销业务处理、售后服务业务处理等知识点教学和技能训练。从职业生涯规划与发展、法规与职业道德、沟通与交流、思维与判断、团队合作、安全等九个方面入手，培养会计专业学生的劳动精神、工匠精神。

“电子商务”专业依据能力体系，重构人才培养定位，从偏重技术型的人才培养向偏重商务型的人才培养转变，培养会商务数据分析、懂营销、能策划、善实战的电子商务复合型人才。增加《跨境电子商务通关实务》《商业数据分析》《跨境电商法律法规》《跨境电商英语》4 门课程，调整《网站搭建》《计算机基础》《网页制作》《图像处理》4 门课程，整合《店铺视觉设计》课程。将《商务礼仪》《数据分析》等现代商务人才基本素养课程纳入课程体系。结合“1＋X”电子商务数据分析试点证书，重构《商务数据分析与应用》课程。

“连锁经营管理”专业将线上线下零售业的最新发展要求和能力素质融入人才培养课程体系，培养具有熟练运用互联网技术能力、具备商业需求分析能力、数字经济商业管理能力的专业人才，系统构建基于数字经济导向的连锁经营管理专业教育教学体系。2018 年 1 月，专业开发了 RETAILING 项目的中国标准——Advanced Retail Management，正式获得 CITY & GUILDS 的国际授权，培养知晓国际零售业规则、从事国际品牌的商业服务人才。

在通识课程中开设沪商文化、沪语与沪语文化、商业伦理、商业文化等课程；在专业

选修课程中开设相关专业的行业前沿、创新创业等课程；与行业企业合作，如与用友新道、立信事务所、百联集团等单位共同开发课程。积极推动学生职业素养与能力培养，加强学生创新思维训练。

（四）推进实践实训环节建设，通过多元途径促进学生能力提升

加强实践实训环节教学指导，通过专业技能操练、企业实习、“1＋X”考证项目、参与职业技能赛项、在课程教学中引进商科领导者素养培训班（与德国巴伐利亚上海公司合作，提供全真的创业环境和创业体验）、与企业合作开发电子商务仿真实训平台等多元途径，在仿真实操中培养学生的责任意识、敬业诚信意识，合作创新意识，提升学生的专业知识技能和职业能力。“十三五”期间，学生参加人社局开展的职业技能等级证书考试通过率达80％。开展“1＋X”试点证书实践，“电子商务数据分析”（中级）获批首批试点单位及考点，首届考试通过率64.5％，“业财一体信息化应用”（中级）试点证书首届考试通过率超过95％。

（五）改革英语教学考核方法，以赛促学，提高学生的英语应用能力

英语课堂教学实施启发式、互动式、探究式、实践式等多种教学方法，运用线上和线下教学相结合的教学模式，努力为学生模拟创设更多的职场环境。增加听说比例，课程评价中平时分由原来的10％提高到30％，注重学生的日常互动表现和听说技能的掌握，鼓励学生参加各类英语技能大赛，组织学生担任工博会、进博会英语翻译志愿者，增强学生英语应用能力和实战能力。

（六）依托“馆”“节”平台，加强课程思政建设

建成“沪商文化馆”，设立每年一届为期一月的“尚商文化节”。先后开展四届“尚商文化节”，借助于“沪商文化馆”开展“思政专题的专业教育活动”，通过“老商标里看四史”“小商标大见证——庆祝建党百年专题商标展”等专题商业文化展，将党史学习教育、专业职业素养、沪商文化精神、创新创业精神等，以润物细无声的方式融入人才培养中，以行走的课堂为载体，创新课程思政方式，健全专业素养教育“全过程培养”。

二、实践探索创新点

（一）立足国内需求，对标国际水平

专业教学团队从数字化经济背景下商业行业人才需求出发，通过校企合作，基于实证研究基础上研发的专业国际水平教标，研发市级中高职贯通专业教学标准、商务部行业标准、中国连锁经营协会团体标准，开展市级重大教育科学研究项目，不断厘清人才培养目标定位，开展专业建设，积极推动专业人才培养实践探索，以适应财经商贸类专业岗位人才专业知识技能和素养升级要求。

（二）聚焦课程课堂教学，探索四链融合

积极开展专业课程建设，将国际先进经验、职业能力标准和要求、职业素养培养、创新意识培养不断融入专业课程教学；构建“课程＋大赛＋社会实践”教学链，通过多元途径加强学生能力锻炼。以能力为导向，优化课程体系，改进课堂教学；将技能大赛、世界技能大赛、“1＋X”试点证书考证中的技能要求融入专业课程教学；在通识课、专业选修课中开设“沪商文化”系列课程，3个专业选修课开设“行业前沿”“创新创业”课。学生人人参与“岗证赛项”类课程、人人参与“互联网＋创新创业”“明日商界之星”等赛项，人人选修创新创业课程，人人知晓商业文化，人人参与暑期社会实践，在教学和课程建设中开展“专业、教学、素养、创新”四链融合，多元育人，育训结合，不断提高育人的针对性和实效性。

（三）依托馆、节、室，创新课程思政载体

建设有形的“沪商文化馆”，发挥高校博物馆育人功能。创设“尚商文化节”，由匠人领衔“工作室”，将沪商文化精神融入专业教学，课程思政有机融入教育教学中。通过第一课堂和第二课堂联动，在专业人才培养过程中构建“尚商”理念、拓展“财商”知识、感受“沪商”文化，弘扬工匠精神和劳动精神，培养学生“匠心”才干。

三、成果应用及推广

（一）毕业生受到企业欢迎

近年来，3个专业毕业生就业质量（对口率、学生就业满意率）连年保持高水平，就业率连年超过98.5％，就业的专业对口率近90％，进入本科高校相关专业的专升本比例逐年提升。

3个专业的毕业生受到用人单位的欢迎用人单位高度肯定毕业生的人生乐观态度、追求上进、乐于助人的精神认为毕业生在专业理论知识、专业动手能力、综合知识、外语、文字表达、计算机操作等方面有较高水准，认为毕业生“留得住、下得去、用得上”。

（二）学生主动参与各类赛项，对专业课程教学满意度高

3个专业的学生100％参与各类市级技能大赛，获奖面广，奖项等级高。电子商务专业学生获第45、46届上海市世界技能大赛“商务软件解决方案”冠军，成为两届国家集训队队员，并升入本科学习；1名学生摘得首届全国职业技能大赛银牌。数百名学生获国家级、市级职业技能大赛、星光大赛、各类英语技能等省市级赛项奖项。“互联网＋创新创业”1个团队获2020年上海市高职院校金奖。学生大学英语四级累计通过率超过68％。

毕业生反馈，专业紧盯商业模式和数字经济发展对人才的需求，课程体系不断完善，课程新老交替快，新知识不断融入课程中，新技术的快速引入、强有力的专业技能指导训练，让其获得了扎实的专业基础、较强的技能技术和职业文化素养，对其职业生涯发展有重要的帮助作用。

（三）职业素养育人特色引发社会高度评价

连续4年举办凸显商科高职人才培养的“尚商文化节”，作为专业职业素养教育的系列专题展教育活动，如“上海工商业发展史”“老商标里看四史”特展在校内外引起较大反响。2020年人民网、第一教育等十多家媒体对特展作了报道，人民网刊发专题文章《一场特展用老商标讲述“四史”，推动商科人才核心素养发展》。2021年，以“小商标、大见证——庆祝建党百年商标专题展”为主题的专业职业素养教育活动从校内走向了上海国际教育博览会大舞台。3个专业的人才培养经验与成效通过上海商贸职业教育集团数期“职言职语”抖音平台直播，获得良好社会反响，每期点击率过万。

（四）向长三角区域乃至全国职业院校辐射

通过承担市教委“国际赋能、产教融合，长三角商贸类职教师资培训一体化协同平台”建设，开展长三角区域中高职贯通“大数据与会计”“连锁经营管理”专业教学标准研修班、职教专业教师信息化能力提升研修班、财经商贸类职课程思政师资研修等项目，成果经验在研修班作为案例，与长三角职业院校同行教师开展交流。通过上海商学院牵头开展的“长三角区域财经商贸类职业教育师资协同创新发展联盟成立暨2021年职业教育高质量发展论坛”，成果推广到长三角数家职业院校。

行业标准引领　服务都市美丽乡村的园林专业群平台课程开发与实践

李宝昌　张　涵[1]　冯卫东[2]　陈取英[3]

针对职业教育园林专业群平台课程教学过程中存在的问题，上海农林职业技术学院联合浙江双马园林景观有限公司，立足上海国际大都市美丽乡村建设需求发展，开展了"行业标准引领　服务都市美丽乡村的园林专业群平台课程开发与实践"的教育教学改革实践，探索了一条有效培养园林绿化技能人才的新途径。

一、成果背景

长期以来，园林专业群平台课程教学存在的问题主要有三方面，即：模块化课程设计与都市美丽乡村建设需求不匹配，单一实训教学模式导致学生技能与就业岗位需求不能有效衔接，课程虚拟仿真实训教学资源不足。

从 2013 年起，园林专业群（园林技术专业、园林技术中高贯通专业）坚持错位发展理念，专业定位服务于都市美丽乡村的村镇绿化和农家庭院营建，就是将美丽乡村打造成为现代都市中的"诗意田园"，符合十九大报告提出的乡村振兴战略"生态宜居"目标在上海等国际大都市的实施落地。有鉴于此，上海农林职业技术学院和浙江双马园林景观有限公司依托"十三五"职业教育国家规划教材《园林植物种植施工》编写、《上海市中等职业学校园林技术专业教学标准》开发、教育部园林技术专业教学资源库升级改进项目"园林工程"子项目、上海市高职市级精品课程"园林工程"等项目建设，从专业定位、模块化课程、实训教学组织实施方式、虚拟仿真实训教学资源等方面紧紧围绕园林绿化工作过程展开课程开发与实践。

二、成果主要内容

（一）开发服务于都市美丽乡村的园林专业群系列课程标准

基于《园林行业职业技能标准》等系列行业标准和规范，与全国职业院校技能大赛世界技能大赛相关赛项标准有效衔接，结合《上海市中等职业学校园林技术专业教学标准》

① 李宝昌、张涵，上海农林职业技术学院。
② 冯卫东，浙江双马园林景观有限公司。
③ 陈取英，上海农林职业技术学院。

编制，开发服务于都市美丽乡村村镇绿化和农家庭院建设需求的园林工程施工与管理、园林植物种植施工、园林工程等系列课程标准。

（二）构建了园林专业群平台课程“岗课赛一体”的实训教学模式

校企紧密合作，建设基于工作过程的园林施工实训场景，结合实际园林工程真实案例组织实践教学，探索单项实训和综合实训相融合、实景实训和虚拟实训相融合的实践教学模式，组织指导学生参加各级职业技能比赛，以赛促教成效显著，在兄弟院校同类课程实践教学改革方面起到带动和示范作用。

（三）构建园林专业群平台课程虚拟实训教学资源库

结合承担的国家园林技术专业教学资源库“园林植物造景”子项目和升级改进“园林工程”子项目建设，针对园林绿化工程技术难点及复杂的隐蔽工程，特别是涉及钢筋混凝土、假山，及需要大型工程机械的实训项目，开发了采用3D动画技术的系列微课及虚拟树木园等虚拟实践教学资源，构建园林专业群平台课程虚拟实践教学资源库。

（四）产教融合教学团队建设

经过多年的建设，形成了一支知识结构合理，教学经验丰富的园林工程类核心课程教学团队。该课程主讲教师知识结构涵盖园林工程、园林植物应用、园林设计等领域，他们的知识结构与本课程教学直接相关，有利于本课程的教学开展。团队成员有全国林业职业教育教学指导委员会委员、行指委园林生态类专业教学指导委员会委员，上海市建设工程评标专家（上海市中高职院校园林绿化专业唯一评标专家），多次担任评标委员会组长或秘书长，教学团队学缘结构合理；年龄结构、职称及职业资格结构可支撑园林工程类核心课程的理论与实践教学。

专业群十分重视师资队伍建设，尤其注重青年教师的培养，专门制定了青年教师培养计划，并采取了有效措施，取得了良好的效果。譬如落实培训制度，获得双证资格；通过教研活动，使教师团队共同获益；创造条件鼓励教师进行在职培训；实践教学中提升教学能力，参加技能比武锻炼提升职业能力，同时为教师提供到园林生产一线锻炼的机会，通过参加生产活动了解行业企业对专业知识和学生能力的要求。同时课程组成员在专业和课程综合改革方面也取得建设成果，譬如作为主要完成人参与全国园林技术专业教学标准编制（教职成司函〔2012〕217号）；主持教育部全国园林技术专业教学资源库“园林植物造景”子项目；主持教育部全国园林技术专业教学资源库升级改进项目“园林工程”子项目；园林技术专业人才培养方案于2014年和2016年两次获评“上海市优秀专业人才培养方案”。

三、成果主要解决教学问题的方法

（一）重构服务于都市美丽乡村建设需求的模块化课程内容

开发服务于都市美丽乡村建设需求的系列课程标准，重构园林工程施工与管理、园林植物种植施工等课程内容。譬如园林植物种植施工根据需求设置3个项目10项工作任务，再现美丽乡村庭院绿化种植施工全过程，力求通过本课程教学训练，增强学生对园林植物种植施工岗位的适应度，尽可能使学生与园林绿化企业的需求接轨。

（二）单项实训和综合实训相结合

园林专业群平台课程是以实践操作为主的专业课程，课程组创新性探索实践教学模式，按照从易到难、从基础到综合的原则，以及由点到面实现技能水平逐步递增的实践教学理念，譬如《园林工程》课程在完成微地形土方、园路铺装等单项实训的基础上，学生分组完成一个园林施工项目的全过程，从场地整理、定点放线、给水管道安装、园路铺装、植物配置到竣工验收，以学生为主导，教师为指导，推进课堂教学与就业职业岗位能力"零"接轨。经过三年的实践运行，师生一致反映单项实训和综合实训相结合实践教学模式效果良好，符合园林工程类核心课程性质和教学特点。

（三）结合实际园林工程案例组织实践教学

园林专业群工程类平台课程结合学校的校园形态建设和学校实训基地的绿地环境改造，将其中的项目分解为学生在课程实践中可操作的任务，将实际案例融入实践教学。如结合课程教学参加上海（国际）花展，师生举行了多次方案研讨会，教师对学生的作品进行评审，最终师生共同确定了"园艺之源"这一作品进行参展，在教师的有效组织下，学生在上海植物园进行了现场施工，大家团结协作，从整地开始，完成了放样、打桩、铺草坪、铺石子、布花等施工流程，每天都能学会一种新技能。布展施工将理论与实践相结合，锻炼了学生们的动手能力，让学生们明白了实践的重要性，学生参展作品获2015年上海（国际）花展"最佳创意奖"。

（四）虚拟仿真实训教学资源弥补实景实训不足

园林专业群平台课程按照岗位需求和工作工程开展实践教学，针对园林工程技术难点及复杂的隐蔽工程，特别是涉及钢筋混凝土、假山，及需要大型工程机械的实训项目，开发了采用3D动画技术的系列微课，对工程技术难点及复杂的隐蔽工程进行详细分解，同时充分利用参与建设的国家教学资源库相关虚拟仿真实践教学资源，以虚拟实训弥补实景实训的不足。

四、成果特色与创新

（一）构建服务于都市美丽乡村，融合行业标准和大赛标准的模块化课程体系

坚持错位发展理念，专业定位服务于都市美丽乡村的村镇绿化和农家庭院营建；课程标准编制坚持和行业标准、"国赛""世赛"标准一体化构建思路；构建服务于都市美丽乡村建设需求的模块化课程体系。

（二）构建基于融合发展理念的课程实施模式

课程实施坚持单项实训和综合实训相融合、实景实训和虚拟实训相融合的融合发展理念，产教融合共建课程标准和实训场地，以实现学生技能与岗位需求的“无缝衔接”。

（三）实训教学模拟再现真实工作过程

实践教学着重模拟再现真实工作过程，课程伊始组建班级虚拟园林绿化公司，设置若干项目部（分公司），分别设置项目经理、施工员、资料员、安全员等岗位，各岗位学生可分阶段互换岗位，尽可能全面体验各岗位工作职责；教师模拟甲方安排各类项目招标，通过各项目任务实施，推动学生各项目部良性竞争，增强学生的团队意识，尽可能缩短学生就业上岗的适应期。

（四）虚拟仿真实训教学资源提升学生学习兴趣

园林专业群平台课程教学内容与其他课程差异较大，特别是平时难以看到的隐蔽工程较多，中职学生形象思维较强，抽象思维与本科生有一点差异，对施工结构图的理解较差，给园林工程的教学带来较大困难。针对中高职学生认知规律和学习特征，课程组制作开发了系列微课，微课选题主要包括“等高线法地形设计”“喷灌系统设计与施工”“小型园林排水系统组成”“水池结构”“园路施工”“大树移植”等重要的教学知识点，取景园林景观中的施工教学场景，微课中的园林工程技术难点及复杂的隐蔽工程多采用 Flash 动画及 3D 技术进行详细分解，画面形式新颖，学生的学习兴趣和自主学习性也大大提高。

五、成果应用与推广

（一）《上海市中等职业学校园林技术专业教学标准》得到广泛推广

上海市中等职业学校专业教学标准开发项目由上海市教育委员会立项，课题组吸收上海市园林学校、上海市工程管理学校、上海市群益职校等相关中职校骨干教师加入课题组，2013 年 11 月《上海市中等职业学校园林技术专业教学标准》由上海市教育委员会（沪教委职〔2013〕38 号）印发实施，2015 年获评中国职教学会农村与农业职业教育专业委员会和全国农业职业技术教育研究会联合评审的第六届全国农业职业教育教学成果奖一等奖。

《上海市中等职业学校园林技术专业教学标准》的颁布旨在深化上海市中等职业教育改革，加强园林技术专业建设和课程建设，促进学校内涵发展，提高教育教学质量和办学效益。上海市农业学校牵头组织了上海市相关中等职业学校园林技术专业教学标准培训会，以推动各相关学校准确理解并掌握《上海市中等职业学校园林技术专业教学标准》的课改理念和具体要求，以促进所在学校按照标准要求加强园林技术专业基础能力建设，在园林技术专业课程设置、专业教师的数量和质量、实验实训室的配备上达到新课程实施的要求。经上海市农业学校、上海市园林学校、上海市工程管理学校、上海市群益职校和上海市奉贤职业中专等 5 所中职学校的园林相关专业 8 年推广应用,反馈效果良好。

(二) 以课程标准为框架编制的系列规划教材获得广泛应用

由课题组成员担任第一主编的园林绿化专业教材《园林植物种植施工》,由高等教育出版社出版,园林植物种植施工课程安排力图以园林绿化企业相应工作过程和岗位职责实际需要为出发点和落脚点,从强化培养操作技能、掌握实用技能的角度,力图体现当前最新的操作技术,内容设置园林植物种植施工前准备、园林植物种植施工技术和园林植物种植施工组织管理等 3 个项目 10 项工作任务,再现园林植物种植施工全过程,力求通过本课程教学训练,增强学生对园林植物种植施工岗位的适应度,尽可能使学生与园林绿化企业的需求接轨。

主编的《园林植物种植施工》《园林工程施工与管理》《园林工程项目施工管理》经国内多家中高职学校使用,各兄弟院校普遍反映良好。

(三) 课程开发和实施极大推动了园林专业群“三教”改革

课程组成员积极参加教学改革,主持参与多项省部级教学研究项目,承担的国家园林技术专业教学资源库升级改进“园林工程”子项目通过教育部验收;参与编制的《全国园林技术专业教学标准》已由教育部颁布实施(教育部教职成司函〔2012〕217 号);主持的《上海市中等职业学校园林技术专业教学标准》获全国农业职业教育教学成果一等奖,上海市教育委员会于 2014 年 12 月颁布实施。联合主编的国家社会科学基金“十一五”规划课题子课题成果教材《园林工程项目施工管理》获评第三届全国林(农)类优秀教材奖二等奖。担任第一主编的园林绿化专业教材《园林植物种植施工》被教育部评为“十三五”职业教育国家规划教材(教职成厅函〔2020〕20 号)。

(四) 人才培养取得显著成效

课程组成员积极参加园林设计施工类展览和技能比赛,指导学生参加上海市星光计划园林景观设计与施工赛项、全国高职院校职业技能大赛改革试点赛、世界技能大赛园艺项目(第一届中华人民共和国职业技能大赛)等赛项,学生分别在园林景观设计与施工赛项获得上海市第一名,第 46 届世界技能大赛园艺项目上海市选拔赛一等奖、三等奖和多个优胜奖,2021 年全国职业院校技能大赛中获一等奖,并指导 1 名学生进入第 46 届世界技能大赛园艺项目国家集训队。

园林植物类课程信息化教学设计与实践研究
——以“观赏植物识别与应用”木本观赏植物项目为例

张 琰 王 欢 张凤娥 张 婷[①]

线上学习平台凭借其“一站式”全面教学服务和丰富的共享资源的优点，为广泛实施翻转课堂起到推波助澜的作用；但同时也反映出一些问题，比如课堂外学习占用时间太多，自学缺乏系统指导，课堂讲授内容与线上学习内容缺乏衔接，等等。所以有效地解决这些问题是我们使用线上学习平台时需要注意的地方。

观赏植物识别与应用课程是园林技术、风景园林设计、园林工程等专业的专业核心课程，在整个课程体系中起到承上启下的作用，是花卉工、绿化工等职业工种必考课程。项目“木本观赏植物”在景观营造中起到骨架、构图作用，如何快速、准确地“识别”“应用”，为后续植物造景、园林规划设计等课程提供景观营造植物素材认知打好基础，是本项目解决的主要问题。

一、教学分析

（一）内容分析

项目源于“观赏植物识别与应用”课程项目三“木本观赏植物”，共 6 项任务，总计 16 学时。根据学生实际需要，整合教学模块。将木本观赏植物按照学生最易理解的观赏特性分为观叶、观花、观果及观干树种，在识别基础上进行应用设计、树种调查和调查分析，进一步检验学生植物应用及知识迁移能力，考查学生学习效果，为后续学习提供依据。教学实践中融入植物文化思政内容，提高学生综合素质，增强学生专业自信，使学生真正成长为爱专业、识树懂树的风景园林人。

（二）学情分析

（1）动手能力强，自主学习能力一般。76.92％的新生认为自己动手能力强，喜欢使用手机、电脑等信息化工具；46.15％的新生认为自己自主学习能力弱，注意力易分散。

（2）只对设计类课程感兴趣，整体专业认知度不够深入。84.6％的新生认为本专业是进行景观设计，忽略了景观设计中植物素材的重要性。

（3）设计类课程成绩优秀，而植物基础知识不够扎实。学生已学习过设计素描与色

① 张琰、王欢、张凤娥、张婷，上海农林职业技术学院。

彩、园林制图、植物基础等相关专业基础课程，及格率分别为100%、100%与92.3%，平均分分别为78.92、86.76与69.12分，植物基础课程的及格率与平均分都低于其他专业基础课程，因此项目重点介绍了手绘、制图等专业基础和叶、花、果等植物基础知识。

在本课程中，学生已经学习了基础认知、草本观赏植物两个项目，项目平均分为72.12、74.86分，已初步掌握“定位科——识别种”的识别模式；能根据课程图库、视频等网络平台资源进行自主学习，能识别常见的草本观赏植物；善于利用信息化教学资源，能使用植物识别软件。

（三）教学目标

根据学情分析，结合风景园林设计专业人才培养方案及行业企业需求，确立以培养学生识树懂树为本位的教学目标。

(1) 素养目标：具备室外调查所需的肯吃苦、重团结、爱劳动等基本素养，具有爱护树木、识树懂树、保护生态环境的专业意识。

(2) 能力目标：能识别本地区常见木本观赏植物100种，具备在小区绿化、园林绿地等景观中合理选择树木的能力，会根据木本观赏植物识别方法迁移识别其他植物。

(3) 知识目标：理解叶、花、果、干的基础认知，掌握常见观叶、观花、观果、观干树种的分类系统（重要科）、识别要点、生态习性、文化内涵、园林应用。

二、教学策略

（一）信息化教学手段

教学过程中选择了多种教学支撑环境开展教学。主平台为学银在线，实现线上线下混合式教学。课前采用校园数字化植物标本馆、国家级资源共享平台、中国生物库等数据库进行课前预习，培养学生自主学习能力；课中运用智慧教室、动画、视频、实物展台、校园植物“二维码”数据库、植物识别软件、Garden planner、考核交互平台等实现室内、室外实训的信息化全覆盖，有效地解决了教学中因植物季相变化、地理分布限制等展示不充分问题；课后采用微知库、社团课程及同类植物认知等完成课后拓展。在运用信息化的同时，结合实物标本及公园绿地等现场教学，进一步加深记忆。

（二）教学过程

“木本观赏植物”项目中8个任务的教学实施过程全部分为课前学习、课中探索和课后拓展三个环节。

1. 课前学习

课前要求学生登录超星学习通平台、校园数字化标本馆、学院国家资源共享平台及中国生物数据库等平台进行自主学习；为了进一步检查学生学习情况，教师下发主题讨论、制作PPT、手绘植物标本等丰富多样的主题任务，并建立学习档案，及时了解学生学习进度。

2. 课中探索

根据项目教学特点，为8项任务的教学内容设计了3种教学模式。

针对学生刚接触木本观赏植物，处于“感知”“记忆”阶段，在任务1—4中使用室内实训，选择“问题导向—做学一体”教学模式。室内实训以实际问题为导向，学生运用“感知”“记忆”认知逻辑，使用实物标本结合数据库、工具书、Garden planner 等工具，开展树种识别与应用设计，实现了教、学、做一体化。

针对学生已经能够“理解”“判断”相关知识，在任务5、6中使用室外小班化实训，选择“自主探究—现场教学”教学模式。室外小班化实训分为2个小班，以小组自主探究为导向，运用“理解”“判断”认知逻辑，使用真实树种结合手机识别软件等工具，开展树种识别与应用设计，实现真实场景的现场教学。

当学生已经能够对知识进行“迁移”时，在任务7、8中进行树种的调查与分析，选择“情境创设—任务驱动”教学模式。树种调查与分析通过前期的“感知—记忆—理解—判断”自然过渡到“迁移”。以更为开阔的公园绿地创设情境，运用知识的“迁移”能力进行树种调查与分析，完成任务。

3. 课后拓展

课后通过微知库、纪录片及学生的社团活动不断拓展学生的学习深度和广度，让学生感受职业体验和认同感，达到能力的进一步提升与迁移。

（三）教学评价

针对8项任务中的3种课型，构建过程性考核为主、形成性考核为辅，以及教师团队为主、学生为辅的多维考核评价体系。采集了课前预习、线上测试等线上数据与线下的涵盖“知识、能力、素养”三阶、“自评、小组评、教师评”三方相结合的评价体系进行多维打分；3种课型根据教学方法的不同实行了不同的配分原则，在“素养”考核值恒定的情况下，加大“能力”考核比例。从任务开始到完成，整个过程都处于考核状态，具有动态性、过程性和连续性，考核形式多样、主体多重。

三、教学效果

风景园林设计专业2017、2018级各有一个班。以2017级班级为对照，2018级班级为实验对象，进行了教学效果对比。

（一）学生学习效果显著

项目分析发现2018级实验班平均成绩为86.4分，其中，成绩最好（95.4分）与最差（62.8分）学生，在五个评价维度上，在记录表填写方面差距较小，说明班级学生都能较为准确地描述植物识别点；在小组合作抽样调查方面，学生差距较大，且班级整体成绩不高。经过评分体系多元化和全过程评价，实现了知识、能力与素养三大教学目标的可评可测。

1. 木本观赏植物识别要点、应用设计等知识点达成度明显提高

与2017级相比较，2018级学生的知识目标达成度提升13.4%，达到显著性差异水

平，且符合正态分布。进一步分析分数段，70 分以上的比例（良好）达到了 83%以上，表明班级学生经过课前学习及课上探索较好地完成了知识目标的达成。

2. 鉴定和选择常见木本观赏植物的能力显著提升

与 2017 级比较，2018 级学生的能力目标达成度提升 2.4%。且进一步分析其评分点（考查点），设置了个人评分项和合作评分项，增加了手绘表现的评分项，进一步考查了学生的手绘能力。

3. 爱护树木、识树懂树、保护生态环境的专业意识稳步增强

与 2017 级比较，2018 级学生的素养目标达成度提升 3.5%，且增加了任务点（线上）、主题讨论（线上）、素养测试（线上）和实验室打扫（劳动教育）等 4 项评分项，进一步考查了学生的自主性与责任感，体现了线上与线下、实训与劳动教育的融合。

（二）课程组成员教学能力提升显著

课题组由 6 名教师组成，其中副教授 3 名，讲师 3 名，分别在课程的 5 大项目中担任教学工作。课题组成员经过 3 年多的努力，在课程建设方面取得了一些成果，获得超星集团“超星杯”第二届移动教学大赛三等奖、上海市“星光计划”第八届职业院校技能大赛教师教学能力比赛课堂教学二等奖、上海市高职院校教师说课（教学能力）大赛二等奖、全国高职院校教师说课（教学能力）大赛三等奖、第五届全国农业院校教师教学能力大赛一等奖等好成绩。依托课程的开展和建设，课程组成员积极带领学生参加了大学生创新创业大赛（上海赛区），获得创新创业大赛银奖 3 枚、铜奖 4 枚、优胜奖 2 枚，参加了第六届“汇创青春”上海大学生文化创意作品展示（环境设计类）比赛，获得一等奖 1 项、二等奖 3 项、三等奖 8 项。

四、结语

信息技术的发展，为高职学院教学改革提供了强大的技术支持，但同时也对高职学院教师提出了较高的要求。以“观赏植物识别与应用”课程木本观赏植物为例，要实现信息化教学，首先要建立“以学生为中心”的教育理念；然后结合课程特点和高职学生学情特点，从促进学生“主动学习”角度出发进行结果导向的教学设计和学程驱动的教学活动的设计，积极探索多元学习评价体系。

金融科技背景下高职金融专业课程改革探究

胡俊霞[1]

当前，我国科技的发展已渗入工业和服务业各个领域，传统的金融业也面临着和科技的接轨及转型。金融行业更多的业务和服务都有科技参与的痕迹，也越来越依靠科技手段往前发展。金融与科技的深度融合，改变了金融渠道、客户渠道等前端环节，也带动了产品设计、风控、合规等中后台领域的变革。这些变革带来了金融业务的创新，如支付、征信、风险管理等业务模式的改变和升级都离不开科技的创新和发展。在此背景下，传统金融业和新型金融业态都对金融人才有了新的需求，并进而对高职金融专业人才培养和课程教学提出了新的要求。

一、金融科技对金融业的影响

科技手段的应用已经使金融行业发生了翻天覆地的变化，以至于有必要提出“金融科技”这一独特的概念，其带给金融行业的巨大经济效益吸引了人们的注意和兴趣。金融科技指通过金融服务与科技行业的动态融合，对传统金融产品或服务所带来的商业模式变革和业务流程革新。金融和科技的融合主要体现在大数据、区块链、云计算、人工智能等新兴前沿技术方面的应用，改变了金融市场及金融服务业态的供给方式，产生了新兴业务模式和新产品服务。例如支付清算业务由计算机代替人工完成；借贷融资的信用材料认证通过网络进行；财富管理和证券投资业务大部分可以通过手机和电脑终端自助办理；零售银行业务也由柜台人工办理转化成远程自助或柜员机办理。这些业务和模式的变化，无不体现出科技发展驱动下金融行业顺应的变化和创新。金融科技的发展催生了新金融客户模式、新产品形态、新业务方式、新服务项目的产生，推动金融科技职业岗位更注重技术化、综合化和多元化。

2017 年 6 月，由中国人民银行组织，会同银监会等金融机构编制的《中国金融业信息技术“十三五”发展规划》中明确要求“为适应‘互联网＋’时代需要，积极开展新技术领域人才培训，重点加强复合型技术、分布式架构技术人才的培养，优化金融信息技术人才结构”。面对金融科技对金融业带来的影响和变化，加强培养具有科技素养的复合金融人才刻不容缓。

① 胡俊霞，上海东海职业技术学院。

二、金融科技背景下高职金融专业教学存在的问题

当前高职院校的金融专业很多还是面对传统的金融机构和岗位，在理论和传统技能上进行课程教学工作。而在金融科技迅速发展的势态下，金融市场和高校都面临着机遇与挑战，金融市场对人才需求的质量逐渐提高，高职院校金融专业的教学在科技金融背景下还存在很多问题。

（一）人才培养目标不能适应金融行业创新发展的需要

长期以来，传统金融行业对高职应届毕业生招聘的需求，大多定位于银行柜员、证券经纪人、保险销售、保险公司柜面或后台服务等岗位。大部分高职院校金融管理专业的人才培养目标基本定位于传统银行、保险、证券公司的主要业务，培养学生能够从事银行柜员、保险销售等基础岗位工作。然而，科技对金融业务的介入使得当前一些高校金融管理专业人才培养目标已经不能适应金融业创新发展的需要。随着ITM、人工智能设备的普遍使用，银行的柜台业务逐渐被替代，银行对金融管理专业毕业生的需求越来越少，对计算机专业毕业生的需求数量却在逐年增加；互联网证券和保险的日益兴起使得人们足不出户就可以在网上开户，进行证券投资、购买保险等业务，证券和保险公司的销售岗位工作内容更多地融入了互联网和科技的元素。金融行业对人才结构的需求发生了巨大变化，行业的发展需要既了解金融管理专业知识，又熟悉大数据技术、相关软件操作、网络营销等知识的复合型人才，只懂金融传统理论专业知识的学生已经不能适应行业发展的需求。因此，在金融科技的时代背景下，高职院校金融专业应该适当调整人才培养目标，融入更多的科技技能和素养，培养适应金融行业发展变化的科技综合型人才。

（二）课程体系内容与行业需求相脱节

目前，大多数高职院校的金融管理专业课程设置远跟不上金融行业的发展需要，普遍存在理论课程设置偏多、实践课程占比较小的问题。高职院校金融专业的课程安排，比如金融学基础、经济学基础、会计学等传统理论类课程学时较长，所占学分也较高。就已开设的理论课程而言，课程内容和教材更新滞后，教学内容与当前金融行业的发展存在较大差距。如部分高职国际金融专业的职业能力教育模块的课程主要包括金融学基础、证券学基础、财务管理概论、证券投资实务、财务会计实务、期货交易实务、国际金融理论与实务、统计技术及应用、保险原理和实务等课程。重点还是在于突出掌握金融和财务方面的理论知识。而金融科技背景下需要的科技技能课程，如互联网金融、区块链金融、金融科技风险控制、金融数据分析与挖掘、Python基础等课程设置较少。就课程结构而言，专业课程设置单一，不能体现与其他学科的交叉融合。比如大多数金融专业的毕业生计算机运用能力差，利用软件处理大数据的能力更是欠缺；再如由于智能设备取代柜台业务岗位，传统柜员岗位大多转到网络销售岗，而金融管理专业的毕业生由于营销能力较差，无法适应金融机构对工作人员新型营销能力的需求。

就实训环节而言，多数高职院校金融专业开设的实践和实训课程教学形式单一，主要以模拟仿真软件为主，大部分在校内机房完成，如商业银行仿真实训、保险核心业务仿

真实训、金融投资模拟实训等，这类软件内容更新缓慢，与真实的业务场景存在一定差距。因此，有必要更新实践实训环节的内容和手段，加快和实际业务接轨的步伐。

（三）金融专业整体师资力量偏弱

当前，高职院校普遍缺乏对专业教师的后续培训制度，导致教师的知识更新缓慢。绝大多数金融专业的教师没有金融行业的从业经历，教学过程中沿用传统的教学手段，案例陈旧，教学效果一般。金融管理专业是一个应用型专业，行业发展变化快，教师需要根据行业的变化及时更新知识体系，才能培养出适应行业需要的人才。当前高职院校培养的是金融科技背景下的新型人才，所以要求教师有较强的知识交叉能力，金融专业的教师需要拥有非常广泛的知识体系，在了解当前金融科技发展前沿的情况下，熟悉金融市场相关软件系统，并融入课堂教学。

三、金融科技背景下高职金融专业课程改革对策

（一）根据金融科技的行业需求调整人才培养目标

高职院校需要调整人才培养目标和方案，使之适应金融科技的发展对金融行业人才提出的新要求和挑战。金融科技背景下，在设置人才培养方案时，应考虑与校内其他专业如计算机专业、市场营销专业共同探索，侧重于诸如计算机应用、互联网金融、区块链金融、金融科技风险控制、金融数据分析与挖掘、人工智能及金融应用、Python 基础等金融科技技术能力的培养，培养多学科交叉型复合技能人才。目前，国内有些高职院校在原有高职金融专科的基础上，开设金融科技应用本科专业，如浙江金融职业技术学院、上海中侨职业技术大学等。在人才培养目标的设定中，都把掌握传统金融理论知识和互联网金融科技，培养创新技术技能的复合型人才作为主要目标。综合当前高职金融专业和金融科技应用本科专业的发展，金融科技背景下，金融专业人才的培养目标可以调整为具有创新思维和知识结构，融合互联网和高新科技的综合性金融人才。在课程内容方面，可以考虑综合电子商务、大数据与会计的培养目标，共同开设课程，使金融人才真正成为既具有金融财务知识又具有计算机网络技能的复合型人才。

（二）完善课程体系、优化课程结构、丰富课程内容

为实现适应金融科技发展的创新复合型人才培养目标，高职金融专业有必要结合不同专业课程，进行多学科融合课程的设置。如金融专业的课程可以和本校的计算机专业、电子商务专业等课程设置进行融合，拟定新的教学科目。如职业基础教育模块可以融合电子商务专业的网络营销实务或计算机专业的 Python 基础；职业能力教育模块可选择商务数据分析与应用；职业实践模块可选择跨境电商实务或新媒体运营实务等课程。通过和其他专业课程的融合，可以改善金融专业课程以传统的金融理论知识为主的状况，顺应金融业科技发展和创新化发展的需要。

在当前的教学课程中，还可以使用前沿的教学软件参与课程教学，实现金融科技的介入，使学生能够体会金融科技在专业中的应用，以便学生能尽快适应今后的工作岗位

需要。如大数据与会计专业使用的用友网络科技有限公司的 NC Cloud 财务管理系统，可以融合到金融专业课程的教学中。NC Cloud 是用友公司应用最新的物联网、大数据、人工智能等技术开发的新一代云 ERP 产品，主要为大中型企业解决财务和投资管理等问题。该系统中有关企业现金管理流程、债券发行和管理、投融资管理等模块可以在传统的金融学理论和实训课程中作为日常操作软件，使学生接触和了解当前企业金融活动所使用的软件系统，增加对金融理论知识的理解和掌握，提高动手能力。

如在金融学基础等理论课程的教学过程中，涉及银行业务和银行管理等理论知识时，可以和企业银行存款管理相结合，通过 NC Cloud 系统中的操作流程，向学生展示企业在银行存款管理过程中主要涉及的环节，从而加深学生对于金融学中商业银行章节相关理论内容的认识。在计算利息环节，利用软件系统，向学生演示计息过程，并通过让学生手动计算利息和软件相对照，体会计算机和大数据在金融实务中的应用。又如在银行操作实务、综合金融实训等高职金融实践课程的教学过程中，结合商业银行业务内容，引入系统的现金管理模块、融资管理模块的训练。通过模块内容的演示和操作，和当前银行真实业务相融合，使学生能体会到企业现金流的活动和融资的具体流程。在证券学基础、证券投资实务等课程中，可以结合系统模块的发债管理、投融资管理等，演示企业债券管理的主要环节和流程，让学生更好理解债券发行等章节的内容，从而加深对债券投资、债券发行条件、计息、还本等概念的理解。

在金融科技背景下，金融专业课程教学实践中可引入金融科技的概念和技术，在理论教学和实践教学中引入科技元素，通过云数据和相关软件提高高职金融的教学效果和专业建设层次，让学生充分体会当前“互联网 + ”与人工智能在金融行业中的应用，从而更好地明确学习目标和方向，提升学习兴趣。

（三）提升教师金融科技理论和实践能力

教师是教育活动开展的核心，当金融行业因科技发展而改变的同时，教师必须及时顺应时代的变化，及时学习和提升自身的理论实践能力，更新知识体系，研究金融经济学前沿，为学生分析行业发展的最新趋势。教师应积极与金融机构、金融科技公司合作，定期邀请行业从业人员讲授金融行业的创新业务，使学生充分了解未来就业所需的知识结构，并根据自己的兴趣学习相关知识。教师还应积极学习金融科技方面的知识，如学习区块链、Python 技术等课程。专业教师赴企业实践学习，了解金融行业科技的应用情况，获取行业发展的最新资讯，提升自身的理论实践教学水平。

综上所述，在当前金融科技带来的金融业变革背景下，高职金融专业应调整人才培养目标，以培养顺应金融行业需要的具备创新思维，兼具传统理论和互联网技术的复合型金融人才。课程内容体系的改革方面，应融合多学科课程，交叉设置，引入先进的教学软件，使学生能学习不同专业的课程，具备多元化的知识结构，以应对新时代金融行业的综合需要。

基于“1+X”证书制度，重构机电专业人才培养模式的研究

吕冬梅[①]

为了强化相关技术技能人才的培养，教育部颁发了包括工业机器人操作与运维、工业机器人集成应用等在内的多个机电类X职业资格证书标准，机电技术专业主动融入国家职业资格框架建设，于2020年成功申报1+X工业机器人集成运维试点，并重点对人才培养进行重构。首先，在选择“X”时重点做好所在区域的行业企业需求调查，融入企业标准、资源、文化等内容；其次，做好课程模块的教学改革，开发出满足“1+X”需求的多证课程体系，开展在师资、教材、教法、实训条件和在线资源等方面的建设；最后，依据学生获得职业资格证书的情况动态调整和优化课程模块。

“1+X”证书制度人才培养模式将是一个不断更新发展的研究课题。本文主要从传统的机电专业人才培养模式中存在的问题入手，设计了“1+X”证书制度下机电一体化人才培养模式，从行企融入，优化人才培养体系，最后通过课证融合，践行实践教学。

一、机电专业人才培养模式存在的问题

本文以上海市14所试点高职院校为调研对象，从1+X证书制度下校企融合、课程设置、课程结构、课程内容、课程评价体系、师资队伍建设等方面进行实证研究，发现存在以下几个问题：

（一）应用型课程设置不足

目前由于中职院校课程普遍缺乏职业实践性，导致课程体系与专业能力培养脱节，学生在校期间没有获得相应的专业“关键能力”，一年级二年级开设的实践或实习体验活动较少。此外，“1+X”证书制度下，中职学校使用的专业课教材仍是旧版本，目前并没有与职业技能等级证书相适应的新教材，且由于教材编撰、审核时间过长，而科学技术、社会经济发展较快，出版的教材与社会需要之间存在差距。

（二）师资力量薄弱

目前，中职院校开展“1+X”证书人才培养模式需要一批了解职业实践操作、了解职业等级证书考取流程并能有效融合职业技能与教学内容的新型师资队伍，但中职学校现

---

① 吕冬梅，上海工商外国语职业学校。

有师资力量薄弱，这不仅导致教学质量难以保障，而且也会导致学校不能根据职业技能要求探索新的教学方法。

（三）未搭建校企合作的有效通道

机电一体化专业的课程体系及课程的教学内容与企业的需求衔接不够，专业课程与企业的实际需求存在差距，不能满足中职教育人才培养目标的要求。同时，相关课程的校内实践手段相对落后，与理论教学结合度不高，没有形成特色。

（四）考核标准不完善

在中职学校中，学生学习成果的考核方法单一，在校学习期间主要以理论考试为主。此外，校企合作双方在活动竞赛、企业骨干到学校进行授课、实训基地、实训岗位等方面的合作还存在一定的不足与短板，所以中职学校的毕业考核极少有对学生日常表现、参与活动情况等进行课程过程考核。顶岗实习期间，对学生的日常规范、技能提升等考核不足，中职教育的教学评价体系存在着不足，课程考核标准不完善。

二、“1+X”证书制度下机电一体化人才培养模式设计

在实践的过程中遵循产业导向、设计先行、核心素养、具体路径的原则，将教育部中等职业学校专业教学标准和国家职业资格证书双对照和双覆盖，从而实现双融通。

（一）行企融入，助力人才培养

根据“中国制造 2025”及上海“十四五”期间将着力构建“3+6”重点产业体系，夯实以制造业为基础的实体经济，加快打造重点领域的世界级产业集群的发展要求，上海正全面提升装备制造业智能化、高端化和集群化水平，目前迫切需要工业机器人领域的高端技术技能型人才，这是制定“多证融通”人才培养方案的前提。

1. 开展人才培养调研并确定“X”职业资格证书

行业、企业、学校在上海及周边地区开展 1+X 人才培养定位的调研，确定了本专业学生需要达到的“X”职业资格证书及等级要求，即工业机器人操作与运维、工业机器人集成与应用、电工等职业资格证书，并共同确定专业的课程选择、课时比例、实习实训等内容。

2. 校企共同进行机电一体化专业建设顶层设计

学校根据职业人才培养的方向和长期职业发展的要求，重新制定人才培养计划，重点是修订课程标准、调整课程设置、编写内部教材，培养教师和职业技能等级考核与评估人才，从而实现专业培训与技能等级考核的有效对接。

在机电一体化人才培养模式的设计中，企业积极参与并融合先进技术。在人才培养计划的制定、就业需求调研、课程设计、教材的开发、职业教育的职业培训指导和培训考核组织等方面全程参与。

（二）多证融通，优化人才培养体系

通过校企合作、虚实结合、理实一体等方式，不断培养学生的跨学科视野与思维，培养学生的国际交流能力、合作能力及应对复杂问题的综合能力。

1. 建立“大平台小方向”专业群课程体系，提升专业群整体人才培养质量

依托机电一体化技术专业群课程体系中公共平台技术课程与公共平台的实训课程，明确专业方向为智能制造系统运维、数控技术应用、工业机器人应用，在进行人才培养时进行交叉，定位复合型人才的目标，对接产业新岗位，从而打造有用之才。

2. 根据职业面向，根据专业办学特色，明确“1＋X”核心职业资格证书，实现课证融通

锁定精准定位、细化的培养目标，选择相应的“1＋X”职业能力，重建机电一体化毕业生的职业能力培养课程体系。结合岗位所对应的技能要求，在书证融通指导下，以复合型技术技能人才培养为目标，在为学生夯实学历教育能力、素质的基础上，为学生知识、能力拓展和终身学习提供支持，将职业技能等级内容和标准融合到课程内容中，不同岗位可以根据需要对非考证内容做适当调整，重构智能制造专业群及其核心课程体系。

3. 基于“五融合”理念，全面提升综合素养

教学对接企业真实工作流程，通过校企共训、实践锻炼、创新实践，做到协同育人；以培养复合型创新人才为目标，从岗位设置、知识结构、职业能力、任务实施等方面，将机与电有机融合在一起；做学一体，在求知的过程中去领悟真理，从精练到精通，做到实践育人；结合课程特点，将教学内容与思政元素有机融合，全过程渗透安全意识、规范意识、合作意识、效能意识，做到三全育人；将虚拟情景与实际教学相结合，通过虚拟仿真、实“车”演练，提升训练效率，做到科技育人。

五融合的教学理念是：机电融合（岗位设置、职业能力、知识结构、任务实施），做学融合（设备充足、交替提升、第二课堂），思政融合（安全意识、规范意识、协作意识、效能意识），虚实融合（教学案例、虚拟仿真、实“车”演练），岗课融合（创新实践、校企共训、实践锻炼）。

4. 对标国际一流水准，实现全工作流程的教学

将德国一体化系统教学法应用到本课程中，逐步对系统进行剖析，通过系统—子系统—系统的循环，完成一个完整的工作流程，培养学生系统化思维能力。通过一个系统的学习，梳理工作流程并应用到其他系统中，强化学生的主体地位，锻炼学生的系统化思维能力，提升学生知识迁移能力。

以实际C6250A型卧式车床系统为教学对象，逐步对系统进行剖析，最终实现C6250A型卧式车床系统（主轴、冷却、照明系统）的学习。在整个教学中关注学生的主体地位，强化信息系统，重视意义接收，在教学中始终关注教师的引导作用。强调系统的概念，可以使学生更加深刻地理解所学的知识，避免知识结构的孤立性，有利于将所学知识应用到其他系统中。

5. 以职业能力为线索，优化教学内容

重新建构人才培养方案的课程体系，融合学校课程的“学科体系”与企业培训“过程体系”，课程理念按照“注重理论知识——注重工作过程——整合性行动”转变，重新划分

课程结构，以职业活动和工作任务为导向，优化教学内容。以机床电气控制课程为例，将项目四优化为4个工作任务，以“懂工艺，能检测，精操作，会排故”能力提升为核心，系统功能从单电机到多电机逐渐升级，工作任务从基础电路到综合电路循序渐进；职业能力从精练到精通螺旋提升，培养学生具有标准规范的职业习惯、有备无患的安全意识、群策群力的协作意识和高效节能的效能意识。

根据职业等级证书的初、中、高级要求，对应第一、第二、第三学年的课程内容(见表1)。

表1 机电一体化专业重新划分课程体系参数比较

项目	旧课程组织	新课程组织	对比
教学内容	按照学科体系排列	按照综合技能要求整理排序	知识内容无变化
学时	实践课程包含60个实训任务	共4个综合项目，涵盖120项小任务	任务数量增加
学时	理论+实践=3333课时	综合课程3000	课时减少
时效性	前后脱节	学中做，做中学	持续巩固
技能等级	没有明确划分	4项=1初+2中+1高级	对应X证书等级要求

6. 基于学生综合素养，构建“并列双闭环”多元评价体系

学生全面发展是教育的终极目标。将个人及团队作为培养主体，将基本知识、基本技能、拓展能力、团队协作、安全意识、规范意识、合作意识、效能意识等作为核心评价指标，构建“并列双闭环”多元评价体系。以“个人自我评价”“团队自我评价” 为“环一”，教师评价、系统评价、第三方评价为“环二”，对学生综合素质进行全面评价。

对接“1+X”职业技能等级标准，教学评价注重知识、技能、素养目标的达成度，关注诊断、分析、探究、仿真、训练、领悟、固化的全过程，对排故能力的评定做到全方位定性定量分析，使评价更加全面精准。

(三) 课证融合，践行实践教学

教学中，将“X”证书的培训内容有机融入学历教育专业人才培养方案中，确定相应的教学内容，注重以产业现场的工作过程为引导，强化技能评价，按照企业复合型技术技能人才的生涯发展规律，制定培训教学授课计划，在具体教学过程中真正实现“做中学”和“学中做”，真正实现学生的专业能力发展。

1. 结合1+X证书制度试点，加强“双师双能”教师团队建设

针对“双师双能”教师团队建设工作，加强专业带头人对1+X证书相关制度的学习，并通过带领教学团队进行职业资格标准研究，从而推进1+X课程模块的开发；组建1+X培训骨干教师队伍，通过职业技能标准培训、技术训练等方式提高了骨干教师的教学实施能力；引进了行业企业技术能手来优化师资结构，全面提升教学团队的专业技能。

目前，本专业形成了满足工业机器人教学的教学师资团队，积累了坚实的培养经验。开展了工业机器人技术应用等课程的教学。另外，6名教师获得工业机器人考评员资格，有2人参加了机电一体化的教学能力大赛奖项，1人获得“星光大赛优秀指导教师”称号，

2 名教师参加上海市中职校企业实践，并获得企业优秀案例一、二等奖。兼职教师 4 名。

2. 结合 1+X 证书制度试点，做好“课证融通”新型教材的开发

将专业实践课中与职业技能等级标准契合度高、内容重合度大的课程设计为“课证融合”课程，比如机床电气控制技术、工业机器人编程与调试等。新的“课证融合”的课程内容包括了职业技能等级证书所涉及的全部职业能力，并结合企业实际工作流程进行训练，将企业生产领域中的新技术、新知识、新产品、新工艺引入教学。组织课程开发专家、培训评价组织的专家、专业教学专家、企业专家等共同进行教材编写。整个教材的编写始终以职业活动为导向，体现工学结合，使学生具备专业教学标准和职业技能标准所要求的知识、能力、素质。在教材内容组织上，真正可以做到符合职业能力形成的进阶顺序，符合职业岗位工作的逻辑顺序，符合职业素质养成的认知顺序。目前已着手开发《机床电气控制》活页式教材及《数控铣》项目式教材。

3. 结合 1+X 证书制度试点，加强项目驱动的多元化教学法实施

以“工作任务”为载体，采用“项目引领”的教学模式，将“X”职业资格证书的核心能力以课程模块为基础开展任务化教学，将知识 、技能和素养融于一体并进行有机组合，形成模块化教学项目。采用 PDCA 教学模式，充分发挥工匠精神、创新精神和团队协作精神，培养自我管理、自主学习、与人沟通的能力，培养满足岗位工作需要和自身未来发展需要的综合职业素质。在教师的设计和指导下，把学生融入有意义的模拟任务中，学生可以开展合作式和探究式学习，自主进行知识建构，从而获得理解和解决实际问题或任务的知识与技能。对学生的表现性评价、专项能力鉴定、阶段性测验和模拟考证等方面进行评估，将评估结果反馈回来，进一步优化教学任务及教学方式。

三、结论

在当前职业教育改革发展的新形势下，机电一体化技术专业积极响应国家的号召，通过 1+X 实训基地建设、培训资源建设、师资队伍建设和课程改革，提升机电专业学生的就业竞争能力，为企业提供高端工业机器人领域的技术技能型人才，为推动 1+X 的深入改革提供持续动力。

产业结构的变化和发展，提出了新的职业能力要求，在这一背景下，职业教育将不断发展，“1+X”证书制度人才培养模式将是一个不断更新发展的研究课题。中等职业教育作为职业教育的重要组成部分，发展前景广阔，随着各种扶持政策的出台，更需要各部门共同探索中职学校“1+X”证书制度人才培养模式，培养更多优质的技能型人才。

从课程到课程链——建筑材料与构造课程改革新路径

段文婷[①]

上海济光职业技术学院建筑系面对新时代职业教育的要求，积极探索与谋划适应当代高职建筑设计专业教育发展的新思路和新方法，以专业核心课程为抓手，实现专业课程服务于职业工作流程的新思路，通过构建课程链打通壁垒，将逻辑相关序列的、有层次的一系列课程进行链式组合。

建筑材料与构造及实训等课程作为建筑设计专业的核心课，是帮助高职学生融入实际工作的重要教学环节，也是体现建筑设计品质的重要抓手课程。建筑材料与构造课程的改革需与当代建筑行业改革体系相结合，与时俱进才更具落地性。通过课程链建设形成协同效应，从而突破原有课程壁垒，实现课程之间的系统合力。通过构建课程链的方式与平行课程建立更为紧密的联系，帮助学生厘清建筑设计与建筑材料、构造之间的关系，更好地适应实际工作岗位。

一、课程链的内涵与构建原则

（一）课程链的内涵与特征

课程链构建原则是将现有课程体系重新整合与有机衔接，实现从方案设计到细节建造的逻辑性。构建课程链可以更好地适应当下建筑设计行业对高职建筑设计人才的培养目标。首先，课程链的理念不是一个凭空的假设，其宗旨来源于经济学理论的产业链思想，课程链应是完整产业链上一个不可或缺的要素，它将支撑产业链在供需维度上对人才格式的改进要求，从课程体系创新的路径上实现产业改造对专业人才知识、能力结构的更新期待。其次，建筑材料与构造课程内容本身要关注建筑各组成构件的细节设计，需要建立系统的建筑构造技术观念。在课程改革过程中着重单一的课程内容无法形成系统的建筑观、建构观，因此在整体教学环节中，将相关课程及课程内容按照建筑师助理的人才培养目标为导向，依循人才培养的内在逻辑对接链式课程结构。以此为契机打通课程壁垒，利用平行课程作为学习载体，形成协同效应，指导学生更好地掌握建筑设计的方法和原则。课程链的意义在于强化学生对学习目标的认知，以平行进行的建筑设计项目为导向，帮助学生更好地适应进入精细化设计化时代的建筑行业。

---

① 段文婷，上海济光职业技术学院。

（二）课程链的生成逻辑

从建筑设计人才的需求侧——建筑设计行业对建筑构造知识能力的需求出发，进行课程结构设计。首先，在教学案例中依托学生平行进行的“建筑设计（一）”——小住宅设计项目，在构建建筑空间感知能力训练的基础上，从宏观到微观层面帮助学生理解建筑从基础到墙身的整体构造过程及节点设计所要掌握的知识点、技能点。其次，结合小住宅设计中剖面设计主要包含墙身剖面（剖切到的门窗、阳台、雨棚等建筑构件部位），讲解与之相关的构造、建造部分的内容。结合学生自己的设计创作，依托项目教学方法，更好地调动学生的主动性与积极性，顺利完成建筑构造内容的相关学习与设计内容。同时将“建筑设计（一）”小住宅中的建筑立面设计与建筑立面材料、装饰材料整合与设计构思及精细化设计成效内容合并讲解，加深学生对建筑设计、建筑构造、材料、结构选型内容的理解。最后，在建筑技术综合实训环节中，将建筑设计课程与构造课程结合的成果在实训课程呈现。将课程内容与设计任务主题相结合，利用课程和课程之间的“链”，形成闭环式的课程教育体系。

二、基于课程链的课程建构路径

（一）知识点与课程任务的整合

原建筑材料与构造课程教学环节中将建筑墙体、楼板、饰面、楼梯、屋顶及门窗六大部分知识点的讲解作为课程主要教学内容，在学习过程中学生无法理解看不到的内部构造知识。进而，在实际课程教学中重点讲述建筑材料、房屋构造的相关知识，内容繁多、抽象，学生理解需要有较强的空间想象力和建造逻辑性，给学习带来困难。通过对高职建筑设计专业二年级学生技能水平的调研发现，学生对空间的理解、材料构造层次的表达、各维度空间转换的理解上很容易出现偏差。在对相应知识点进行梳理后，与平行课程的设计任务进行整合，将知识点、技能点整合形成培养技能型人才的模块化课程体系。

（二）融合平行课程重构课程模块

利用平行进行的设计课程作为指导学生学习的范式，解决原有课程内容枯燥、学习过程无实物对照、构造层次关系理解模糊等问题。同时，课程以任务为导向、模块化解析重组课程内容，从建造的逻辑性入手划分课程单元与模块，继而将课程模块内容与平行的建筑设计课程形成关系链。例如，对于建筑基础与结构、系统性构造与建筑整体布置、建筑各部分的材料与构造特点，以及建筑饰面材料与建筑立面设计等，可以结合学生在“建筑设计（一）”课程中设计的独立式住宅进行逐一对照讲解。这样建筑设计与构造学习的教学内容在小住宅设计中予以表达和体现（图 3）。采用问题导向、任务驱动的教学方法，让学生带着疑问进行项目化学习，增强了学生主动思考、主动设计的能力，进而实现从建筑方案概念设计到建筑节点构造绘制、建造及材料选择的全过程学习。

（三）信息化、BIM 技术的融入

基于课程链的课程设置特点，在相关课程中融入信息化、BIM 技术。结合课程内容及高职学生的特点，增加信息化、可视化的技术手段，将 BIM 技术与建造流程整合，在建筑设计课程中，学生通过绘制建筑平面可自动生成建筑剖面，形成从二维平面空间到三维剖面空间的过渡。通过 BIM 信息化模型附加建筑材料，构造层次自动生成相应的构造图纸。这样，通过三维模型学生更容易理解建筑节点的构造做法。学生通过自建的建筑模型，利用 BIM 技术及时修改实时更新建筑的材料信息表，加深对建筑饰面材料与建筑立面、建筑构造之间的理解。

在课程教学中，借助虚拟现实技术（简称 VR）对建筑材料与构造课程教学方法的改进也有很大帮助。摆脱传统教学模式中完全靠教师讲解，学生仅凭对理论知识理解和空间想象去掌握建筑构造的方法，VR 技术能使学生完全代入场景，身临其境地看到实物，这符合 VR 技术的浸入式特点。传统教学模式中，学生只能被动接受理论知识，VR 技术能让学生通过控制手柄探索自己需要的知识，根据自己的能力掌握理解知识，加快实现对知识的吸收速度，这也是 VR 技术交互性特点的体现。此外，VR 可视化具有超高的还原精度及真实性的特点，能实现现场施工深度的效果还原，所有内容均严格按照图纸和选择模型材料制作，突出真实性，帮助学生建立更为完整、形象化的知识架构体系。

三、课程链中融入新媒体技术

（一）短视频辅助教学

短视频的碎片化、互动性、丰富性、嵌入性等特征很好地迎合了当下大学生受众的网络社交需要，同时，用短视频记录自己的日常生活也逐渐成为学生的社交手段。在课程教学环节中，教师利用短视频讲解知识内容，学生通过短视频记录自己的学习和工作过程，包括在建筑材料选择、模型手工制作阶段，帮助学生厘清模型制作的思路，同时便于学生回看总结。尤其在“建筑技术实训”课程学习过程中，由于课程设置与整个课程链上的相关性，学生将最终成果通过视频影像记录与编辑，不仅可作为课程成果的一部分，还可作为宝贵的教学资源存放在课程教学资源库当中，为以后的课程教学作储备。

（二）互联网＋的融入

2020 年以来，新冠肺炎疫情袭来，各高校开始采用线上教学的模式，多门课程采用“线上线下实时互动融合”的融合式教学。相较于传统的教学模式，融合式教学模式不仅能给学生带来更多感官上的体验，也能够增强学生的认知能力，调动学生的学习热情。应用雨课堂，增加师生互动的机会。利用多元化的信息化手段与课堂活动相结合，借助多媒体、雨课堂及 BIM 技术引导学生全方位、多角度地感知课程内容。例如，课上利用 BIM 技术，结合虚拟模型讲解相关构造知识。当学生对三维空间理解困难时，随时通过扫描二维码观看模型，以此辅助学生理解三维构造。

对于课堂内无暇顾及的内容，要求学生在课外利用在线资源自主学习，比如将授课

的辅助资料上传到雨课堂平台向学生发布，要求学生按时完成并组织学生进行汇报。这种在线资源的自主学习方式也得到学生的踊跃参与和呼应。同时，在线教学在课前的知识传授和交流方面有得天独厚的优势。发挥这些优势，给学生更多自主学习的时间和自由表达的窗口，不仅提升教学效率，也得到学生的积极呼应。积极利用线上教学，挖掘其可能性，真正以学生成长为核心目标，让线上反哺线下是采用“线上线下融合式教学”应有之义。现代技术的进步，帮助学习者更好地理解建筑材料与构造。当然技术只是辅助，课堂还是需要有更为有效的交流，激发学生对课程、课程链及专业的热爱，形成教与学的互动需求。

四、课程链中厚植工匠精神

在专业课程链的思政建设中，贯彻“弘扬传统文化”，体现“工匠精神、精益求精”，以及加强“生态文明建设”三个大方向，将思政元素与课程任务相结合，最终实现专业课与课程思政的融合与发展。

课程思政需要落实“把思想政治工作贯穿教育教学全过程”，“使各类课程与思想政治理论课同向同行，形成协同效应”。“建筑设计(一)”、建筑材料与构造、建筑技术综合实训三门课程构建的课程链，紧密围绕育人逻辑与专业知识内容，把思政教育渗透于教育教学的各个环节，将思政教育与专业课程教学有机融合。

课程注重在教案设计、教学组织、教学方法选用等教学环节，凝炼教学模块中相关的思政要素。例如，结合“建筑设计(一)”学生设计的小住宅项目要求学生完成其墙身建筑构造与 1∶10 的实体模型，放大比例尺度的精细化学习不仅增强了学生的动手能力，也让他们学到建筑建造的统筹思维，包括构造节点的搭接方式与方法等内容。又如在模型的节点搭接、材料的选择过程中植入绿色建材、绿色建筑设计方法与节能等知识点，强化生态文明建设的重要性与意义。在整个课程链教学环节中，渗透思政元素，在潜移默化中，培养学生的价值观，将职业素养与素质提升相结合。

五、课程的教学成效与评价

在课程链改革过程中，选取两个平行班进行比对实验(班级人数为 40 人)。通过数据对比发现，基于课程链构建创新型教学模式的班级，学生对建筑专业课程的学习兴趣及信心有一定的提高，同时学生在依托“链”式结构的课程体系中，各门专业课成绩也得到显著的提升。此外，通过课程链的教学体系，尤其是能力较好的学生对建筑设计的综合理解能力显著增强，基础相对薄弱的学生成绩也得到一定程度的提升。除了在教学评价上采用量化评价方式外，经过设计类课程、构造课程及技术实训课程的多次评图等教学过程，学生对设计的理解、图示化语言的表达、行为表现的观察与记录也可以作为综合影响因素来验证课程链的成效。

六、结语

课程的改革与探索需要根植于职教改革方向并与行业发展趋势同频共振，否则单一的课程体系改变无法产生质变的效应。基于课程链对建筑设计专业的课程从结构设计、职业技能养成入手，培养学生适应当下建筑设计行业数字转型与升级变得至关重要。建筑材料与构造课程围绕课程链建设尚有诸多具体问题有待深入研究，需进一步整合与调整教学内容，不断摸索教学规律，总结教学经验与方法。只有课程链的构建能够适应行业、社会发展的需求，才能真正体现其在职业教育中的价值和意义。

高职院校设计类专业"三教"改革实践与探索
——以上海济光学院独立式小住宅设计课程改革为例

黄　琪　宋雯珺[①]

"三教"改革是深化内涵建设、形成高水平人才培养体系的核心环节。我国产业要从中低端向中高端延伸,职业教育必须要为产业转型升级提供中高端技能型人才。为了更好地贯彻"职教20条"规定的各项改革举措,各职业院校都在逐步实施"三教"改革实践探索,为丰富职业教育人才培养提供了宝贵经验。

一、文献综述

王成荣等学者把"三教"质量作为当前职业院校提升人才培养质量的重要切入点;周建松等学者在归纳高职院校"三教"改革基本特征的基础上,对"三教"改革具体路径进行研究;余俊帅在高职学前教育专业"三教"改革案例中,提出基于课程体系重构,以系统集成的方式配置教材、教法和师资等资源;朱新民结合喷油泵机械加工教改项目案例探讨"三教"改革具体做法;韦晓阳提出大力开发纸质教材与数字化资源紧密结合的新形态教材,通过与在线开放课程的融合发展,重构传统课堂与教学过程,促进互联网+教学变革;王云凤提出基于专业教学标准和职业标准设计教材的体例结构,重视教材中学习任务精细设计策略。

总体而言,"三教"改革实践在微观层面针对不同专业特点的课程建设,有待更多的案例去进一步夯实基础。高职"三教"改革目的是提升学生的综合职业能力,最终要落在课程建设上,只有持续推进课程改革,打破以教师为中心、理论为导向的传统教学理念,及时将行业的新技术、新工艺、新规范作为内容模块,将现代化信息技术融入教学,方能满足职业教育对人才培养的需求。本文通过高职院校设计类专业核心课程实施"三教"改革的案例,探讨以重构课程教学内容组织为重点,以"数字+纸质"的新形态教材建设为载体,组建结构化双师型教学团队,借助专业教学资源库、在线开放课程建设,进行线上线下混合式教学模式创新,为微观层面上探索设计类专业人才培养模式创新提供借鉴参考。

二、"三教"改革课程案例的缘起

无论是本科还是高职,设计类专业核心课程都是以职业能力为导向,兼具创新思维

---

① 黄琪、宋雯珺,上海济光职业技术学院。

和实践能力培养的理实一体类课程。以独立式小住宅设计课程为例，它是上海济光学院建筑设计二年级专业核心课程“建筑设计（一）”的项目，也是建筑设计原理课程系列设计课程的第一种类型。通过住宅类、中小型公建类、高层/大跨建筑等不同项目类型空间设计任务，逐步培养学生的设计能力与创新思维。建筑初步、设计绘画等专业基础课及室内、景观设计等其他课程，都是为设计课服务的。

在传统课堂教学模式下，设计类专业课程往往缺乏明确阶段性内容和实施目标，围绕任务书解读难以有效指导项目实施，大班化授课在培养学生创新思维方面不具备优势。学生作业个体方案的差异性难以促成学生整体钻研探讨的氛围，一对一指导也不能为其他学生提供更多启发。除了这些设计类课程的通病，高职该类型课程还面临如何体现高职特色、平衡创新思维培养的高阶目标与基础技能训练等中低阶目标，以及如何有效利用教学资源激发学生自主学习等一系列问题。

三、“三教”改革课程案例的实施

上海济光学院“建筑设计（一）”教学改革始于 2014 年与现代集团都市院合作的双元项目——小别墅课程包（一），旨在借助课程包的建设探索建筑设计课与室内、景观、构造设计等课程的融合。课程从最初 16 周安排 2 个设计题目，转向以独立式小住宅为一个载体，以真实设计流程为导向的若干教学单元，做精做细，逐渐打破传统建筑设计课“一、二、三草”的教学过程。2017 年，与华阳国际设计集团上海公司合作，校企双方在该项目扩初与改造设计环节加大教改力度。2019 年，济光学院被确定为上海首批“1＋X”证书试点院校，在“1＋X”BIM 技能模块专业课程体系要求下，课程教改开始将扩初设计与 BIM 建模相结合，加深学生对小住宅结构的理解，同时探索生态模拟技术的应用。经过 5 年教改实践，“建筑设计（一）”逐步形成以独立式小住宅为载体，从建筑单体方案设计到扩初设计、BIM 设计、改造设计等涵盖设计完整过程的教学架构，形成与本科错位培养的高职特色。

（一）教师改革

随着课程改革与校企合作的不断深入，课程团队从最初 2 名校内专职教师逐渐扩展为 12 名成员，拥有建筑、规划、室内、景观、结构等不同设计专业、技术、领域背景，更有来自兄弟院校和企业一线的导师共同助力。通过组建高素质、跨专业、双师型的教师队伍，构建“功能整合、结构合理、任务明确”的师资团队。整个团队项目实践经验丰富，5 名专兼职教师从事课堂教学，5 名企业专家配合教材、在线课程与专业资源库的建设，还有 2 名专门负责 BIM 建模、绿色模拟技术，为课程建设对接行业标准与市场需求提供有力保障。

（二）教法改革

对高职设计类专业核心课程而言，线上线下混合式教学是满足“互联网+职业教育”新需求的必然趋势。线上教学普遍存在学生缺席、真实上课状态缺失、实操无法顺利实现、连贯性学习无法有效保证等问题，在培养学生情感、意志、能力等综合素养上也难以发挥线下教学所具有的优势。混合式教学既可发以挥线下课堂优势，又可利用线上便捷、高效的资源传播途径、随时随地片段化学习功能和客观评价数据的优势。

1. 课程重构设计

2020年因为疫情，上海济光学院引进清华大学学堂云和雨课堂开展线上教学，将独立式小住宅设计项目作为线上线下混合式教学在设计课上的试点。为了更好地开展混合式教学，课程在原有基础上进行知识点重构与技能点细化，教学单元下设多个相互关联又自成体系的模块。每个模块对应的训练任务，为高职不同岗位能力培养与技能训练的人才培养创造条件，高阶目标与基础训练在同一个项目的不同阶段得以实现。教学单元模块化设计有利于思政元素的自然融入，让学生在掌握建筑设计方法的同时，树立正确的艺术创作观，坚定以专业知识服务国家需求的信念和使命担当。“工匠精神”“文化自信”“绿色发展”“人文关怀”是贯穿该课程全过程并实现“立德树人”的重要途径，具体实施详见表1。

表1 与设计过程相匹配的教学单元设置与课程思政

教学单元			模块	课程思政
阶段	名称	任务	素质、知识、能力培养模块要点	
单元一	独立式小住宅类型与演变历史	前期作业汇报(1)	知识模块： 家的空间常用尺寸 技能模块： (1)自宅的平面测绘与表达 (2)家具布置	通过自宅测绘与空间表达，开启专业学习之旅，做好新专业课程学习挑战的思想准备
		文献调研报告PPT(2)	知识模块： (1)独立式住宅的演变历史 (2)独立式住宅和建筑设计的关系 (3)大师住宅作品的解读 技能模块： 对独立式住宅作品的设计理念、场地布局、功能与流线、形体分析等方面进行调研	(1)在独立式小住宅资料收集中导入绿色、可持续发展等理念，培养绿色生态意识 (2)发掘传统民居中蕴含的生态大智慧从而建立起文化自信 (3)培养学生社会责任感
单元二	独立式小住宅设计分析	基地分析+业主定位(3)总平面布局设计(4)	知识模块： (1)对任务书进行解读，明确设计目标 (2)基地内的自然和人文条件分析 技能模块： (1)对基地条件进行图解分析 (2)通过业主定位，了解设计的制约点、难点或者突破点，进行设计方案构思 (3)解决建筑与基地周边环境的关系	(1)“绿色青山就是金山银山”，发掘自然环境中一切可以利用的资源，作为设计的构思源泉。把可持续发展与生态文明建设的内容融入基地分析 (2)引导学生关注市民需求，始终秉持以人为本的设计理念

（续表）

教学单元			模块	课程思政
阶段	名称	任务	素质、知识、能力培养模块要点	
单元三	独立式小住宅单体设计	平面图设计（5） SU体块设计（6） 主要立面设计（7） 景观设计（8）	知识模块： （1）内部空间设计原理与方法 （2）造型基本原则与手法 （3）外部空间设计方法 技能模块： （1）训练设计思维的过程表达，借助气泡图的绘制，进行功能分区与流线组织 （2）从手绘方案构思到CAD（或BIM）绘图表达的过程 （3）在二维到三维的设计过程中：学会利用SU模型研究建筑体块与环境的关系	设计的过程是一个痛并快乐的过程，也是一个需要综合解决各个方制约因素的过程，甚至可能面临推翻重来的过程，培养学生刻苦钻研、不轻易放弃、克服困难的学习精神
单元四	独立式小住宅设计表达	方案表达（9）	知识模块： （1）方案表达基本要求 （2）排版设计原理 技能模块： 通过完整的一套建筑方案图纸表达，熟练运用各种相关绘图软件	（1）万丈高楼平地起，方案落地还要经过严谨的扩初设计，从中培养学生精益求精的学习作风和工匠精神 （2）BIM翻模过程直观呈现出建筑内部空间构件，有效避免构件冲突和由于不够严谨产生的“反人类”设计，从中培养起学生对项目的责任心
		扩初设计＋BIM技术表达（10）	知识模块： （1）扩初设计基本要求 （2）BIM建模的基本知识 技能模块： （1）扩初设计（结构布置、柱网与尺寸标注） （2）用BIM相关软件进行建模	
单元五	独立式小住宅设计发展趋势	独立式小住宅改造设计（11）	知识模块： （1）当今改造设计的相关背景与基本方法 （2）住宅改造设计的设计思路与基本手法 技能模块： （1）通过调研完成任务书的拟定 （2）初步掌握改造设计的现状分析方法 （3）改造设计方案表达	（1）改造以小组为单位，培养学生小组协作精神，学会与人合作 （2）广义的生态理念，探索城市有机更新时代下的新业务和新模式，将城市、文化、产业与人的融合共生成为城市更新的大势所趋 （3）关注乡村振兴战略，引导学生以民宿改造为出发点，拓展面向新时代乡村振兴战略的新思维

2. 混合式教学实施

借助线上线下混合式教学的课前、课中、课后三阶段，该门课程实现部分翻转课堂。课前预习借助学堂云推送教学视频，让学生提前建立一定的感性认知，便于课中更好地理解知识重点和难点，较快进入技能实操。课中主要针对疑难点进行重点讲解和演示，并布置作业、公开评图、提供一对一指导等。雨课堂 4.2 以上版本，学生既可以浏览教学课件，又可以重温教师在课堂电脑端的整个操作过程。教师借助录屏回放，检验教学效果，以便平行班授课及时调整。雨课堂最新的 5.2 版本融入腾讯会议后功能更强大。以公开评图为例，学生可在雨课堂的腾讯会议模式中共享作业，教师在课堂现场大屏幕引导整个评图过程，其他学生通过雨课堂弹幕点评，教师、共享的学生及其他学生三方同时都能在各自终端上同时进行操作，让传统评图变得更加便捷有趣。

相比传统课堂教学，线上线下混合式教学更注重学生资源获取、任务完成和知识点掌握等领域的收获。学堂云对学生出勤率、课件预习、发弹幕率、问题互动等表现都有数据记录，是量化学习成效的有力支撑。考核评价方式的转变，促使不同层次学生对整个教学设计及自身能力水平有更清晰的认知，可选择性加强某些环节训练，切实推动以“教(师)为中心”向以“学(生)为中心”的转变。

（三）教材改革

1. 重构课程教学内容组织的载体

2020 年在重构课程教学设计、完善课程标准的基础之上，教学团队着手编写配套教材。教材在形态内容上力求打破学科知识本位束缚，突出应用性与实践性，注重训练学生在方案成果表达、BIM 建模、改造表达等方面的应用与技巧。教材每个单元附有相应的单元任务和学生作业案例，具有很强的操作性和指导意义，通过“一个单元教学、一个课题训练、一个技能掌握、一个创意闪现”的方式，充分体现高职设计类专业人才培养重在实践能力、岗位技能训练与适度创新能力为一体的目标。

2. 配合教学资源库建设使用的教材新形态

作为上海市级教学资源库建设的核心课程①，该课程教材建设在教学资源库建设的基础之上，积极融入信息化技术，通过配套数字化教学资源，形成以纸质教材为基础，以网络教学平台为载体，融数字化和信息化教学服务为一体的教材新形态，同时借助建筑系自主研发的小别墅大模型实体与教学虚拟平台，配合教学单元实训项目，使教材内容与时俱进、不断更新。

四、实践成果简述

坚持立德树人，将设计实践的专业培养与思政育人相统一。以工作任务、工作流程为导向，将专业教学与思政目标、岗位需求、行业资格考试要求、竞赛标准导入到课程标准、教材、教学资源的建设，提升教学内容的针对性，打造高职特色。借助信息化技术手

---

① 上海济光职业技术学院的建筑设计专业群教学资源库入选 2019 年上海高职高专院校市级专业教学资源库建设立项名单。

段进行教学设计创新，切实推动以“教(师)为中心”向以“学(生)为中心”的转变。经过这几年上述课程教学改革的探索与实践，课程团队中主讲教师的科研水平与职业能力有了明显提高，公开发表相关论文10余篇，承担相关科研课题10余项，指导学生参加各类省市级技能大赛并取得好成绩。“三教”改革实践最终目的是为了提升学生的综合职业能力，这在一定程度上反映了课程改革的成效。2021年，课程获得上海市高职高专土建类专业优秀课程标准三等奖，配套教材《独立式小住宅设计》也于2022年1月由中国建筑工业出版社出版。2021年11月，该课程在智慧职教MOOC学院正式上线，并入选国家职业教育智慧教育平台。

五、结语

首先，相对传统教学，线上线下混合式教学设计拆分、细化知识和技能模块，利用技术有效拓宽教学手段，促使学生在完成深度学习第一层面上的基础认知方面没有太多问题。但理实一体类型的设计课从不是知识的简单积累，如何促使学生完成深度学习第二层面上的高阶认知活动，从而达到灵活运用，这恰恰是设计类专业课程最难的地方。其次，对于高职设计类专业课程建设，校企合作是关键，是课程建设对接行业标准与市场需求的有力保障。职业教育要突出类型特点，要通过深化产教融合、校企合作，推进“三教”改革。如何吸引企业走进课堂，更多参与“三教”改革，可能还需要政策层面上的引导，才能充分发挥校企合作的力量。最后，课堂教学如何与社会实践相互支撑，让实践成果、服务学习落地，专业课程的功能和价值才能真正超越课程本身，这些无疑都是今后高职设计类专业课程教学实践与改革必走之路。

基于“1+X”证书制度下高职院校课证融通的探究
——以电子商务专业课证融通为例

朱　江①

2019 年 4 月，教育部联合多个部门正式启动了“学历证＋若干职业技能等级证书”（简称“1＋X”证书）。“1＋X”证书制度是我国在职业教育领域的类型发展的重大创新，“1＋X”证书制度的“1”和“X”反映了职场、院校和企业间的渗透融合关系，“X”不仅包含 X 种证书（数量），更代表了其职业技能的广度；同时，也代表了 X（初、中、高级）种职业等级的程度，由此可见，“X”标志着受教者掌握某个行业的专业技能的数量和深度，是对“1”的补强及拓展。自 2003 年以来，中国市场对电子商务专业人才的需求在持续增长，中国电子商务研究中心（网经社）的调查数据显示，在未来五年中有关电商技术运营等人才的需求将达到 1000 万到 3000 万人。由此可见，在“1＋X”证书制度层面上研究高职院校电子商务专业课程的课证融通具有非常重要的意义。

一、“1＋X”证书制度的内涵和意义

“1＋X”证书制度是职教改革的必然之路，“1”指的是学生通过课程学习获取的学历证书，“X”则是学生在三年学习阶段中获取的各类配套技能证书。在高职阶段的学习中，学生可以通过各种渠道获取证书，可从校内获取，也可从校外获取，证书与学生技能水平、知识素养、学习水平一致，从多个方面反映出学生的学习能力和职业技能掌握情况，与毕业证书的本质相同，均是学习凭证。“1”是根基，“X”是对“1”的加固和拓展。由此可见，“1＋X”证书制度主要具有以下几方面意义：

第一，深化学历证书和专业技能证书的融合，运用制度化的方式，将学历教育与非学历的培训教育相结合，不但能拓宽职业教育的着眼点，加快复合型技能人才培养模式改革，还能促进高等职业教育发展，健全国家的职业教育制度化建设。

第二，在高等职业教育领域，学历教育与职业技能证书教育是相互倚重、相互补充的。两者是有很多交集的，学历教育和职业技能证书的获取采用国家学分银行的机制可相互转换。这也从制度上明确了学生在完成学历教育期间，获得的职业技能证书可免修或者减修一些与证书考核内容密切相关的课程。这样不但能够实现学历教育与非学历技能培训的进一步融合，还能让院校去主动适应社会的需求。

第三，“1＋X”证书制度体现了高等职业院校与社会行业需求接轨的体制机制，对产

① 朱江，硅湖职业技术学院。

教融合、校企合作育人机制的建立有着积极的推进作用。"1＋X"专业证书制度在高等职业学历教育中的深度融合，会进一步激发社会各界力量参与办学的积极性，更有利于推动产教融合的实现。同时，通过充分发挥社会市场的核心驱动力，还能激活高等职业院校人才培养的内生动力，促进校企合作育人及创新人才模式的机制体制实现。

二、"1＋X"证书制度下高职电子商务专业课证融通的必要性

首先，由于近年来电子商务行业的高速发展，几乎所有具备条件的高职院校都对该专业进行申报和建设。伴随着互联网技术不断发展，电子商务技术也越来越多地应用到社会的各行各业中，具有更新快、时代性强、知识技术新、专业性强、涉及内容广等特点。而"1＋X"网店运营和推广证书就是为了适应大电子商务时代要求，进一步提升我国电子商务应用人才的职业素质和能力水平，经国家教育部及相关部委统一颁布实施，由北京鸿科经纬公司统一安排考核、颁发。"1＋X"网店运营和推广证书考试科目主要包括 SEO 推广、SEM 推广、信息流推广 3 门。这 3 门科目是构建电子商务专业课证融通的关键课程内容，也是高职电子商务专业的核心必修课程内容。

其次，由于目前"1＋X"证书制度尚在试点阶段，高职电子商务专业中，职业技能等级证书与人才培养方案缺少衔接。在现行的高等职业教育体系下，虽然学历教育已经有了坚实的基础，但技能证书暂时还没有融入电子商务应用专业人才培养方案中，缺乏配套的培训、评价与考核机制，涉及的职业技能等级证书还不够全面，没有将与职业技能等级证书考证相关的专业知识与技能目标融入其中。虽然有些高职院校已经向一些成熟的学历证书管理体系倾斜，但是，由于各教学院系组织与保障学历证书教育及考核管理主要是由教务部门实施，而"1＋X"职业技能等级证书另外开辟了考证的服务平台，由培训评价机构开发、管理和颁发职业技能等级证书，因此，有必要在人才培养方案中融入考证的相关要求，加强课证融通。

最后，在教学内容上，学历证书教育与"1＋X"职业技能等级证书教育未能及时融合，最新的职业技能等级证书相关标准未与教材融合。并且，课堂教学内容与职业技能等级证书考证内容有一定差异，高职电子商务专业教学未能弥补一些主干专业课程的教学重点与考证重点不一致的情况。在课堂教学中，考证必考的重点内容被忽视，而课堂教学的重点内容在考证时又没有涉及，一定程度上限制了高职电子商务专业课证融通的发展。根据北京鸿科经纬公司发布的消息，2020 年全国院校的"1＋X"网店运营和推广中级证书的平均通过率为 53.14％，高级证书的平均通过率为 38.97％，通过率远低于"1＋X"其他技能等级证书的通过率。

以上现状，反映了高等职业院校电子商务专业加快实施课证融通的紧迫性和必要性。

三、“1＋X”制度下高职电子商务专业课证融通的设计实施途径

（一）主干教材融通

“课证融通”是指在平时的教学中融入“1＋X”证书考核相关的内容，并在人才培养方案中结合国家要求电子商务人员具备的知识、素质和技能标准，合理设置电子商务专业核心课程，选取适当的教材，安排教学计划。但在教材选定的过程中，高职院校往往会使用以往的教材，或者选择自编教材，而非官方指定的“1＋X”证书考试必修必考教材。也就是说，高职院校的课程教材没有完全服务于“1＋X”证书的考取工作，学生需要花大量时间消化课程教材与证书考核指定教材之间的差异内容，不利于学生考取“1＋X”证书的考取。因此，在“1＋X”证书制度下，高职院校电子商务专业应实现教材融通，应与“1＋X”网店运营推广证书考试指定的教材相匹配，才能满足学生获取证书的要求。

（二）相关课程标准融通

在人才培养方案中，相关课程标准的课本知识需与社会需求衔接。课程标准是学校进行专业教学的纲领性文件，是职业教育和专业教学质量的标准，也是课程教学的指挥棒。为了达到社会对电子商务岗位从业者的要求，实现所学即所需，在教学课程标准的制定上，高职院校应以电子商务考核科目教学目标、教学标准为向导，制定该专业学生学习的课程标准，充分体现出“课证融通”的思想，满足电子商务专业人才就业需求。并且，应以课程标准为基础，根据电子商务“1＋X”证书考试中的每个技能操作章节的重要程度和难度系数来设定教学时数、设计教学重难点，以培养电子商务专业学生所应具备的专业知识和技能。

（三）相关课程设计融通

在高职电子商务专业课证融通的实施过程中，授课形式和课程计划是尤为关键的。实现课证融通的同时，授课时间也已经大体确定，这就为考取相关“1＋X”证书打下了坚实的基础。第一学年主要培养学生专业基础知识，以通用素质课程和电子商务基础课程为主；第二学年主要培养学生电子商务运营应用能力，以电子商务核心课程为主；第三学年主要培养学生利用电子商务技术解决问题的能力，以专业综合实训为主。而在授课资源上，需要将课程资源与“1＋X”证书考试资源融合在一起：①根据教材内容挑选一些重难点作为资源库的微课进行制作，通过学习资源的建设，编写重难点内容讲义，配套学习；②搭建电子商务专业课程学习与“1＋X”证书考试考点的有效桥梁，创建“1＋X”证书考试模拟题库，并以考试真题作为题库的主要来源，以课程章节重难点为核心内容，增强学生的练习能力，实现实时记录成绩；③为了巩固学生知识点，举办“1＋X”证书竞赛，激发电子商务专业学生学习兴趣；鼓励学生参加电子商务专业技能竞赛，通过参与竞赛促进课程学习，掌握行业新动态、新趋势、新知识，并以课程学习、课外比赛、以赛促教的方式督促学生提升专业技能；④为了增强学生对“1＋X”证书考试的重视程度，实施业内名人讲座形式，靠前集中培训讲座；⑤培育产教融合的实训基地，由学校学院牵头进行校企

合作，学生通过理论学习后输送到基地，实现专业课程百分之百达到虚实一体化操作，实现电子商务应用专业人才的培育。

（四）考核评价融通

首先，在学历课程的考核上、借鉴企业考核人才的方式，在坚持以学生为中心的基础上，与“1＋X”证书的考核进行有效衔接。其次，在教学和制度两个层面都需要贯彻实施“1＋X”证书制度。电子商务专业课程作为高职院校人才培养方案中的一项重点课程，应创建专业核心课程期末成绩合格才能参与“1＋X”证书考试的规则，并以学分银行为项目，积累学分内容，完成后可以抵免高职院校人才培养方案中的部分学分。同时，高职院校电子商务专业应进一步促进课证互融，争取实现学历证书和职业技能等级证书所体现的学习成果的积累转换，不断提升高职院校电子商务专业的育人质量，促进书证融通。

互联网信息技术发展迅猛，高职院校开设电子商务专业既是机遇也是挑战，必须要根据市场需求设置专业课程，人才培养方案必须要符合市场和技术的发展规律。“1＋X”证书制度是职业教育的重大改革举措，是今后职业教育的发展方向，其目标是实现高职学历教育与职业培训的有机统一，基于专业教材、课程标准、课程设计及考核评价和相关的“1＋X”证书职业技能等级标准设置“课证融通”的课程是实现此目标的重要方式。此方式是将“1＋X”证书职业证书技能融入学校的专业人才培养方案中，并在此基础上采用教学模式的创新、双师型创新教师团队的建设及教育教学成果奖等措施来保证“课证融通”课程的实施和建设。

精技艺之能　育明德之人——以上海市贸易学校咖啡技能人才培养为例

何笑丛[①]

职业教育是培养技术技能人才、促进就业创业创新、推动中国制造和服务水平上升的重要基础。职业教育要坚持正确办学方向，立德树人，深化产教融合、校企合作，加快构建现代职业教育体系，培养更多高素质技术技能人才、能工巧匠、大国工匠。

随着城市生活水平的不断提升与消费个性化需求的日益凸显，咖啡产业快速增长。第一财经商业数据中心《2021青年咖啡生活消费趋势洞察》指出，中国咖啡消费市场前景明朗，国内咖啡消费规模逐年扩大，同比增速在30%左右，北上广深等一线大都市人均咖啡消费量已与欧美成熟咖啡市场相当。2020年《国际文化大都市评价报告》显示，上海市的咖啡连锁门店与独立门店总数已经位居全球之首，一跃成为全球咖啡馆数量最多的城市。在上海，咖啡元素日渐融入居民生活，既充当了重要的社交工具，也成了传承海派文化的载体。

咖啡产业的蓬勃发展带来了咖啡师岗位需求的急剧增加，如何对接市场需求，培养出能适应咖啡产业发展和企业岗位需求的咖啡专业技能型人才，成为职业院校关注的新课题。

依托上海市大力打造“四大品牌”、建设“五大中心”的背景，上海市贸易学校围绕食品技术、财经商贸和计算机信息技术三个专业大类建设，做大做强“大食品”特色，时刻铭记职业学校办学的根本目的，为社会培养高素质的技术技能人才，为学生走上社会以后在各行各业成长发展奠定基础。在咖啡技能人才培养方面，上海市贸易学校调研分析了人才需求现状，从人才定位、课程教学、国际认证、技能竞赛、校企合作等方面提出咖啡人才培养策略，并在培养中融入“明文化”精髓，注重学生工匠精神养成，对咖啡技术技能型人才培养规律进行研究与初步探索，取得了一定成效。

下面以咖啡界新星卢晓菲的成功培养为例，对上海市贸易学校咖啡技术技能人才培养策略进行阐述与分析。

一、以证书为载体，注重职业素养养成

新时代职业教育，是“启智明德”的过程，不仅要教会学生知识技能，更要培养学生成为具有良好道德修养、职业素养、人品端正的现代劳动者和技能人才。为了培养专业的、

---

① 何笑丛，上海市贸易学校。

具有国际视野的咖啡专业技能人才，满足咖啡产业迅速发展背景下的市场需求，上海市贸易学校引入英国伦敦城市行业协会“国际咖啡调配师”国际职业资格认证体系，并将它打造成食品专业一门国际证书课程，借鉴和利用国外先进的职业教育理念和优质职业教育资源，在探索打造特色职业教育品牌课程、培养食品专业人才有效途径的过程中，搭建起人才“供应方”与人才“需求方”的“匹配桥”。

在国际咖啡调配师课程中，国际职业资格标准就是教学标准，课程内容不仅有咖啡制作，还包括咖啡品鉴、饮品研发、顾客服务等符合社会需求的内容。在课程教学中，注重动态、多元化的课程评价体系应用，识别学生的不同需求与兴趣爱好，鼓励其积极参与教学过程，实现从“劝我学”到“我要学”的转变，通过细致观察与及时沟通，关注学生技能与素养的动态发展，实现共同提升。

国际咖啡调配师课程不仅教会学生清洁保养设备、合理放置原物料及工器具，有效进行吧台管理，还特别注重培养学生的顾客服务能力，用整洁规范的个人形象、自然热情的言语来进行产品介绍、处理交易及顾客投诉，并能够进行一定程度的艺术创新，让学生不仅熟悉咖啡“从种子到杯子”的过程，还能用心地调制一杯“有温度”的咖啡。

在这样的培养模式下，上海市贸易学校为社会培养了一批批的咖啡专业技能人才，满足不同形式下的咖啡岗位需求。其中最为突出的是，在高手云集的上海市第二届“四大品牌”职业技能大赛“花式咖啡制作”项目和上海咖啡大师赛中，上海市贸易学校食品专业学生卢晓菲先后夺冠，令众人瞩目。赛后，接受记者采访时，她说，正是因为在学校学习了全面正规的咖啡课程，掌握了扎实的咖啡基础理论、全面的咖啡调制技术和规范的顾客服务能力，她才能比其他的选手更快更好地适应竞赛的要求。一张国际咖啡调配师证书，让她在咖啡的赛道上完美起跑。

二、视赛场为通道，提升人才培养规格

随着咖啡产业的发展，涌现了越来越多的咖啡技能竞赛。在竞赛这个平台上，观摩展现行业最前沿的产品和技术，进行优质的行业交流，通过竞赛，接轨企业标准，熟悉岗位工作流程，将体现行业需求的竞赛规则与行业标准反哺于教学，给教学带来最充分有效的资源，有利于教师和学生的迅速成长，寻求符合市场需求的人才培养目标，进一步提升咖啡技术人才的培养规格。

遇有与咖啡相关的展会和技能赛事，教师会带着学生去观摩，让学生在咖啡竞技的巅峰演绎中领悟细致、规范、创意、服务对于咖啡技艺的重要影响。而正是在对有咖啡界“奥运会”称号的 WBC 中国赛区总决赛的观摩中，参赛者高超的技艺和稳健的台风，激发了卢晓菲对咖啡文化浓厚的兴趣，坚定了她在咖啡这条道路上不断探索的信心。做好一杯咖啡通常只需要 2—3 分钟，但口感和风味的控制需要精确到秒和 0.1 克。为了做到这一点，卢晓菲每天要在实验室里训练 8 个小时以上，在咖啡萃取过程中不断调整咖啡豆、咖啡机、磨豆机三者之间的参数，寻求酸甜苦的最佳平衡点。

“唯有合作，方显智慧”，在咖啡课程授课实践中，师资力量的“请进来”与“走出去”成为常态。上海市贸易学校建立咖啡专家资源库，聘请国内外竞赛评审、行业大师、培训专家到学校开展教学与竞赛指导，让学生掌握最新的咖啡技能，让教师领悟最新的教学理

念与技巧。甚至,从事咖啡行业的毕业生也被请回来成了"小教师",用他们的咖啡从业经历与技艺,言传身教,激发学弟学妹们的职业认同感与学习积极性。

职业技能大赛不仅是技能的比拼,更是参赛者职业精神的比拼,给予学生更多的精神的激励,对未来的职业者具有深远的影响。后期训练时,每当遇到技术上难以攻克的瓶颈,或是感到疲惫的时候,她会看看获奖选手的竞赛视频,让自己平静下来,积聚再次拼搏的信心和勇气。

就是在这样的磨练下,入门时还是个"懵懂小白"的卢晓菲,越来越喜爱咖啡,在咖啡制作技艺上获得了飞速的成长,在上海市最重要的两大咖啡赛事中,凭借娴熟的技艺和良好的心理素质,摘得桂冠。

将热爱的事情做到极致,她用行动、用成绩对工匠精神做出了诠释。"你要耐得住寂寞,沉得住心性。在技能学习这条路上必定是孤独的,工匠精神就是要保持钻研和热爱。"食品教学部姚老师的一席话,让卢晓菲至今深深铭记,至今感恩不已。

三、把岗位当课堂,发挥服务社会功能

在咖啡产业迅速发展的今天,上海市贸易学校建立具有前瞻性的校企合作机制,主动接触咖啡行业人士,引入优质咖啡企业资源。在上海市技师协会咖啡专业委员会引荐下,联合校际合作咖啡培训机构及相关咖啡店,利用校企合作方式实行联合培训,丰富教学内容和形式,开拓学生的专业视野,并安排学生在咖啡门店实习进修,获得更为全面的咖啡知识技能及最实际的咖啡服务经验,提升学生的综合素养与就业竞争实力。

职业教育不仅要教会学生基本的知识技能,更要有意识地培养学生学习的能力,教会学生"怎样学习",发展其综合能力,培养其进取之心,使学生走上社会后能够拥有职业发展的能力,发挥其社会服务的功能。在上海技师协会咖啡专业委员会、麦咖啡和上海市贸易学校的联动中,卢晓菲获得了利用课余时间到麦咖啡百脑汇旗舰店实习的宝贵机会。在为她量身定制的100小时见习咖啡师训练计划及BEMC课程学习过程中,卢晓菲进步迅速,快速掌握了基本产品的出品技巧,顺利通过咖啡柜台服务鉴定,与团队合作默契,高效稳定地完成了各项具有挑战性的工作任务,充分展示了扎实的咖啡制作基本功和善于思考的良好素养,如愿从见习咖啡师转为正式咖啡师。

对咖啡充满了热爱的卢晓菲表示:"成功只代表过去,对于我来说,要想在咖啡这条路上走得更远更好,要学习的地方还有很多。目前我最缺的是吧台经验,我希望可以在实践中掌握它,通过立足社会服务顾客,获得更多人的认可。"在第一届全国职业技能大赛期间,卢晓菲作为年轻一代咖啡师的代表,在"上海市咖啡技能互动展示区",制作出一杯杯精致醇厚的拉花咖啡,并用她甜美的微笑向大家传递着咖啡文化与职业精神。在第四届中国国际进口博览会上,卢晓菲和她的伙伴们制作的创意咖啡也吸引了众多观众驻足品尝,获得了一致好评。

一颗咖啡豆,从"种子"到"杯子"的过程,要经过种植、采摘、处理、烘培、研磨、萃取等步骤,就像学生在贸易学校的菁菁校园里,经过教师的精心引导,学习专业知识、提升专业技能,一步一步成长为具有优良职业素养和过硬技能水平的现代工匠。卢晓菲说:"我的梦想是将来拥有一个自己的吧台,将自己对咖啡的热爱和理解,融入亲手制作的每一

杯咖啡中，带给更多的人。更重要的是，我想通过我的努力，让我国云南的咖啡被更多的人接受和喜爱，尽我最大的力量，推动中国的咖啡产业健康可持续发展。”她表示，她会在这次难得的校企合作经历中，将经验传授给更多的学弟学妹；同时，在学校咖啡社团活动中，她也在尽心尽力地辅助教师带领新学生训练备赛。

在上海市贸易学校，夺冠的卢晓菲只是优秀学子中的一员。从证书引入、课程建设开始，上海市贸易学校致力于全体食品专业学生咖啡技能与职业素养的培养与提升，在技能竞赛、企业实践、产品研发、创新创业等领域，大胆尝试，开拓进取，取得了一定的成绩与经验。

2012 届毕业学生管铭辰，毕业后一直在咖啡门店从事咖啡制作和培训工作，积累了丰富的经验，在诸多咖啡赛事中获奖，成为太平洋咖啡华东区形象大使。2016 届毕业学生章臻，苦练拉花技术，在 2018 年 MBA 咖啡拉花大赛中获得“优秀选手”荣誉称号，年轻的他现在已经成为著名咖啡连锁品牌 MANNER 的门店经理。2017 届毕业学生张劭劼，因为参加国际咖啡调配师课程学习，引发了对咖啡的浓厚兴趣。毕业后，经过一段时间的实践准备，于 2018 年拥有了自己的咖啡店，在自主创业道路上留下了坚实的脚印。2021 年，在上海旅游职教集团组织的第十二届旅游专业职业技能大赛咖啡项目中，来自云南的精准扶贫班学生陈江萍荣获二等奖，她激动地表示，幸运的自己在上海学习到了咖啡技能，也开拓了专业视野，以后，她会把这一切用在家乡的咖啡产业发展中去。

随着咖啡行业人才需要的数量与质量的不断提升，上海市贸易学校将继续探索“教、训、练、赛”一体化的人才培养模式，以竞赛为契机，将国际证书和技能竞赛的理念和先进技术标准融入日常教学教育实践，细化落实产教融合、校企合作政策，善于利用行业标准和竞赛平台，全面提升咖啡技能人才综合实力，培养适应市场岗位需求的咖啡技术技能型人才，为促进中国咖啡产业健康发展贡献力量。

浅析中职线上教学困惑及其破解
——以跨境电商基础课程为例

施翌昀[①]

突如其来的新型肺炎疫情，使全国进入了非常战“疫”模式。在这个特殊时期，运用互联网及技术开展线上教学，成了代替线下传统课堂教学的首选途径。虽然线上教学有着诸多优势，但在实施中也存在不少困惑，诸如线上教学师生间“教学距离”的拉开、学生学习倦怠情绪的难以干预等，都会影响课堂的教学过程和质量。本文将以跨境电商基础课程为例，谈谈如何通过改变教学策略、优化教学实施和组合运用平台破解这些困惑。

一、线上教学的优势

相比线下教学，线上教学至少具有如下三大优势。

（一）打破地域阻隔

线上教学最大的优势在于即便师生不在同一空间里，利用网络、学习平台等现代化教学环境，依然可以顺利开展教学活动。本次疫情期间，各个学校各门学科所实施的教学活动，就是教师通过网络和学习平台，按照学科要求，与学生共同来完成教学任务的。

（二）不受时间限制

不受时间的限制则是线上教学的另一大优势，教师将教学内容以音频、视频等方式上传至教学平台，学生就可以反复观看，且对难以理解的部分进行多次学习。如遇学生因故不能按时上课的，亦可用此方法，将所缺内容补学，这就给解决了传统线下教学中由于突发情况，诸如短期病休、一时行动不便等给个别学生带来的学习困难。

（三）学习过程数据化

线上教学能依托学习平台将学生的学习情况一一形成相应数据，无论是课前的预习，课中学习的任务完成度，还是课后的作业情况。这些自动形成的数据，能帮助教师即便在不能与学生面对面接触的情况下，也能比较清楚地了解和掌握每个学生的学习状况，据此作出具有针对性的教学应对。

---

① 施翌昀，上海市贸易学校。

二、线上教学需要正视的困惑

虽然线上教学具有诸多优势,但面对中职学生,还是存在着不少问题,影响教学的有效性,其中两点需要予以正视。

(一)线上教学在打破空间限制的同时,拉开了师生间的"教学距离"

线上教学做到了师生不在同一空间,依然能开展教学活动,但师生间的教学距离被拉开,教师无法像线下教学那样,清晰而又及时地观察到每一位学生的动作表情,实时获悉学生的听课反应。虽然教师也能通过学习平台汇总的数据判断学生的学习状态,但只能在每位学生完成了该项教学任务后,才能生成相应数据。所以,这些数据有一定的滞后性和不够鲜活性,导致教师所进行的应对处理,也有了"时差"和"误差"。

(二)线上教学依靠通信传递声音和文字信息,伴生出的是学生学习的倦怠情绪

线上教学时,教师大多采用单一学习平台或学习平台加直播的形式开展教学。由于中职学生正处在难于长时间保持注意力的年龄阶段,加上跨境电商基础课程又涉及许多学生从未体验过的概念和商务活动,在一堂课中,要让学生全程面对着电脑或者手机屏幕,难免会出现分心走神、注意力不集中的情况。互不见面的线上教学,在各自独立空间里的学生,面对屏幕带来的大量声音和文字信息,容易催生或滋长学生的学习倦怠情绪。虽然产生的这种情绪,不易在学生间相互传递,但也难以被教师直观察觉、精准捕捉,教师难以做出应对性干预,从而会影响教学的有效性和课程实施质量。

三、线上教学问题的破解

疫情期间,笔者为普通中职、中高职教育贯通(中职学段)、中本教育贯通(中职学段)班级同时开设课程目标各有不同的跨境电商基础线上课程,在线上教学的实践中,悟出了一些方法,或可破解上述问题。

(一)改变教学策略

1. 在教学设计上,从以堂课设计为主变为整体课程统筹设计

普通中职班跨境电商基础课程的线下教学,通常按照十个项目的30个任务,逐项进行课堂设计。而本次的线上教学,笔者利用线上教学的优势,在统筹教学要求后,将原来的十个项目调整为七个,对原30个任务重组后进行整体构思,并把跨境电商的一些常用平台作为重要教学支撑,将内容加载其上,诸如,以常用跨境平台为主线,将跨境选品、商品发布、跨境物流和客户服务等内容穿插其中,进行教学设计。

2. 在教学交流上,从以语音互动为主变为以文字信息互动为主

由于线上教学不具备融入情景的面对面语言交流条件,且学生上网条件存在一定的差异,笔者充分发挥学习平台优势,采用语音伴生下的文字互动,包括即时交流和留言的延时交流等形式,促进教学活动中师生交流。这样处理,既便于学生一边听课,一边进行

互动,也有利于师生浏览和截屏保存。将教学中的言语互动改为文字互动后,平台自动生成的学习过程数据,既能帮助教师了解学生的学习状态,也能作为学生平时成绩给分的参考,而在平台上留下的文字记录,又方便了学生课后的回顾和复习。

3. 在资源运用上,从按需的单资源推送变为依托平台的集成推送

在进行线上教学时,课前准备就显得尤为重要。笔者改变了线下教学按堂课内容向学生推送单课次教学资源的惯用做法,按项目或按关联项目(通常不少于3个课次)依据教学内容集成后,向学生推送。如本课程教学所涉及的速卖通、亚马逊等4个跨境电商平台教学资源的推送。

4. 在效果检测上,从课堂观察变为过程性数据反馈分析

线上教学的学习效果,没法采用线下教学的现场观察和即时抽检等方法获得,其分析和干预也较难即时进行。因此,笔者利用网络和教学平台的功能,借助过程性数据信息的留痕优势,或即时或延时获取学生学习效果的"画像",根据"画像"或即时"点单"干预或延时集中干预,如对学生的学习注意力、学习活动状态和知识点掌握情况等的检测,通过在线观察、问题解答和学习结果限时上传等方式,获得信息并据此作出是否干预、如何干预的决定。

(二) 优化教学实施

1. 切细教学要点,调整堂课实施目标

只有科学合理安排学习内容,才能提升学生的学习效率。如果学习内容过多会让学生产生疲惫感,在学习过程中,容易失去耐心;学习内容过少,容易造成学生分心。为避免这一现象的出现,笔者尝试对知识点进行拆解、归类,以知识点为单位,切细教学要点,划出较小的任务点,形成对应的堂课实施目标,供学生学习。实践证明,在教师无法对群体进行实时督控的网络课堂里,向学生推出较小的任务,将一堂课的授课时间依据教学内容合理分段,即按拆分后的含有知识点的小任务进行讲解,配以微课、动画、PPT等多种形式和课间问题交流,能有效促进学生学习注意力的集中,促动学生认真听课和思考。例如,在国际商务中高职教育贯通专业跨境电商基础这门课程中,笔者将"跨境电子商务及运营"这一部分内容,拆分成了"跨境电商含义""跨境电商生态圈构成"和"跨境电商分类及作用"三个知识点,分别录制了时长约3分钟的教学视频,并针对这3个知识点,在视频观看之前,分别提出了两三个相关联的问题,学生既可以带着问题观看教学视频,也不会因为视频过长而分心走神。

2. 着力优化课前,分步导出教学内容

与线下教学一样,线上教学的整个流程也可划分为课前、课中、课后三个部分,所不同的是,笔者在线上教学时,着力优化了课前设计,充实课前的预习内容,提升学习要求。这样设计的目的,希望通过课前的预习,分步导出教学内容,使学生获得较为明确的学习预期,更加明了堂课的学习要求,课前就把学生引导到该堂课的学习情景中。笔者通常的做法是:课前在学习平台上向学生发布一些探索型的任务和对应的导学要求与建议,如在项目二的任务二"走进跨境电商平台亚马逊"的课前,向学生发布了"亚马逊平台是如何成长为一个世界级电商平台的"这一具有探索性的课前学习任务,并推送了与其关联的成组学习资源。学生通过预习,对项目二中任务二所要学习的内容,有了一个大致

的了解。学生在完成课前任务以后，平台会产生相应的数据，这些数据既能帮助教师确认学生的课前任务完成情况，又能让教师发现学生预习所存在的共性问题。教师在正式上课时就可以作出针对性的处理。

课前设计探索型任务时，要充分考虑教学内容的分步导出。如上述课前学习任务中，通过在学习平台上提前上传亚马逊平台历史介绍、亚马逊创始人贝佐斯个人介绍等视频作为课前学习资源，提出诸如“你认为亚马逊为什么能成为一个世界级电商平台”“想一想为什么亚马逊能够如此迅速的发展”等可供学生思考的问题，就会很自然地导出“亚马逊的优劣势”“亚马逊的核心服务内容”“亚马逊的入驻要求”等三项主要学习内容。

3.“刻意”推送问题，不断改善教学氛围

笔者在线上教学实践中发现，与线下教学一样，学生对于简单的知识点，不仅回答得快，而且参与者也多，这时就比较容易形成活跃的课堂气氛。随着问题难度的加深，自然需要思考的时间更多，有的问题一位学生也难以回答得全面，此时，由于之前已形成了较为活跃的课堂氛围，教师只需稍做引导，合理把控思考与答题时间，就比较容易调动学生的积极性，自然就不会出现注意力不集中的情况。当然，在线上教学中，教师积极借助网络教学的一些既有条件和技术优势，向学生“刻意”推送问题，对营造教学氛围、推升堂课教学质量很有帮助。例如，在 2018 级国际商务中本教育贯通班跨境电商基础课程教学中，考虑班级学生人数较多，针对较为基础或比较简单的问题，如跨境电商的主体和客体是什么、海外仓包含哪些操作流程等问题，利用线上教学条件，采用抢麦申请发言的方式进行答题，并给予在规定时间内回答正确的学生加分的激励举措，顿时活跃了课堂气氛。这样既调动了学生参与的积极性，达到了阶段性的教学目标，在技术上也避免两个或多个学生抢答而造成的混乱，有效掌控了教学节奏。

随着教学的深入，对于一些难度较大的问题，如通过 B2B 电商平台出售货物成本价中的国内费用包含哪些内容、跨境电商货物在清关时可能会遇到的困难等问题，笔者采用了随机选人或教师指定两种方式，并根据具体情况不定期地交替使用，这时给予学生较多的思考和回答的时间；并在学生回答问题时，根据学生的实际情况，给予必要的启发和引导。这样处理的目的，一是可以使学生对问题能够进行充分的思考，二是可以让学生保持一种紧张感，随时为回答问题做好准备，其结果，既解决了教学基本问题，又能将学生的思想紧紧拴在课堂上，提高了“不见面”教学活动的质量。

（三）组合运用平台

1. 依托学校线上教学平台，实现基本教学任务实施

线上教学必须有合适的教学平台作为支撑，笔者所在学校使用的是超星教学平台。依托这一平台完成教学任务，其基本保障是具备的。但疫情期间的线上教学，有别于以往，由于其覆盖了全国的所有层级和类别课程，超星教学平台承受超负荷的运行压力。因此，笔者在数次堂课教学后，进行了应对性处理：首先以学校线上教学平台为依托，来实施基本教学任务；其次利用晚间平台负荷较小的时机，错峰推送教学资源；最后寻求其他无偿的在线教学平台作为“补丁”。

2. 挖掘辅助“在线教学平台”，助力线上教学成效提升

实践中发现，建立在学习平台上的互动交流或资源调用，尤其是两者同时进行时，由

于平台外部共享的瞬间流量过大，或由于网络的偶尔不稳定，难免会出现一定的滞后，甚至卡顿的现象，因此，笔者在教学中选用了一些其他可无偿使用的辅助性在线教育平台，作为线上教学的技术支撑资源。例如，采用QQ群课堂、腾讯会议、钉钉这些能支持多人音频、视频连线的平台或APP，与学校线上教学平台配合，实施效果比较理想，既能依靠微课、动画或PPT课件等形式呈现教学内容，又能保障课中即时交流及教学过程中的信息采录。同时，借助辅助性在线教育平台，教师可以通过如腾讯课堂点名、学习通平台随机选人、学生抢答、发布主题讨论等诸多方式，与学生进行教学互动，使课堂时时处于一种“紧张”的状态，从而帮助学生集中注意力，提升课堂质量。

四、结语

疫情期间的规模性线上教学，是应对特殊时期的一种主动教学行为，虽说只是一时之举，但深刻地反映了线上教学本身所具有的独特优势和实施中可能存在的问题。线上教学能为在新的教育环境和新的教学技术条件下探索更加有效的教学方式，诸如更加贴合学生实际需求和学习效益的混合式教学等，提供鲜活的经验，激发深层的思考。面对中职教育的未来，如何更有效地实施课程，进一步确保人才培养质量，始终需要教师去思考、去探索、去实践。

报关实务在线开放课程的研发路径与应用实践

陈世芬[1]

报关实务是职业院校国际商务专业的专业技能课程，其综合性和实践性强。通过该课程学习，学生熟知报关基础知识、知晓我国海关政策和法规、熟悉报关各项程序和具体操作流程、具备办理进出口货物报关、计算和缴纳税费、审核报关单的能力。据海关总署网站公告，从 2018 年 4 月 20 日起，出入境检验检疫管理职责和队伍正式划入中国海关。关检融合后，中国海关政务及通关流程、单据等方面发生重大改革，报关实务课程必须紧跟国家关务新政与行业企业新规。

本文从课程建设基本理念与指导思想、课程建设内容与研发路径、课程改革探索与应用实践等三个方面对报关实务市级精品在线开放课程的研发过程做深入阐述。

一、课程建设的基本理念与指导思想

依据《上海市中等职业学校在线开放课程建设操作指引（试用本）》，报关实务在线开放课程的创建须以立德树人为根本任务，符合科学性、先进性和教育教学的普遍规律；课程的研发须突破传统的学科型教学模式，始终贯彻职业教育"项目驱动、任务引领"的课程改革基本理念；为激发学生学习动力，课程应以满足学生学习需求、形成职业能力、养成职业素养为出发点，着力优化教学内容组织、教学活动设计、教学平台应用及教学评价实施；借助上海市精品在线开放课程平台（以下简称"市级平台"），在课程建设与教学组织实施过程中充分发挥信息技术在资源创建、虚拟仿真、情境创设、教学互动、数据分析、教学诊断等方面的优势，成为上海市职业院校乃至全国同行可供借鉴的课程资源，起到示范引领作用。

二、课程建设内容与研发路径

依据"立德树人、能力为本、现代教育"育人理念，坚持"项目驱动、任务引领、岗位导向"的职教特色，开发团队规划了"定立课标、重构内容、开发教材、确定流程、建设资源、落地评价"等六大建设"任务"，稳步推进报关实务在线开放课程研发。

---

① 陈世芬，上海商学院高等技术学院。

（一）校企共定课程标准，产教融合夯实基础

专业课程标准是教师开展课程教学的主要依据，是学生走向职场前学习的具体要求与职业标准。报关实务课程标准由学校专业教学团队和行业专家合作开发，填补空白。课标以学校研发的国际商务专业人才培养方案为依据，以关务员岗位核心能力培养为主线，对接行业标准和发展需求，明确课程性质与思路、目标与素养、模式与结构、内容与要求、考核评价、实施设计等。课程标准开发严格参照市级课程标准体例，编制过程得到了职教专家具体指导，最后经市教委有关专家严格审定后确认。

（二）聚焦课程内容重构，搭建知识技能框架

通过走访东方国际集团、光明集团等国内著名外向型企业，在与企业专家深入研究关务新政和新规基础上，以真实工作任务及工作过程为依据，笔者将课程重构成 7 个项目、9 大模块、22 个任务的教学内容，构建基于能力本位的模块化课程框架。为便于教学组织，对应任务再作细分，共生成 44 个子任务。根据子任务归纳出 130 个知识点和 58 个技能点，形成“知识树”和“技能树”共同组成的报关实务课程“智慧树”，从而搭建能支撑在线开放课程开发的系统架构。

（三）双元研发立体教材，同步对接行业新规

关检融合后的关务政策发生了较大变化，新冠疫情的突发更是给进出口通关业务陡增新的变量。然而目前能适用于职业院校任务引领型的关务新编教材却是寥寥无几。为解决能支撑创建在线开放课程的新型教材瓶颈问题，与企业“能工巧匠”携手新编了基于报关实务课程标准的“项目驱动、任务引领”的实践型关务教材。为凸显重要的食品进出口特色和实践性应用，教材不仅全面融入海关新政和企业新规，还引用了大量品牌食品集团的典型工作案例和最新通关素材。融多媒体、平台资源、学生学习工作单三位一体的立体化、实践型教材已于 2021 年初由中国铁道出版社出版。

（四）精心策划教学设计，合理确定教学流程

研发团队针对课程的每个子任务精心策划“以能力为本位”的教学设计，科学组合子任务对应的相关知识点和技能点，合理确定本课程“项目导向、任务驱动”的标准化教学流程。在报关实务项目化教学与“互联网＋”现代教育技术相结合的背景下，借助市级平台的强大功能，构建起“学校—企业联盟”“线上—线下一体”“课前—课中—课后融合”“教师引导—学生主体—同伴共振”的四维学习体系，从而达到“讲学做练结合”“知行合一共情”的目的。以“疫情背景下办理冷链食品进口通关”为例，形成课前预习、课中学习和课后复习的混合式教学新模式。

（五）携手企业梳理需求，依托平台激活资源

为促进学生的个性化学习，提升职业能力和素养，课程需要丰富的多媒体资源支持教学重难点的突破。开发团队根据行业需求遴选出每个任务所匹配的合适教学资源，按照任务书的要求撰写“课件、动画、微课、游戏”等相关媒体资源的详细开发脚本，交给软

件公司研发成形。借助市级平台，教学团队及时将资源在日常教学改革实践中落地；根据应用中发现的问题，再对资源进行不断地打磨和优化，直至成为精品。

历经两年多的研发，开发团队已建成包括课件、动画微视频、微课、游戏、教学片段、测试题等在内的优质线上教学资源库。这些资源可支持报关实务课程的线上线下混合式教学改革具体实施，培养学生获得关务员职业岗位所需要知识、技能和职业素养。

（六）科学设计评价方案，助力实施多元评价

市级平台具备大数据分析功能，可即时、多维采集教与学的过程性数据，助力教师实施形成性评价。教学团队针对职业院校学生特点，聚焦职业能力和素养，采用“线上＋线下”“课堂内＋课堂外”“日常表现 ＋ 期中考核 ＋ 期末考试”的评价方式，科学设计过程性评价和总结性评价相结合的课程综合评价方案。

三、课程改革探索与应用实践

2020 年疫情防控期间，借助市级平台和已经上传成形的报关实务在线开放课程，教学团队开始深入探究线上线下混合式教学改革的实践探索。截至 2021 年 1 月底，累计用课人数达 150 人、互动 1051 次、访问 7650 人次。在两轮教改探索中，教学团队依托市级平台和报关实务在线开放课程资源，结合报关实训中心、单一窗口软件、QQ 课堂、腾讯会议等虚实多维度学习空间，绘出覆盖“研—教—学—测—评”五个环节的整体实践应用路径图，从而使得优质课程资源的开放共享有了教学应用“路线图”。

以 2019 级国际商务班为例，该班人数为 30 人，于 2019—2020 学年第二学期使用市级平台学习报关实务课程，学习期间大部分学生积极参与云课堂，在线互动率高达 99%。据平台统计，共完成即时测验 18 次、调查问卷 21 份、评分活动 20 次、题库作业 84 份、附件作业 60 份。学生反映课程教学资源丰富生动，组织合理有序，方法科学先进，能够有效地推进课程改革，教学质量显著提升。

疫情期间，报关实务在线开放课程为笔者任教的国际商务专业送来了教学资源短缺状态下的“及时雨”。借助平台，优质课程资源得以在云课堂中激活，平台各项功能与学生产生强烈共鸣，又能实时记录教与学全过程的客观评价数据。依托市级平台，报关实务课程的教学模式、方法、手段、评价机制都得以变革。当然，教学团队始终关注行业、企业的发展变化和需求，及时更新完善课程内容，不断提高课堂教学效果和教学质量，从而确保报关实务在线开放课程运行流畅，真正实现长效、开放和共享。

基于 PDCA 模式下车身焊接技术课程教学实践研究

姚雪锋[①]

一、当前车身焊接技术课程教学问题阐述

车身焊接技术是车身修复专业的专业技能课程，是培养汽车焊接工作岗位群实践技能的一门必修课，是汽车车身修复专业课程体系的重要组成部分。受传统实训教学思想约束，车身焊接技术课程的课堂教学存在以下问题。

（一）课堂教学评价流于形式

课堂教学评价的本质是将学生的个性、潜能和创造性激发出来，帮助学生树立自信心，充分发挥课堂评价所具有的诊断、激励和发展功能。传统汽车焊接课堂教学评价方法之中的内容过于看重理论知识，评价方法相对单一，而且更多采取的是纸笔测试和量化的方法，对学生的综合素质和全面评价认知不足。教师过分注重对教的评价，而忽视对于学的评价。这种情况对师生潜能开发会有不利影响，对学生学习质量和教师教学素养的提升也会产生影响。

（二）实训教学重结果轻过程

汽车车身结合课程具有较强的实践性，在以往的实训教学中，教师更多关注学生对实训任务的完成度，缺乏对学生操作过程规范性的强调和监控，教学质量提升缓慢。由于实训操作人数多，学生操作完成后，无法复盘察看操作过程中的优缺点，只能看到学生的焊接操作结果。

二、基于 PDCA 车身焊接技术课程教学设计及实施

为了改变车身焊接技术课程教学过程中存在的问题，笔者在课程教学中引入 PDCA 质量循环管理模式及理念，将课程分解为几个任务，同时将一个任务实施的过程分解为多个子任务，按照计划、执行、检查、处理四个步骤固化技能，每一个子任务形成一个小循环并在整个教学过程中形成一个大循环。一个循环结束后，通过小组探究实践，分析焊

① 姚雪锋，上海市科创职业技术学院。

接缺陷产生的原因并制定诊改措施，在下一次操作中进行完善，以此提升操作质量。

根据中职学生的特点，在车身焊接技术课程教学中引入 PDCA 质量循环管理，可以帮助教师观察学生探究过程中的疑难点，学生在评价完后就立刻诊改，及时解决课堂中的问题，使课程教学循序渐进、有条不紊地进行。学生课前预习新知自学自测，课中通过 PDCA 循环固化技能，课后多元综评拓展应用，PDCA 具体教学模式设计如下：

（一）计划阶段

在计划阶段（P 阶段），依据课程标准创建新的教学任务。车身焊接技术课程教学内容多且复杂，实操性强，车身修复专业学生对基本知识的掌握不牢固，传统的实训课教学模式难以提升学生焊接的质量。据此，专业课教师在教学过程中，就需要研究新的教学模式，探索出能够提升车身焊接技术课程教学质量的教学方法。考虑到学生对知识掌握的连续性及任务解剖的系统性，根据课程标准，适当整合教材中的内容。

（二）执行阶段

在执行阶段（D 阶段），利用信息技术，实施课堂教学。学生探究学习理论知识，教师指导提供思路，在实操环节，学生通过循序渐进多次循环操作提升技能。为了突破教学难点，教师需要注重各个环节的教学反馈。课前，借助在线测试探求学生学情，实现智能分组；课中，让学生上传作品，并分析缺陷的类型和产生原因，有效提升焊接品质，同时，扫描资源二维码，有针对性地观看三维动画，明确提升焊接质量的方法；课后，依据超声波检测结果推送个性作业，完成总结性诊改报告。

（三）检查阶段

在检查阶段（C 阶段），完善评价方式，重视过程评价。为提高学生平时的学习积极性，把车身焊接技术的评价方式作为过程评价与结果评价相融合的方式，教师根据学生组内及组间的表现对学生进行打分，根据课程标准及教学目标制定评价标准，把操作评价细则分发给学生，根据评价标准对学生的整个操作过程进行评分，同时在操作结束后指出操作过程中的优点和有待改进之处，方便学生之间互相学习，在下一次操作时，改进方式方法，提升焊接的质量。

课堂中及时评价，及时整改。评价员根据评价标准所涉及的工作着装、修复质量、试焊片装夹情况和工艺参数选择情况、工艺流程、工作安全六个维度进行评价打分，操作员在操作结束后上传作品，即能看到评价结果。根据评价结果，各小组交流操作心得，讨论探究，教师指导，选择合理方案，教师展示各组的作品，学生共同欣赏，最终由各组学生进行简单的总结，提出避免缺陷的措施，教师点评补充，学生再根据评价意见进行第二次循环操作。

（四）处理阶段

在处理阶段（A 阶段），教师、学生、企业三维一体反馈学生操作结果。教师根据学生上传的作品图片和实时视频截图，提出学生在操作过程中有待改进的地方；学生中的评价员将评价结果告诉操作员，并通过小组讨论总结出整改方案；企业技师根据企业标准评判学生操作的焊件质量并提出建议，操作员根据三方建议总结操作经验，并在下一个PDCA循环中得以解决和完善。

三、基于PDCA的中职车身焊接技术课程实践教学模式优化路径

实践表明，基于PDCA模式下的车身焊接技术课程教学实践是有效的，有利于提高中职车身修复专业课堂教学质量。将PDCA质量循环引入车身焊接技术课程，能使学生的学习目标更加明确。通过螺旋式循环操作、操作记录影像回顾、小组讨论探究、评价分析、总结提升，学生学习兴趣进一步提升，教学效果明显，最后的焊接质量都能达标，学生期末成绩及格率由63.5％提高到92％，学生1＋X技能证书通过率不断提高。

（一）过程评价做“加法”，增强循环“驱动力”

PDCA全面质量管理优化了评价方式。教学过程按计划—执行—检查—处理四个步骤实施教学任务，并在每组内分设操作员、观察员、质检员，提高对评价过程的关注度。第一次PDCA聚焦流程参数，第二次PDCA聚焦质量提升，由浅及深，由易到难，评价合理且循序渐进，符合学生的认知规律，最终实现懂参数、能修复、提质量的教学目标，达到循环改进的目的，使教学真正成为一种良性的循环。

（二）带头说教做“减法”，降低安全“负载力”

PDCA全面质量管理提升了学生的安全意识。焊接操作安全至关重要，教师将安全标语汇总形成墙面文化，提醒学生在操作中时刻铭记注意各项安全。从实训前的相互检查安全穿戴，到操作中教师和小组观察员实时检查提醒，再到评价标准中工作安全的渗透，安全教育落细落小落地，潜移默化地转化改进学生的不安全行为。

（三）小组合作做“乘法”，形成探究“牵引力”

PDCA全面质量管理深化了小组合作。为提升学生焊接作品质量，在第一次操作的基础上，通过组间评价、组内互相打分、教师评价相结合的方式，提出整改要求，再一次组织学生开展第二次实训操作，并与第一次操作展开对比，学习效果达成度直观可见，焊接操作质量提升明显。通过自主学习、合作探究、诊断改进等方法来完成学习过程，学生整体操作水平明显提升。

（四）课后作业做“除法”，消除产教“摩擦力”

PDCA全面质量管理融入社会需求。课后，教师利用超声波技术检测学生冷却的焊件；根据检验结果，结合焊接质量检测仪和焊接过程监控视频，学生分析检验结果，完成质量诊断与改进报告，并上传到学习平台，企业技师在后台看完学生的改进报告后，给予打分并撰写评语。

四、基于 PDCA 的中职车身焊接技术课程实践教学模式反思

将 PDCA 质量循环教学模式应用到车身焊接技术课程教学中，通过情境创设、任务计划、任务实施、任务评价、任务处理等环节，提升焊接操作质量，扭转了任务驱动教学中操作质量不高的局面，改变了学生学习专业技能的方式，教学效果得到了显著提升。该模式不仅适用于车身修复专业的焊接技术课程，同样也适用于其他操作性强的专业课程，具有很好的借鉴意义，但是在教学设计、PDCA 教学模式使用过程中，我们还需要在思政元素融入、职业技能提升、课程建设上下功夫。

（一）立足全面发展，融入思政元素

推动现代职业教育高质量发展，就要把质量作为教育的“生命线”，把课堂作为教学改革的“主战场”，强化“一切教改到课堂”的鲜明导向，凝聚“课堂第一阵地”的共识，夯实课堂在学校各要素、教育各环节中的核心地位，筑牢课堂主阵地，重塑课堂价值。基于 PDCA 质量循环教学模式的创新，需要在教学设计环节融入思政元素，在提升学生专业技能的同时，培养学生的职业素养。一方面，PDCA 教学模式的教师在课堂教学过程中要以学生为主体，满足学生多元化需求，不断更新教学理念，基因式融入思政元素，提升学生的职业素养；另一方面，PDCA 教学模式的教师要不断提升政治素养及课程思政教学能力，不断学习最新的时政知识、专业知识、习近平新时代中国特色社会主义思想等，将知识通过寓教于乐的方式传授给学生，做到入心化行。因此，教学团队通过线上线下混合式任务驱动教学，通过课前、课中、课后三个教学阶段不断提升思政元素深度融入专业课程的教学效果。

（二）坚持质量管理，提升职业技能

PDCA 质量管理运用于实践课堂教学，学生不仅可以通过计划、实施、检查、处理四个步骤进行焊接操作，而且还可以循环操作来提升职业技能。首先，在教学设计过程中，教师应注重教学质量。专业课教师需要在教学设计过程中充分考虑学生的认知水平、技能知识掌握情况、情境创设等，发挥以学生为主体，自主探究学习，教师巡视指导。教师在教学设计中根据班情学情，运用适合于这个班的教学方法，在任务引领、项目驱动中融合 PDCA 质量管理，提升职业技能水平。其次，在操作过程中，学生应注重操作质量。中职校专业课程教学更注重操作过程，理论知识学习完后，学生初次动手实践操作难免有些生疏，教师需要示范操作，在学生操作过程中，教师巡视指导，按照计划、执行、检查、处理的 PDCA 质量循环过程操作后，改进第一次操作过程中的缺陷和不足，再次进行 PDCA 循环操作以提升操作质量，完善职业技能。最后，师生在评价环节应注重诊断改进。课堂教学效果关键在于评价，教师评价、学生自评、学生互评、企业师父点评等方式，形成过程性评价与结果性评价相结合的方式，找出操作过程中需要改进的地方，以 PDCA 质量循环教学训练模式进行诊断改进，提高技能操作水平。

（三）重构教学内容，促进课程建设

PDCA教学模式应用于车身修复专业的车身焊接技术课程，重构教学内容，能够提升学生操作质量，也能够促进课程建设。首先，PDCA教学需根据教学目标优化课程教学内容。教学目标的设定不仅需要符合人才培养方案和课程标准，还需要符合教育教学特色和学生个性发展，设定目标时不仅要做好学情分析，还需要分清课前、课中、课后目标。其次，PDCA教学需深化校企合作，促进产教融合。形成产教融合型企业，学校教师进企业，企业教师进课堂，通过布置彰显职业教育特色及企业育人的作业和贴近企业实际的课堂教学，提升学生技能操作水平。最后，PDCA教学需优化教学内容，重构教学设计。重构教学设计主要从教学流程、教学内容、教学活动、教学评价等方面进行。教学流程除了做好常规教学中课前、课中、课后翻转课堂教学方法外，在课中操作环节设计两次PDCA循环；教学内容的重构主要体现在参考教材的重新加工和教学内容的设计。教学活动的重构主要是以学生为主体的探究学习，教师对操作过程中的共性问题及个性问题进行指导，引导学生掌握解决操作问题的方法并能应用于实际工作中，实现知识的迁移运用；教学评价的重构主要体现在过程性评价和结果性评价的重构，包括成果的展示和评分、焊接操作质量的诊断与改进等。

五、结语

基于PDCA的中职车身焊接技术课程实践教学模式在中职校教学诊断与改进过程中，进一步深化了“三教改革”，对课程教学进行创新设计及实施，提出注重质量循环的PDCA教学模式，适合专业技术特点，也有利于实际教学，有利于提高中职车身修复专业课堂教学质量，收效明显，对相关学校、相关专业具有借鉴价值。

二、产教融合与实践教学

基于企业真实数据的物联网实训平台构建与实施

贾盈莹　徐军明　钟伟岚[①]

一、建设背景

（一）物联网行业发展对人才培养质量的新需求

全球信息化进入全面渗透、跨界融合、加速创新、引领发展的新阶段。信息技术创新代际周期大幅缩短，创新活力、集聚效应和应用潜能裂变式释放，更快速度、更广范围、更深程度地引发新一轮科技革命和产业变革。物联网、云计算、大数据、人工智能、机器深度学习、区块链、生物基因工程等新技术驱动网络空间从人人互联向万物互联演进，数字化、网络化、智能化服务将无处不在。

上海市教育委员会印发《上海市中等职业学校示范性虚拟仿真实训室建设指导意见》，指出建设精品化虚拟仿真实训教学项目，坚持需求导向，紧密结合经济社会发展对职业学校人才培养的需求，紧密结合专业特色和行业产业发展最新成果，紧密结合学校定位和人才培养特点，依托高新技术，研发原理准确、内容紧凑、时长合理、难度适宜的一批虚拟仿真实训教学精品项目。

（二）引入企业真实数据构建物联网实训平台，破解专业实训教学难题

通过引入企业真实数据建设物联网（智慧农业）虚拟仿真实训室，产教深度融合，校企协同发展，全面促进信息技术与实训教学相互融合。解决专业建设初期物联网（智慧农业）专业实训构建场地空间过大，实训项目运行周期过长，实训项目与岗位黏合度不够，实训条件和环境无法匹配实训内容，校内教师专业不匹配等现实问题。创新“大数据和5G技术引领的线上线下混合实训”教学新模式，提升实训教学质量，实现培养具备行业背景的高技能人才的目标。

通过建设物联网虚拟仿真系统和物联网专业教学管理平台，整合“传感器技术应用”和“物联网系统安装与维护”教学课程资源，在虚拟现实、人工智能、大数据、5G、边缘计算等技术的支持下，通过虚拟仿真实验实现智慧农业场景下的物联网专业教学实训，并采集学生学习、实训的过程数据，对每个学生的知识点掌握情况、职业能力情况进行学生职

---

① 贾盈莹、徐军明、钟伟岚，上海市贸易学校。

业能力画像，通过分析画像数据，再以精准推送的方式，对不同的学生分别进行有针对性的习题和知识点推送，从而补充、强化他们在某些技能和知识点上的弱点，最终实现精准化、个性化教学。

二、主要内容

（一）搭建基于光明农场真实数据的教学实训系统

引入企业真实数据，以信息化引领构建职业教育实训教学新模式，对智慧农业进行人才需求分析，得出物联网（智慧农业）技术岗位职业能力要求，开发基于职场环境与工作过程的虚拟仿真实训资源，对项目进行虚拟仿真；实现对学生实训过程的全监测，建立问题反馈机制，应用大数据技术对实训痕迹进行分析，形成每个学生的职业能力画像，实现精准化、个性化教学实训。在此过程中，提升教师在人工智能环境下的人机协作实训教育能力。

（二）开发基于典型场景的实训教学项目

学校教师将与企业工程师组成教学资源建设小组，对光明集团等真实的物联网行业应用开展调研，收集典型项目案例，依据项目对应的岗位任务、知识点、技能点，建设开发出一批具有产业元素的教学资源、配套的实训项目及相应专业课程的基于知识技能点的活页式教材。

物联网在智慧农场中的应用项目有：气象站数据采集实训、自动光照控制实训、自动 CO_2 控制实训、自动温度控制实训、土壤水分与喷灌控制实训、大棚的使用与管理。

（三）配套虚拟仿真实训仿真教学资源

校虚拟仿真技术所建立的虚拟环境基于真实数据数学模型，遵循项目设备的标准和要求，建立逼真的智慧农场联网行业应用场景三维场景，对设备进行真实的“再现”，可以使学生在虚拟场景中人机交互，解决实训环境受到时间、场地等真实环境因素制约的问题，模拟项目需要的实训条件。例如，在智慧农场场景中，可通过传感器显示土壤的水分过低告警等。同时能够对学生实训过程中所提出的各种假设模型进行虚拟，通过虚拟系统可以直接观察到假设所产生的结果，有利于学生提前熟悉实训的真实环境，熟练掌握职业技能，激发学生的学习兴趣。

实际设备与仿真设备实时状态联通。实际设备与仿真设备实时状态联通，实际设备的执行动作能够实时反馈到虚拟仿真界面，仿真执行器同步执行相应动作。

虚拟数据与现实数据建立实时共享通道。虚拟仿真界面数据与实际设备搭建系统，建立实时共享数据通道，实现仿真界面的数据变化与实际操控设备的数据一致，可在仿真数据、实际数据中设置任意一个为实训关联主数据，另一数据随实训主数据的变化而变化。

沉浸式体验项目的“真实”应用。创建智慧农场物联网行业应对的 3D 虚拟现实仿真实训环境，具有人机交互、数据采集、执行器动作、环境同步技术，同步记录自然物理环境或工作环境的变化等各种复杂数据，例如环境温度、湿度、光照、风速、土壤情况等，完成虚拟仿真界面和实际操作实时同步在同一时间点或同一时间段内记录，跟踪和分析典型场景中的相关数据，实现对物联网行业应用项目的沉浸式学习和体验。

（四）形成基于多元合作的教学管理队伍

基于产业应用的物联网（智慧农业）虚拟仿真实训室的教学和管理模式，通过吸引行业企业深度参与，结合学校物联网专业教师团队，打造了一支由 4 名专业教师、2 名企业教师、2 名实训指导教师和 2 名专业运维人员组成的高素质、高水平、专业化教学管理团队。通过教育管理云平台对学生实训全过程的监测及问题反馈，帮助教师发现实训教学问题，及时调整实训教学内容，提升教师专业教学能力。依靠虚拟仿真实训平台的二次开发可扩展功能，教师可根据教学和技术迭代的需要，联合专业运维人员共同开发新的物联网行业应用场景及实训项目。

物联网专业企业教师根据企业名师的工作经验和技术能力，充分发挥企业名师的一线工作经历及对企业岗位需求和岗位技能的敏感度，指导本专业其他教师在课程资源开发、教学方式改革等方面开展工作，为优化师资结构，提高师资队伍的建设水平提供可行性建议。同时，在课堂教学中，教师运用企业实战型的项目化教学，因材施教，并在潜移默化中传递工匠精神和爱国情怀。运用任务引领教学，让学生在“做中学，学中做”的过程中获得知识和技能。其中，黄雅菁教师指导学生参加世界技能大赛上海选拔赛，获得商务软件解决方案项目第一名，获得移动机器人项目第三名，被评为“金牌教练”“优秀教练”。

（五）提供虚拟仿真的社会化服务

联合行业优质企业，共投、共建、共管开放共享的虚拟仿真实训室。一方面，对本校物联网专业和拟建咖啡专业的云南学生提供教学、实训、创新创业平台，另一方面，对云南兄弟院校开放资源，支持其物联网专业建设；同时，面向在沪云南务工人员，提供社会培训服务，提高其职业技能。同时虚拟仿真实训室可面向社会人员提供专业技能培训服务，帮助企业人员、就业人群和退役军人等提升专业技能水平和创新创业能力。

结合长三角地区经济发展现状，可引进社会企业的有关项目，开展校企深度合作，巩固和强化物联网学科研究方向的优势和特色，大幅提高科研创新能力，为长三角经济区建设提供科技支撑。

二、特色创新

（一）形成产教融合发展新模式，实现校企数字化信息互通新范式

校企联动，建立合作管理平台，形成工作协议 16 份、建立对接平台实现资源共享、制定学生进企实训实习工作计划和规范。形成产教融合发展模式，实现校企协同发展新范式。

通过采集光明智慧农场的真实数据，企业行业指导使用真实数据，应用于水稻种植

等场景模型，并定期更新数据；在番茄种植场景中，实时同步更新数据；利用5G技术实现远程教学，企业工程师在农场与学生实时联动，学生实训环境拟合真实工作场景。制定校企信息互通、资源共享运行机制，形成校企数字化信息互通新模式。

（二）细化实训教学流程，由点到面夯实专业技能

任务分析、技术仿真、项目仿真和结果归档四个实训流程依次推进，通过“任务分析”，学生明确实训的知识点和技能点及选用设备；“技术仿真”阶段可实现对传感器等设备的基础配置和连接；“项目仿真”阶段融入虚拟仿真技术打造智慧农场、智能加工、智慧物流和智能商超等物联网行业应用场景，由点到面夯实学生的物联网自动识别、智能感知、通信传输、组网技术等专业技能；“结果归档”实现实训全程记录及资料整理集中保存，为职业能力数字画像提供数据支撑。

（三）新技术支撑精准化实训教学，形成个性化职业能力画像

通过教学管理云平台对物联网技术人员的职业能力要求进行分析拆解，形成职业能力要求的知识点、技能点与实训项目的对应关系，建立职业能力的数据参考模型；通过对学生实训全过程数据的统一采集、问题统计、成绩整理，建立学生实训数据库；实训过程数据和实训标准对比，得出实训节点分数及实训评价；并将实训分数、评价及实训问题反馈至专业教师；根据实训节点分数及评价，平台为学生推送需要加强的实训学习内容，并更新相应的实训评价；利用大数据分析技术，对实训数据进行数据挖掘、数据分析，形成学生的职业能力数字画像。

教学管理云平台主要功能特点如下：

（1）教学资源系统化：学生可随时随地的进行专业学习，按照课程计划对应教学内容。学生的学习更有系统性。

（2）教学过程统一化：教师可统一管理学生的教学过程。监控学生每个关键节点的进度，统一管理。

（3）实训结果数据化：可保存学生的实训结果，统计分析出学生容易出错的环境。有针对性地进行加强、巩固。

（4）实训过程自由化：教师和学生除了可以按照实训要求进行按部就班的教学流程，也可以通过自主学习模块，进行仿真工具实验操作及代码编程练习，有针对性地进行巩固和学习。学生可以通过案例设计，将项目内容进行编辑、修改和运行验证，充分进行编码练习及实操，为专业课及核心课程学习打下基础。

（5）实训评价精准化：在项目中设定若干个关键任务节点，教师通过对每个学生关键节点的监控，全面掌握学生学习进度，依据实训平台反馈数据的分析评价因材施教，实现个性化教学。

四、推广应用

（一）育人体系完善，人才培养质量成效显著

基于企业真实数据的物联网实训平台，极大程度上缓解并改善了在物联网智慧农业方向的基础教学和实训条件，为保障学生技能水平训练成效及在各级各类技能大赛和创新大赛中获得优异成绩提供基础。截至 2021 年底，订单制学生占比超 50%，就业率超 98%，企业满意度超 95%。学生获得全国职业院校技能大赛一等奖 4 项、二等奖 2 项、三等奖 3 项，上海市市级技能大赛一等奖 4 项、二等奖 12 项、三等奖 4 项。获国家级、市级精品共享课程 2 门，规划教材 5 部和实训基地 6 个，中等职业学校信息化大赛一等奖 1 项，教师教学能力大赛一等奖 1 项，教学法评优活动三等奖 1 项；上海市级教学成果奖二等奖 1 项；发表论文 12 篇，获专利 1 项；市级课题 2 项。

（二）立足本校辐射长三角，社会服务能力大幅提升

引入物联网行业龙头企业技术力量，形成校企共建、共投、共管的深度产教融合机制，面向学生、就业人群、退役军人等进行物联网技术科普服务、1＋X 职业技能等级测评服务，提升物联网专业技能水平和创新创业能力；面向云南对口支援学校、精准扶贫对象提供远程技术教育和培训。定期组织长三角地区中职学校物联网技能对抗赛，获同类学校肯定，并会同浙江、江苏等中职院校开展学生交流活动达 8 次之多，针对技能大赛开展拉练赛、对抗赛、友谊赛 15 次，团队协同企业组织全国物联网骨干教师培训，与北京新大陆时代教育科技有限公司联合举办了三期全国名师计划骨干教师培训班，来自全国 21 个省市约 123 人次的教师参加培训。

（三）深化产教融合校企协同发展，社会影响力不断增强

学校和上海市物联网协会、上海市职业教育产教融合促进会、北京新大陆时代教育等多家企业深度校企合作，共同举办物联网技术应用专业产教融合工作研讨会，共同承办国家级师资培训。上级领导对学校服务区域发展给予了充分肯定，上海电视台《新闻坊》《新民晚报》、新华网等多家媒体相继报道了学校服务区域经济社会发展的成果和经验，吸引长三角三十余个单位百余人到校交流，学校成为中职学校深化产教融合、服务产业发展的典范。

基于产教融合的高职会展专业实践育人路径探析

曹　芸[①]

近年来，作为与经济发展联系紧密的职业教育，得到越来越多企业的青睐，随着“校企合作”“产教融合”等职业教育理念的推出，同时为对接上海“四个中心”“五大品牌”的建设目标，顺应会展经济发展新形势和会展行业技术技能人才成长成才新需求，需要不断完善产教融合、协同育人机制，逐步构建适应行业发展和专业人才培养目标的会展专业实践育人路径。

一、会展专业进行产教融合的必要性

2017年以来，在创新驱动发展战略实施的背景下，产教融合已经上升为教育改革的重头戏。国务院办公厅下发了多个关于产教融合的专门文件，2017年发布《关于深化产教融合的若干意见》，2019年3月国家发展改革委、教育部联合印发《建设产教融合企业实施办法(试行)》，同年6月国家六部委联合印发《国家产教融合建设试点实施方案》，2021年10月12日中共中央办公厅、国务院办公厅印发了《关于推动现代职业教育高质量发展的意见》，强调产教融合的重要性，强调了深化产教融合是高职院校人才培养改革的方向。

“产教融合”理论作为校企合作机制研究的本体论，起源于马克思主义“教育与生产劳动相结合”的理论，这一理论揭示了职业教育产生的根源，构成了职业教育的本质特征和内在要求。“一个职业之所以能够成为一个职业，是因为它具有特殊的工作过程，即在工作的方式、内容、方法、组织及工具的历史发展方面有它自身的独到之处”。基于此，会展专业具有应用类专业知识结构特征，教学内容不应该只是进行知识的传播，更要构建应用知识的过程。产教融合、校企合作进行会展理实一体的教学是当前高职教学改革的重要内容之一，是巩固学生理论知识和提升学生操作技能的有效途径。

二、会展专业实施产教融合的困境

会展专业产教融合实践在这几年的教学改革实践中取得了一定的成绩，但产教融合的长效机制并没有真正建立，“共识之困、共赢之困、共治之困”仍然存在。

---

① 曹芸，上海工商职业技术学院。

（一）政府政策权责分配不明确

和其他教育领域的政策不同，产教融合政策需要协调政府、企业和学校之间的关系，通过产教融合的手段解决的问题也不仅仅是教育问题，更多的是为了适应我国经济结构转型阶段的发展需要，以促进经济发展为目的。

会展企业需要大量的会展专业人才，学校也愿意进行校企融合发展，与企业合作，共同培养会展专业人才。但目前，在产教融合实施过程中如何统筹、协调推进政、企、校的融合发展，存在权责分配不明确的问题。尽管教育部、商务部等政府部门密集发布了各项关于产教融合的政策，但各地在实施过程中却没有主动性和积极性，不利于推动职业教育高质量发展。

（二）产业需求未达到预期效果

会展业在上海区域经济发展中占据重要位置，人才需求十分迫切。目前，上海有近万家会展相关企业，会展专业人才的需求趋于多元化，但人才培养和需求之间差距明显。

上海的会展院校和会展企业之间的合作比较密切，但合作深度不够，合作仍停留在比较浅层次的项目实习工作上。企业期望通过产教融合建立人才储备库，合作开发一些新技术和创新项目，同时能享受政府和院校提供的智力和财力的支持。但实际上，高校会展专业人才培养方案本质上滞后于会展产业发展需要，在创新技能的提升上为企业能提供的帮助也比较有限。学校和企业是两种不一样的社会组织，学校以育人为本，企业以营利为目标。高等院校教育信息的“滞后”、教学模式的“固化”在一定程度上降低了企业和院校进行深层次合作的意愿。

（三）高校教育内部改革动力不足

阿特巴赫作为比较教育学中的重要代表人物，将经济学的依附理论引入高等教育领域，在《比较高等教育：知识、大学与发展》一书中，运用“中心”与“边缘”不平等等概念分析各类大学之间的联系、知识与传播。中心—边缘不平等的高等教育系统结构不仅存在于发达国家和发展中国家，而且存在于同一个国家、同一个区域，甚至同一所大学内部。以上海为例，截止到 2022 年 6 月，不同教育层次都开设了会展专业进行人才培养，中职、高职、本科层次开设了会展专业的院校如表 1 所示。

表 1　上海开设会展相关专业的本科、高职、中职院校

培养类型	专业名称	上海开设院校
中 职	会展服务与管理	上海曹杨职校、上海工商信息、上海机械工业学校
高 职	会展策划与管理	上海电子信息职院、上海出版印刷高等专科学校、上海旅游高等专科学校、上海工商职业技术学院、上海工商外国语职院、上海城建职院

（续表）

培养类型	专业名称	上海开设院校
本科	会展经济与管理	华东师范大学、上海师范大学、上海对外经贸大学、上海第二工业大学、上海理工大学、上海外国语大学贤达经济学院

在这些开设会展专业的院校中，相对于“中心”院校，“边缘”院校在社会影响力、办学经费、教育质量、学术研究成果、社会服务等各方面都比较落后。事实上，这些“边缘”院校对产教融合更加具有主动性和积极性，这些院校希望通过产教融合的形式打开会展专业建设和发展的突破口。但实际情况是，“中心”院校更能轻松获得会展企业的认可，获得和行业、企业合作的机会，更容易获得政府或官方的支持。尽管《关于推动现代职业教育高质量发展的意见》强调职业教育与普通教育是“不同类型、同等重要”，但在实际合作中，高职教育仍然不能获得产教融合对等的机会和资源。因此，相比普通教育，职业教育在目标、对象、实施与评价等诸方面更为复杂，对职业教育应该“高看一眼、厚爱一分”。

三、高职会展专业建设路径

会展专业在建设和发展过程中，不断摸索前行，在教学实践过程中，顺应区域政府、会展企业、职教集团指导建议和高职会展专业的发展要求，在发展“产教融合”过程中经历了三次大的教学实践活动。这些教学实践活动见证了我校会展专业的发展历程，同时也是在践行并不断探索产教融合理念的过程。

（一）校企合作开展校内外实训活动

会展专业在创办初期，十分重视学生的实训技能训练，在2012年就开始通过校内和校外实训相结合的方式完成学生的实践课时。2012年，校内自主创办了“校内展览会”，到今年共举办了十届。由学生分组承办校内展览会，将实训活动和参展商实务课程相融合，通过理实一体的方式完成理论和实操的学习。

第二种实训方式是组织学生参加校外会议、展览等实践活动。合作初期进行的会展项目合作是比较浅层次的合作，随着近年来上海会展业的迅速发展和会展专业近十年的实践摸索，逐渐形成了校企合作层次比较分明、有利于提升学生操作能力的校外实训体系。以职业认知实习→职业体验实习→会展专业实习→职业顶岗实习为线索，贯穿于会展专业学生三年的专业学习生涯里。这类校企合作进行的实习实训在专业人才培养过程中仍起着重要的作用。

（二）政、企、校联合申报技师学院

2016年，上海市人力资源与社会保障局开始组织职业院校在各区人力资源与社会保障部门的指导下完成技师学院的申报。学校会展专业积极对接合作企业和人力资源与社会保障局，进行技师学院申报工作。在培养方案中，明确列出了培养对象、培养方式、培养时间。在“2+1”的三年制培养时间里，需完成专业理论课程、技能实训课程、企业岗

位实训的教学内容。

对于技师学院的师资配备强调校内外联合培养，师资包括本学校专职教师、外单位兼职教师、合作企业人员及其他人员，共同担任理论授课、实习指导、企业岗位实训带教教师。经过政、校、企三方联动和配合，2017 年成功申报技师学院，并正式录入第一批会展班的 40 个学生，通过在校理论学习、企业实习实训教学和参加上海市人力资源与社会保障局颁发的“会展策划师”中高级职业资格证书的考核，完成了第一批技师学院培养会展专业学生的尝试。技师学院很大的优势在于政、校、企共同完成人才培养过程，并通过人力资源与社会保障局颁发的职业资格证书考核来保证人才培养的质量。

（三）校企共建“产学研”产业学院

2017 年 3 月，上海工商职业技术学院会展专业和某婚庆集团签订为期三年的深度校企合作协议，并成立企业冠名学院。双方的合作是从产、教、研等几个方面进行深度融合和发展。合作内容包括：校企双方合作完成课程资源整合；师资培训；婚庆行业标准制定；课程开发和教学研究；共建校内外实训基地；学生实习、实训合作等。

企业冠名学院创建初期经双方协商，组建校企合作管理委员会，双方各指定一名负责人为该委员会负责人，明确甲乙双方的权利义务，实施对合作事项的协调与管理工作，协议签订后制定该委员会具体实施细则。双方合作进行各种类型、各个层次的科技项目研究开发，由企业冠名学院共同享有。产业学院的创建是产教融合发展的一次深层次的探索，但如何保障产业学院的正常和持续运行还需要在人员管理、项目资金使用、校企双方责任和义务、学生培养考核等方面进行制度保障。

四、高职会展专业产教融合发展路径的实施建议

职业教育遵循产教融合、校企合作、工学结合、知行合一的教育理念。高职院校在实施教学过程中需要结合学情、教材、师资、教学场景、教学评价等各方面要素来共同配合实现人才高质量发展，产教融合提供了一个相对有效的突破口，但在实施过程中仍然有很多的困境和难点需要破解，让高职学生的学习变得更加有效率、有乐趣只是产教融合发展的第一步，真正建立多角度、全方位的各项保障机制才能实现真正的产教融合。

（一）建立配套的多级政府保障机制

国务院、教育部多次密集发布关于职业教育和产教融合的指导文件，但落实到各地区后却很难有实质性的推进。地方政府应建立层次分明、多级协调的产教融合融合保障机制。以高职会展专业建设为例，上海市政府、上海市教委、上海市人力资源与社会保障局、上海市旅游行业协会、上海职教集团等部门和机构应明确责任目标，在政策、财政、制度、考核等方面给予指导和支持。上海市会展行业协会作为会展行业、企业和政府的协调平台，根据会展产业发展趋势、人才结构与岗位需求信息调研，为会展企业和院校之间的合作搭建沟通平台，保障校企信息互通。

（二）建立校企双赢的运行机制

产教融合的根本目的是国家从战略层面推动产业创新发展与经济高质量发展。产教融合要让企业感兴趣，有获得感。产教融合中的三方主体，政、企、校需要成立合作委员会，明确合作的内容、规则、经费、管理、安全等保障制度，以确保校企双方在政府的监督下能实现双赢，权利和义务能得到保障。

（三）建立“中心”和“边缘”学校的贯通机制

会展企业需要的人才包括几个层次，一部分是服务性岗位，可由中职校毕业生担任；一部分是会展项目的基础岗位，例如市场专员、会展项目助理等，可由高职会展毕业生担任；另外，会展项目的研发和管理岗位，可由学术型院校的毕业生来担任。因此，产教融合不是只一个会展企业和一所开设会展专业的院校的融合，更应该是会展企业和开设会展专业的多层次院校的融合。

（四）建立产教融合的“以人为本”的考核机制

院校和企业对产教融合的目标有不同的认识，企业希望通过产教融合提高企业的生产效率和用人成本，同时也希望通过教育口径为企业品牌做公益性的宣传。院校希望通过产教融合达到完成专业建设和培养学生的目的。针对融合目的不同的两个主体，如何实现目标一致的考核，是目前产教融合中亟待解决的问题。某种程度上来说，技师学院部分功能有一定的借鉴意义。产教融合考核的共同目标可以回归到“人”的考核。由产教融合的三方主体，一起联合制订对未来“会展人”的行业准入考核或是职业资格认证，是符合政、校、企、生四方共同利益的措施，也是能保障产教融合成功实现的立身之本。

总之，在产教融合背景下，高职院校要不断迎接挑战，适应会展行业和企业的发展要求，围绕技术进步、生产方式变革、技能培训、社会服务等方面培养适合企业发展需求的高素质技术技能人才，发挥高职院校实践育人的优势，不断破解产教融合发展中的困难和问题，建设具有一定规模、有秩序、有生命力的现代职业教育体系。

强化人文教育 推动高职教育高质量发展

梁军梅[1]

2020年9月，教育部、国家发改委、人力资源社会保障部等九部门联合颁布《职业教育提质培优行动计划》(2020—2023年)，要求职业教育提质培优、增值赋能、以质图强，加快推进职业教育现代化，更好地支撑我国经济社会持续健康发展。2021年10月12日，中共中央办公厅、国务院办公厅印发了《关于推动现代职业教育高质量发展的意见》，明确提出加快构建现代职业教育体系，弘扬工匠精神，培养更多高素质技术技能人才、能工巧匠、大国工匠，为全面建设社会主义现代化国家提供有力人才和技能支撑。所谓高质量发展，不是简单地在以往的基础上添添补补，而是要更新职业教育理念，树立新的发展目标，打造更完善的中国特色的现代职业教育体系，在全社会形成对职业教育友好的氛围，厚植促进职业教育良性发展的土壤。如何推动职业教育高质量的发展，需要我们展开深入的研究和积极有效的实践探索。其中一个很重要的问题是如何在职业教育中加强人文教育。高质量发展必然要求职业教育人才培养目标的全面转型升级，重点转向培养能够在更大范围内参与竞争与合作的发展型、复合型、创新型技术人才。除强化职业技能外，更加注重人的全面发展，兼顾人文和综合发展既能"谋职"又能"谋道"，职业教育应该主动对标这一新的人才培养目标，转变以往重技能教育而轻人文教育的教育理念和现状，充分认识人文教育在职业教育中的重要性，转变观念。必须改变以往职业教育重技能而弱化人文教育的做法，明确开展人文教育的具体要求和内涵，将人文教育引入顶层设计，充分融入高职教育的全过程，明确实施路径，采取有效措施加以强化，使其参与职业教育的全过程，充分发挥人文教育育人的重要作用，从根本上实现职业教育的高质量发展。

一、职业教育重雕琢"器"，轻育"人"，人文教育弱化的状况由来已久

现代高质量职业教育的发展，呼唤人文教育的加强。然而长期以来，职业教育中人文教育一直被忽视，被弱化。从学校到学生对人文教育重视不够，人文教育整体氛围薄弱。人文课程被一再减少和压缩，让位于专业课程和实践课程，没有发挥出更重要的作用。究其原因有以下几点：

(1) 对职业教育的理解简单化、片面化，导致高职教育在办学理念和实践中都凸显出

---

① 梁军梅，上海城建职业学院。

对人文教育一种很深的偏见。

大家普遍认为培养操作性的职业技能是职业教育唯一的核心点，素质教育、人文教育是本科院校的事情，高职学生不需要那些虚的东西，只要学点实实在在的技能就可以了。职业教育忽视了对学生的全面教育，多少有些背离了教育的核心意义，注重雕琢“器”，而无暇顾及育“人”。人才培养的过程异化为按照固定步骤和程序塑造社会需要的“器具”的过程。而对毕业生就业率的考核要求，更是迫使高职院校强调就业导向、技能导向，强化了对人文教育的弱化。

（2）人文教育的非显性的“无用之用”，与高职教育重功用也有着天然的矛盾。

目前高职学制基本上都是三年，很多学校为了培养学生在真实场景下的实际工作技能，最后一年都会用来安排学生到具体的工作岗位实习，如此，高职学生的实际在校学习时间被压缩到两年左右。而人文教育的特点是寓教于乐、春风化雨、润物无声，需要一个内化的过程，非一朝一夕一蹴而就，用时长见效慢，这就成为高职校园开展人文教育“天不假时”的短板。高职学生需要在两年内完成公共基础课、思想政治课、专业基础课、专业课等课程的学习任务。为了今后找工作时有更好的竞争力，学生一般利用在校学习的时间尽可能多地考取各类专业技能证书，除此无暇他顾，留给文化教育和拓展的时间和空间真的十分有限。于是，学校与学生在这个方面形成了默契，即进了高职院校，目标明确，就是奔着掌握实际的职业技能，今后能成为某个岗位上的操作能手，学生多多考证，为日后就业准备更多的卖点和亮点就可以了。

（3）高职教育从人才培养方案，到课程设置、师资队伍建设、资金投入、各种评价指标体系等方面，都严重倾斜向专业技能培养这个重心，人文教育得不到支持和保障，无法很好地开展。

以笔者所在的学校为例，学校对专业建设和技能培养非常重视，强化一流学科建设，重视学生参加各类技能大赛，在资金投入、政策扶持和评价奖励方面明确倾斜，总之越快出成果越好，而在这一过程中，人文课程几乎是没有参与的，人文教育和学生的全面养成，没有成为人才培养水平重要的评价指标。而从学生层面上来说，长期以来的应试教育，使他们习惯以功利化的眼光看待读书。有用原则，是当下年轻人考量自己学习和实践的重要原则，而他们理解的有用就是能帮助他们找到好工作，在职场竞争中谋到好职位，有满意的收入，其功用必须是肉眼可见的，对无法直接看到的则认为无用。重事功和眼前，这是他们的特点。对需要长久投入时间，却无直接事功的，他们都不太感兴趣。这既是职业教育中人文教育被轻视的原因，也是人文教育严重不足的表现。

二、高质量发展背景下，人文教育具有与技能教育同样重要的作用

这样的人文教育现状显然无法与现代高质量职业教育发展相匹配，是时候大声疾呼人文教育的重要性。职业教育在注重技能培养的同时，也必须担负起培育全面发展的人的职责，人文教育有着与技能培养同等重要的意义，二者不可顾此失彼，两手都要硬。技能说到底是人的主观能动性的体现，一个没有良好能动性、岗位适应性和创造性的技术人员，一旦工作岗位和环境稍微变化，那么在学校里学到的技能就是毫无用处的；一个不具备良好职业素养和职业准备的人很难真正学为所用。我们在调查中了解到，职业准备

不足是目前高职学生的一大通病，他们大多是因为高考失利，心不甘情不愿地选择了职业教育，对于职业教育缺少认知，缺少规划自己的职业的意识。在人工智能技术快速发展、经济社会发展步伐日益加快的今天，一个高职的学生在步入职场之前，怎样做好自己的职业准备呢？笔者认为至少应该包括：有清晰的职业规划，了解自己未来岗位群的技能要求，进而准确定位自己专业知识和技能学习的目标；培养良好的职业态度、职业道德、工匠精神，以及与工作环境建立良好的互动关系的适应能力、沟通协调能力、分工协作团队精神等，这其中很多环节都需要人文教育的培育和滋养。"人文教育是通过对受教育者传授人文知识、人文思想、人文方法与人文精神，使之内化为人格、气质、修养，成为人相对稳定内在品格的教育，其本质是关于'人'的教育，核心是提升受教育者的人文素质。"其实，这些同样可以提升受教育者的职业竞争力，甚至可以帮助学生获得未来更持久的发展和更愉悦的生活。职业教育发展水平较高的国家和地区，无不高度重视人文教育在职业教育中的深度参与，如我国台湾地区的通识教育、香港地区的全人教育，国外的如德国的双人教育等，都是很好的示范。

三、对标现代职业教育人才培养目标，把握高职人文教育的特定内涵

如果没有具体的目标和要求，人文教育很容易流于空泛的概念。不同层次的职业教育，其人文教育的内涵是有所不同的。立足于高职学生的基本现状，与现代职业教育人才培养目标相匹配，我们首先需要明晰高职人文教育应该具备哪些基本内涵。一个最重要的出发点，就是要将人文教育与职业技能教育互融，将学生的职业技能与综合发展结合起来。具体而言，高职中的人文教育，其基本内涵可以描述为以下几个方面：有的放矢地给予学生由内而外的滋养，陶冶他们的品德人格、审美品味、性情、格调，强化其文明修养。培养他们爱岗敬业、积极向上的精神，在工作、职场和生活中获得快乐和幸福的能力。赋予其较强的适应环境、完善自我、与时俱进，终身学习，不断自我迁徙、成长的能力，使其具备不断创新工作方式和流程、应对工作挑战、追求效率和卓越的充沛的自我驱动力。赋予学生这些素养，就是高职开展人文教育的目标和方向，我们需要以此为导向，构建实施人文教育的基本框架、具体路径，这样人文教育就不再是一句空话，而是细微可见、具体可感、可以量化和实操的。

四、采取有力措施，强化高职人文教育，推动高质量职业教育的发展

1. 纳入人才培养的顶层设计，参与高职人才培养全过程

如前所述，发展现代高质量职业教育，需要从根本上转变教育理念，让教育回归教育。要从根本上改变以往人文教育被弱化的状况，必须要把人文教育纳入高职教育的顶层设计，进入高职人才培养的整体框架和系统工程里，并成为评价人才培养水平的一个指标，使人文教育的开展有统一设计和指导，从课程设置、师资配备、经费支持，到管理组织都有充分保障。可以整合优质资源，系统推进，持续起作用。有硬性评价指标，实施步骤清晰，有充分的实施空间，建立一整套体制和制度。

2. 全方位参与，拓展开展人文教育的空间和途径

人文教育的目标明确后，各高职院校充分利用现有的师资和课程，全面强化人文教育，精心设计，丰富和充实人文教育的资源，不断创新实施人文教育的手段和模式，提升人文教育的效率。

将人文内涵要素与开设的专业课、基础课、思想政治课等课程的具体教学目标对接，把它们分解细化，具体化地安放穿插在教学内容、教学过程和教学互动中。不管是文科教师，还是理工科教师，都要富有人文情怀，重视还原教育的人文关怀，所谓师者，“传道”永远是第一位的。做好教学内容与人文的兼顾融合，将自己的人生体悟、工作经历、社会经验代入课堂，以自己的胸怀眼界、价值观、社会关怀去感染学生，以言行举止中透露出的风范和魅力言传身教。充分挖掘教学中的实施人文教育的资源和空间，打通文与理、课堂与社会、道与技，将传统文化、现代科学技术、实践经验、科学精神、人生哲理、为人处世等等整合在一起，使学生时时沐浴在人文的光辉里，慢慢内化于心。例如，讲授园林概论专业课的教师，可以结合所讲内容，讲到中国传统文化里独特的“香草美人”的植物文化，对高洁美好的君子品行的推崇，强调注重自我修养、保持做人准则的重要性；也可以讲中国古典园林是文人退思静守的所在，表达了一种出世入世之间的人生态度，由此引导学生探讨现代社会人们在激烈的竞争中，如何保持自我的平衡，如何反观自己的内心，并思考这些文化心理对现代园林设计的影响；等等。

除了充分利用好常规课堂教学主路径之外，高职人文教育更要认识到功夫在诗外，充分利用课外阅读、学生社团、学术讲座、参观实训、社会实践活动等第二课堂，承载和融入人文教育，拓展人文教育的空间。此外，校园环境的打造、校园网络、校园广播、宣传栏、校刊校报等等，也都是开展人文教育不可小觑的重要路径，可以见缝插针地开展人文教育，成为有益的补充。

3. 建立完善比较明确的评价体系，促进人文教育的开展

开展人文教育还有一个难题，就是如何评价的问题。人文教育的效果不是立竿见影的，很多也不是显性的，很难具体量化，这就给实施成效评价带来了很大的不确定性和困难。因为无法与对学生的学习评价挂钩，具体说来就是对学生的学习成绩不会有什么直接影响，那学生难免会不重视，他们参与人文教育的主动性和积极性就不高，不利于人文教育的实施和推进。为此，要结合学校的具体情况，在实践中不断总结完善，通过分解和描述具体指标确定评价标准，使其成为评价高职人才培养水平指标体系的组成部分。

发展现代职业教育的大背景下，高质量发展的最直接表达就是要求人才培养目标的全面更新和升级，实现这个转变就必须改变以往忽视人文教育的做法。职业教育既要授学生以渔，更要将学生培养成全面发展的复合型人才，职业教育要从根本上转变观念，促进人文教育的深度融入，结合不同学校学生的特点和实际情况，明确人文教育的内涵和方向，将人文教育与学生的专业技能学习紧密结合起来，使其落到实处，显现出人文教育在职业教育中的实质性作用，而不止是一种活跃校园气氛的点缀。实施人文教育是一个系统工程，我们要把人文教育的育人功能贯穿于高职教育的全过程，要细化目标和对应的路径，力求实操性和实效性，使其成为高质量职业教育展翅高飞的另一只翅膀。

搭建“三全育人”实践平台　创新“艺槌爱心”公益项目

王红英[①]

“艺槌爱心”公益项目立足我国文化产业发展与上海文化创意中心建设所需的创意与策划、艺术经纪复合型人才培养需求，以举办“艺槌爱心拍卖公益”项目为平台，对标岗位与职业技能，校企合作共商真学实做专业实践项目，开展艺槌爱心支教与慈善公益项目，形成具有专业底蕴的创新创业人才培养体系。项目以立德树人为着力点，通过学生实践项目的全流程运作、全方位打造，有效实现专业教学、课程思政与双创的协同融合，搭建“三全育人”专业实践创新平台，全面提高学生专业素养与综合素质能力。

一、相关文献综述

关于“三全育人”实践创新方面的研究，主要是从“三全育人”实践创新路径、模式、体系构建等方面开展。张鹏超认为“三全育人”实践创新应以立德树人为根本，要根据大学生成才规律，细化育人内容；郑永安研究认为应将思政课程与通识课程相融通，贯彻教育教学全过程；杨晓慧认为应有效将思想政治工作与校园文化相结合，全员参与、全程贯穿、全方位协同的一体化育人体制；周建松在“三全育人”体系构建方面，提出应从领导、载体、队伍建设、校园活动等方面开展。

二、案例背景

在全国高校思想政治工作会议上，习近平总书记指出，“要坚持把立德树人作为中心环节，把思想政治工作贯穿教育教学全过程，实现全程育人、全方位育人，努力开创我国高等教育事业发展新局面。”“要更加注重以文化人以文育人，广泛开展文明校园创建，开展形式多样、健康向上、格调高雅的校园文化活动”。

高校是实现中华民族伟大复兴的智力与人才培养高地，亟须构建“立德树人”和“三全育人”思想政治工作大格局，这对培养时代发展所需的德才兼备的优秀大学生，增强国家核心竞争力，意义重大。

深化高等学校创新创业教育改革，是国家实施创新驱动发展战略、促进经济提质增效升级的迫切需要，是推进高等教育综合改革、促进高校毕业生更高质量创业就业的重

① 王红英，上海出版印刷高等专科学校。

要举措。高等职业院校专业实践环节是培养学生创新精神与能力的重要环节。职业院校应坚持以转变教育观念为先导，以教学内容改革和加强实践性教学环节为核心，将学生创新精神和创业能力的培养融入教学全过程。各种教学实践活动应充分体现出知识的应用性，体现学生实践教学主体地位，突出实践教学的自主性、设计性和创新性，精心培植学生研究问题的兴趣和信心，塑造学生知识、能力与素质的统一，切实提高学生适应经济建设、社会发展和技术进步的能力。

本项目案例是基于上述背景而开展的人才培养模式的探索与实践，是将高校思想政治教育融入课程教学和改革的各环节、各方面，实现润物细无声，目的就是在教育教学改革中，贯彻以教学内容改革和加强实践性教学环节为核心，将创新精神、创业能力和"三全育人"教育理念贯彻教育全过程。

三、"三全育人"专业实践创新平台——艺槌爱心公益项目介绍

艺槌爱心公益项目是由上海出版印刷高等专科学校文化管理系师生于 2014 年共同创立的爱心公益项目。项目以在校学生主题美术创作与征集、文化艺术品展览与策划、艺术品拍卖课程教学为基础，结合专业课程教育特点，在校内外专业教师的指导下通过艺术创作、举办艺术品展览，最后以真实拍卖会为样例，邀请知名拍卖师、艺术家现场教学，由学生拍卖师进行艺术作品爱心拍卖，所有流程参照市场实体拍卖公司的实际操作流程，拍卖会邀请校友、校企合作企业、社会公众、学校师生共同参与竞拍奉献爱心，所筹善款用于慈善捐赠与贫困山区爱心支教。

本项目建设按照突出专业特色、注重能力培养的原则，以专业人才培养顶层设计为切入点，以"艺槌爱心拍卖公益"项目为建设平台，整合教育教学资源，对标岗位与职业技能，建设依次递进、衔接合理的专业实践课程群，确保每个实训项目都能指向培养目标的达成。

本项目为在校大学生搭建专业实践创新与产教融合平台，促进创新创业项目与专业教育的有机融合，搭建"三全育人"思政教育平台，促进高校思政教育与创新创业有机融合。本项目已经成功连续举办六届，六年来始终坚持对贫困山区儿童开展艺术扶贫、山区支教与自闭症儿童疗愈等慈善公益事业，成效显著，硕果累累。

四、艺槌爱心公益项目特色

艺槌爱心公益项目围绕"专创＋思创"相融合的"三全育人"专业实践创新平台如何搭建的问题开展探索与实践，依托"艺槌爱心拍卖公益项目"平台，以能力实训为主线，密切校企合作，创新性将专业教学融入学生活动，将意识形态和思政教育纳入专业办学整体布局，创新实践教学新模式，聚力学生成长成才。

（一）以职业能力培养为主线，以典型工作任务为载体，创新实践教学新模式

以艺槌爱心拍卖公益项目为抓手，与文化艺术企业共商人才培训项目合作，按需设置真学实做项目，结合专业培养特色，设计教学活动与专业评估体系建设，制定动态化课

程流程，对标岗位、职业能力要求，保障职业教育与专业教学结合的实现与人才培养质量。

（二）构建立体化、多样化专业实践培养体系，全方位提升学生专业素养与综合能力

艺槌爱心拍卖公益项目通过专业学生的美术作品创作、艺术品展览与策划、线上与线下艺术品销售、拍卖活动等真实项目实施，将课堂内外，校园内外的专业教育与真实岗位工作有机结合起来，形成立体化、多样化的专业教学实践培养体系，产生良好的互动效应，项目培养了学生创新精神和实践能力，提高了学生的人文素质和专业素养，为素质教育增添新的内容，注入新的活力。

（三）立德树人，促进高校思政教育与创新创业有机融合

艺槌爱心拍卖公益项目立足学生校园文化活动，始终坚持立德树人育人理念，专业实践项目始终围绕着学生应具备道德情怀、慈善意识、社会责任、文化自信、人文精神等要素而开展，注重技能培养多样性和思政育人传播的有效性，有效搭建“三全育人”思政教育平台，促进高校思政教育与创新创业有机融合。

五、艺槌爱心公益项目的创新点

（一）构建寓教于行、爱心公益、职教赋能的“三全育人”新路径

艺槌爱心公益项目将课堂内外、校园内外的专业教育与真实岗位工作有机结合，使学生创新精神和实践能力得以有效提升，为“三全育人”专业实践教学体系建设提供了可资借鉴的新路径。

（二）有效搭建“三全育人”专业实践创新平台，实现多赢特色与育人模式创新

通过艺槌爱心拍卖全流程活动，艺术经纪、文化市场经营管理专业学生可以进行文化艺术品的拍卖、展览与策划，将电子商务等专业课程用于实践活动，并参与爱心支教、慈善爱心活动，实现“专创＋思创” 融合，在奉献爱心的同时，锻炼提升了自己的专业技能，实现了多赢特色与育人模式创新。

通过每年举办“艺槌爱心拍卖会”等各类学生活动，将专业建设与学生校园活动相结合，为学生校园活动有效开展提供模式参考。项目同时将意识形态和思想政治教育纳入专业办学整体布局，贯穿教育教学全过程，为课程思政有效融入课程教学提供可资借鉴的新模式。

（三）实现第一、第二、第三课堂的有机衔接，全面提升学生专业素养与综合素质

根据艺槌爱心拍卖公益项目全流程设计方案，密切校企合作，与企业共同开发各类真学实做项目，课堂内外师生协同、学校内外校企合作，全流程、多方位、多维度训练学生，实现学生专业素养与素质教育全面化。有效构建“三个联动课堂”。第一课堂完成基础实践能力培养，第二课堂完成项目实践能力强化，第三课堂提高就业与创业能力。同

时，第三课堂验证、反馈、指导第一课堂的实践教学改革。艺槌爱心公益项目的探索与实践证明，“三个联动课堂”的实践教学体系起到了 1＋1＋1＞3 的整体作用。

（四）有效对接教学活动与技术创新，培养师生创新能力

根据“艺槌爱心拍卖公益项目”举办现实需求，对接科技创新对人才培养社会需求变化，在人才培养与技术创新方面，通过项目建设，搭建文化艺术品在线交易（创筹 100）平台，实现了线上线下相结合的模式，引入区块链技术，开发艺术品交易认证平台，探索科研实践应用，培养学生文化艺术品交易领域技术创新能力。

六、艺槌爱心公益项目推广应用效果

自 2014 年文化管理系举办“艺槌爱心拍卖公益项目”品牌校园活动以来，项目组以党建引领办学中心工作，将意识形态和思想政治教育纳入专业办学整体布局，贯穿教育教学全过程，在人才培养、校企合作、科学研究、师资队伍建设等方面取得了优异成绩。

（一）思政教育有效融入专业教育，立德树人特色凸显

自 2014 年项目开展以来，艺槌爱心公益项目筹得善款 41.25 万元，艺槌爱心支教团队奔赴祖国 11 个省市对贫困山区儿童开展暑期爱心艺术支教和志愿服务活动，累计帮扶人次达 1530 人次，帮扶时长超 3000 小时。项目被中国教育电视台、上海教育电视台等几十家媒体先后报道，2019 年获评为上海市高校慈善公益项目，2021 年荣获第六届互联网＋大赛红色之旅赛道上海赛区银奖，2021 年该项目成果入选教育部职业教育提质培优典型案例进行报道宣传。项目所在的文化管理系团队先后荣获 2018 年上海市教育工会“巾帼文明岗”、2020 年上海市“巾帼文明岗”荣誉称号。

（二）推动实施“贴合社会需求，突出专业特点，适应个性发展”的三位一体实践育人创新模式

艺槌爱心拍卖公益项目以创新创业、志愿服务、社会实践、专业实习、文化活动等多元化载体，形成实践育人统筹推进工作格局。强化学生创新能力培养，推动实施“贴合社会需求，突出专业特点，适应个性发展”的三位一体实践育人创新模式，学生综合素质与能力大幅提升，近年来，文化管理系学生先后获得“挑战杯——彩虹人生”全国职业学校创新创效创业大赛一等奖 1 项，二等奖 2 项，上海市特等奖 3 项，艺槌爱心公益项目分别获得 2020/2021 年“互联网＋”中国大学生创新创业大赛铜奖/银奖好成绩。

（三）项目以职业能力培养为主线，以典型工作任务为载体，人才培养成效显著

结合文化产业发展、艺术品市场与社会需求和人才培养目标，制定动态化课程设计流程，对标岗位、职业能力、竞赛与职业资格证，确定核心课程标准，保障专业教育与职业教育结合的实现，满足社会文化、艺术经纪人才的需求。推进 1＋X 职业技能等级证书工作，建设文化传媒艺术商务管理在线课程资源库，将文化艺术经纪专业核心课程 10 门课程植入在线资源平台建设中，共享在线开放课程资源。建立健全人才培养评估体系，不

断提高人才培养质量。完善教师教学的评价机制，健全教学考核评价体系，认真落实评教、评学制度，引导教师致力于提高课堂教学质量，教育教学质量显著提升，成效显著，人才培养经验在《文汇报》上发表。

（四）创新校企合作新模式、产教融合显成效

以艺槌爱心拍卖公益项目为依托，与文化艺术企业共商人才培训项目合作，按需设置真学实做项目，开展各类真学实做的实践项目，按照各业务模块，制定能力标准，在企业真实环境中行业专家实际指导完成各实训模块，真正做到让学生在真实的企业环境中掌握文化创意与策划及展览、艺术品交易、拍卖实务知识。在校企合作组织管理上，聘请文化产业及艺术品市场领域知名企业和专家，从人才培养方案制定、核心课程标准制定等方面，充分发挥理事分会及各专业委员会作用。形成校内专任教师与企业兼职教师密切配合、团结协作的人才共育的模式，建立了组织保障可靠、制度保障有力、经费保障落实的人才共育的长效机制。

专业产业同频共振　岗课赛育提质增效
——中职物联网技术应用专业人才培养探索与实践

沈汉达　钱旭华　郑燕琦　朱艳梅[①]

一、成果背景与基本思路

随着物联网行业的快速发展，物联网技术不仅更迭快速，而且开始与UWB、星链技术、大数据分析、人工智能等多学科交叉发展。随着物联网应用逐步接入到人们生活中，从业人员面临更加多变的应用场景。由此，我们的专业建设如何动态适应物联网技术更迭及岗位需求带来的变化，教学中如何激发学生学习技能的兴趣，课堂教学评价如何做到多元化评价学生，成为我们需要思考和解决的问题。

针对这些问题，上海市经济管理学校以岗位为逻辑起点，从专业教学顶层设计入手，进行以"岗课赛融通——促进物联网专业高素养技能人才教育变革"为主题的实践。在实践中，以"岗课赛融通"为突破口，从职业技能比赛切入，通过抓校企合作促融合，构筑师资高地固融合，用信息技术撑融合，注重职业基本素养达融合，逐步形成了育人目标对接产业，融入人才培养方案；育人要求对接岗位需求，融入课程体系；育人内容对接项目，融入教学内容；育人过程对接工作过程，融入课堂教学；育人效果对接用人标准，融入教学评价的"五项融合"，促成学生学、教师教、专业发展的"三个转变"，实现了专业与产业发展同频共振，为培育有高超技艺和精湛技能的物联网技能人才提质增效。

二、研究目标与主要内容

1. 研究目标

物联网产业快速发展和物联网技术多场景的推广应用，使高技能人才的岗位职业能力结构的内容不断发生变化。上海市经济管理学校从专业教学顶层设计入手，确定物联网技术应用专业岗课赛融合育人总体目标：让学科专业与产业发展发生同频共振，提升物联网高技能人才培育质量。

具体目标有：优化人才培养方案，发挥方案前瞻性和引领性作用；优化课程体系，使学习内容与岗位要求同频；优化课堂教学，使学习与工作过程发生共振；构建多元课堂评价体系，使课堂评价与用人标准同频。解决专业建设难以动态适应物联网技术更迭及岗

---

① 沈汉达、钱旭华、郑燕琦、朱艳梅，上海市经济管理学校。

位需求带来的变化、专业教学难以激发学生学习技能的兴趣、课堂教学评价难以多元化评价学生的问题，培养学生最终成为物联网企业的高技能行家里手。

2. 研究内容

积极开展人才需求调研，与行业龙头企业的工程师们一起对产业发展与岗位需求进行前瞻性研判，从岗位需求出发，确定能力要求和职业素养，以工作任务为导向，构建项目模块化、能力递进式的课程体系，推进特色鲜明的人才培养方案的落实。从岗位场景出发，运用虚拟仿真、大数据分析等技术，构建适应行业多场景应用的实践性项目教学环境，运用 VR、MR 仿真、人工智能重组现有教学资源并开发新的虚拟仿真教学资源，形成虚拟演示、互动体验、实训操作、实训考核和联网共享为一体教学资源。对接工作过程，再造教学流程，形成以岗位体验为基础的线上线下混合式教学模式，提升学生学习热情，激发学生学习技能兴趣。依据岗位需求和大赛技能素养要求，将素养评价指标和考核点对应起来，构建基于云技术的教学评价体系。

三、实施过程

1. 对接产业发展，优化人才培养方案

积极开展人才需求调研，与行业龙头企业的工程师一起分析，物联网安装调试员、智能家居安装员、传感网应用开发、传感器产品测试员、传感器产品安装维护员、RFID 应用系统操作员岗位群，对产业发展与岗位需求进行前瞻性研判。企业对人才的需求也不再是单一的会哪种技能，而是需要具备德技并修、精湛技能、社会交际、持续发展的具有一定创新能力的技能人才。技能比赛对学生的规范操作、知识技能迁移能力也在逐年提升。岗课赛融通后，对人才培养方案中的职业素养进行了细化和强加，加强了学生创新意识和能力、职业生涯规划能力、个人世界观、沟通协调处理问题能力的培养，专业技能要求上增加了自动识别系统方案能力、软件开发能力、故障处理能力等，更加重视高素质技能人才的培养。

2. 对接岗位要求，重构课程体系

以岗位所需能力为目标，以工作任务为导向，构建项目模块化、能力递进式的课程体系，推进特色鲜明的人才培养方案的落实。主要由 3 个阶段构成。第 1 阶段，基于岗位要求，在校内完成基础课程学习；第 2 阶段，基于工作过程，进行专业课程学习，围绕工作任务，以虚拟项目或技能比赛项目为载体，使课程内容与工作项目动态联系，进行职业素质、岗位技能训练；第 3 阶段，以公司真实项目为引导、典型作品为载体，在任务驱动下进行生产实训，学生在企业工程师指导下完成项目，学生以准员工身份参与实际生产过程，定期轮岗，以提高学生的职业能力和创业能力。

把国家职业标准所对应的知识、技能和素质要求贯穿于专业核心课程中，结合岗位能力要求，融入技能大赛评分标准，制定课程标准，依据工作流程、结合工作项目、赛项任务动态调整教学项目。以智能家居移动系统开发与维护课程为例，分析了企业的工作过程和每个工作过程的工作任务，融合了智能家居大赛项目的终端开发模块的移动开发程序设计，设计了与工作任务对应的教学项目。

将技能竞赛成果转化为教学资源，通过竞赛心得整理、竞赛规范整理、理论知识整理、竞赛成果整理、微课视频录制等，将竞赛内容和心得体会融合到学案和课题项目设计中，将部分学生受训成果转化为大众化的教学资源。此外，还将赛项设备转化为教学设备、赛项任务转化设计为教学项目、赛项标准转化完善为教学标准、赛项评价转化为教学评价等。引领“以项目为载体、工作任务为引领、行动导向”的教学改革理念，形成“做中学、做中教、教学做一体化”的共识。以智能家居系统集成与维护课程为例，教师团队对“智能家居”比赛项目进行了技能点的提炼，与教学进行对应（见表 1），结合比赛内容进行资源开发，并应用于教学。根据比赛的技能点，设计了这门课的教学项目。

表 1　比赛技能点对应教学内容及教学资源

<table>
<tr><th>比赛技能点</th><th>教学内容</th><th>教学资源</th></tr>
<tr><td>工程点位图设计</td><td>工程制图</td><td>工程制图微课</td></tr>
<tr><td>软件结构图设计</td><td rowspan="3">类图、实体联系（ER）图、结构图等设计</td><td rowspan="3">类图、实体联系（ER）图、结构图设计录屏</td></tr>
<tr><td>ER 图设计</td></tr>
<tr><td>类图设计</td></tr>
<tr><td>UI 设计</td><td>UI 界面设计</td><td>UI 界面设计教学录屏</td></tr>
<tr><td>工程核算</td><td>无</td><td>Excel 中常用财务公式使用录屏</td></tr>
<tr><td rowspan="6">传感器设备识别与安装</td><td>智能家居中常用的传感器设备</td><td>常用传感器介绍（温湿度传感器、光照传感器、烟雾传感器、燃起传感器、PM2.5 传感器、人体红外传感器、红外转发传感器）微课</td></tr>
<tr><td>电子电路基础知识</td><td>电子电路课程二维仿真资源</td></tr>
<tr><td rowspan="2">常见传感器安装与布线</td><td>常用传感器安装（温湿度传感器、光照传感器、烟雾传感器、燃起传感器、PM2.5 传感器、人体红外传感器、红外转发传感器）录制视频、VR 仿真资源</td></tr>
<tr><td>常见布线方法微课、MR 仿真资源</td></tr>
<tr><td>RFID 射频识别技术</td><td>RFID 射频识别技术微课</td></tr>
<tr><td>常用继电器的使用与安装</td><td>电压型继电器、节点型继电器的安装录制视频</td></tr>
<tr><td rowspan="2">设备组网</td><td>短距离通信技术</td><td>Zigbee 接协调录屏</td></tr>
<tr><td>计算机网路技术</td><td>路由器配置录屏</td></tr>
<tr><td rowspan="3">服务器配置</td><td>Windows 服务器配置</td><td>Ubuntu 网关镜像操作录屏</td></tr>
<tr><td>Linux 服务器配置</td><td>Tomcat 服务器配置录屏</td></tr>
<tr><td>Web 服务器配置</td><td>Web 服务器配置录屏</td></tr>
<tr><td>网关开发</td><td>C#可视化程序设计</td><td>QT 网关镜像代码编写录屏</td></tr>
</table>

（续表）

比赛技能点	教学内容	教学资源
终端开发	移动开发程序设计	Android 移动开发程序设计课程相关教学资源

3. 对接工作过程，再造教学流程

依据教学内容的更新，结合智能家居系统集成与维护工作过程再造了教学流程。在实践过程中，以教学要素为主体，动态融入职业要素和技能大赛要素，构建技能完成工作过程、工作任务所需要的职业工作环境的景，以及具备学生职业素养、职业情感养成所需的境。

具体教学流程如下：①课前“习”，明确工作任务，培养自主学习的能力；②课中“析”“仿”“试”，制定并验证需求方案，初步尝试操作，锻炼学生分析、解决问题的能力，强化实际动手操作能力；“悟”“练”“评”，不断提升熟练度，精准操作能力；③课后“拓”，对知识技能举一反三，锻炼学生的创新能力；培养学生的规范意识、标准和质量意识，达成教学目标。

在实施过程中，打造学习平台，兼容已有资源，记录学生实训轨迹，形成能体现学生职业能力和职业素养的雷达图谱。对线上线下教学项目、教学资源、教学进度、教学质量、教学学员进行监管。优化教学资源配置，开展线上线下教学研讨，收集和整理学生学习数据，反馈学生意见建议，分析学生专业技能发展状况，助力学生专业技能和职业素养的养成。

4. 对接岗位场景，建设产教融合教学环境与教学资源

依据教学需求，调研、收集并分析中职院校产教融合情境实训室，结合智能教室，以现有实训室为依托，规划课程实践性项目工作环境，形成具有真实工作情境的工作室，完成真实工程场景下的企业项目案例，并参加全国专业比赛。

物联网技术应用专业从岗位场景出发，运用虚拟仿真、大数据分析等技术，构建适应行业多场景应用的实践性项目教学环境，运用 VR、MR 仿真、人工智能重组现有教学资源并新开发虚拟仿真教学资源，形成虚拟演示、互动体验、实训操作、实训考核和联网共享为一体教学资源。

5. 对接教学内容，构建课堂教学改革模式

从岗位场景出发，运用虚拟仿真、增强现实和混合现实等信息技术手段构建职业环境的景，分析学生特征、学习任务特点，构建以教师主导线下教学，学生主体线上教学的以岗位体验为基础的线上线下混合式教学模式，学生从“学以致用”走向“用以致学”。

课堂教学中，工程师进课堂实现“工作过程导向”的教学方法，以培养实践能力为主线，以具体的行动导向、职业领域、实际情境为基础，突出工作岗位需求，培养综合职业能力为中心的教学做一体化的教学模式。依照企业的特点及优势，创新课程标准，实施以行业为标准的项目企业教学标准，进行企业与工作室“二位一体”，把真实项目（或真实比赛）带入课堂，并让学生在课堂上预先进入企业角色，建立企业考核评价机制，考察学生的综合素质，为单位的正式聘用奠定基础，这有利于学生完成“实践—理论—再实践”的

循环，提前适应未来面临的市场与行业竞争。

6. 对接岗位标准，构建基于云技术的教学评价模式

依据岗位需求和大赛技能素养要求，将素养评价指标和考核点对应起来(见表2)，借助智能化、个性化雷达谱图管理，实现技能的可测和质量的可控，形成了科学合理的、过程性的混合式教学评价体系。

表2　智能家居项目评价指标对应考核点

评价指标	考核点
系统设计	系统功能图、设备清单表、系统链路图
系统安装	设备安装、线缆铺设、线槽铺设、线缆连接
系统调试	设备检查、线路检查、上电测试、功能测试
系统排故	排故思路、鼓掌定位、故障排除
规范意识	建设方案用户文档标准、综合布线施工标准、系统调试施工工艺标准
安全意识	安全防护穿戴、弱电施工安全规范
合作意识	头脑风暴、项目系统展示与交流
环保意识	设备选型、余废料整理

利用云端技术工具开发了电子电路基础课程教学评价体系、数据库技术教学评价体系，物联网安装与维护教学评价体系，通过“线上学习评价＋线下课堂评价与考试”形成了科学合理的、过程性的混合式教学评价体系。

另外，随着岗位能力要求提升，学校也改进了评价的维度，由以前的三个维度逐渐过渡到八个维度，实现了多元化的课堂评价。

四、成果创新点

1. 以岗位能力为起点，构建岗赛融通教学内容

始终坚持深度融合的校企合作是培养高质量人才的根本保障，本专业以岗位能力为逻辑起点，以课程与课堂为核心，以大赛为激发点，吸收产业发展的新知识、新技术、新工艺和新方法，逐步形成人培方案、课程体系、教学内容、课堂教学和课程评价的“五项融合”，达成学生学、教师教、专业发展三个转变，推动了学习方式变革，培育高素养技能人才卓有成效。

2. 以信息技术为支撑，构建课堂教学改革模式

专业建设以岗位场景为主线，运用虚拟仿真、增强现实和混合现实等信息技术手段搭建职业场景，整合线上线下各类教学资源，不仅内容丰富，而且形式多样，包括新型活页式、工作手册式教材及配套的信息化教学资源，涵盖音频类、动画类、视频类、文本类、图片类、虚拟仿真软件等六大类别，逐渐形成以岗位体验为基础的线上线下混合式教学模式，引导学生从“学以致用”走向“用以致学”。

3. 以技能比赛为抓手，构建基于云技术的教学评价

将技能竞赛成果转化为教学资源，通过竞赛心得整理、竞赛规范整理、理论知识整理、竞赛成果整理、微课视频录制等，将竞赛内容和心得体会融合到教学项目设计中，赛项任务转化设计为教学项目、赛项评价转化为教学评价等。引入比赛技能素养要求，借助智能化、个性化雷达谱图管理，实现技能的可测和质量的可控，形成了科学合理的、过程性的混合式教学评价体系。

五、实施效果及推广应用

1. 师生成效显著

经过多年实践，物联网技术应用专业学生“小荷才露尖尖角”，在全国职业院校技能大赛中累计获 29 金、24 银、20 铜，3 年连续成为上海金牌第一，2021 年全国金牌第四。上海市星光计划职业院校技能大赛近三届累计获奖 109 人次，世界技能大赛选拔赛获奖 4 人次，行业赛获奖 25 人次。教师“宝剑锋从磨砺出”，有 11 位教师成长为全国职业院校技能大赛优秀指导教师，4 位教师在 2020 年夺得全国职业院校教学能力大赛二等奖。在 2016 年和 2020 年连续两届上海市中等职业学校教学改革评优活动中有 2 位教师获得一等奖。另外，有 3 位教师成长为上海市相关学科中心组成员，有 1 人成为上海市“双名工程”攻关计划基地主持人。上海市园丁奖 1 人，普陀区园丁奖 5 人，上海市世界技能大赛赛项场地经理 1 人，专家组成员 1 人。

2. 专业影响力强

物联网技术应用专业在 2019 年被评为上海市品牌专业，同时学校牵头开发完成了上海市物联网技术应用专业教学标准。迄今该专业已建成数据库技术等 2 门市级精品课程，智能家居等 3 门市级网络课程及桌面应用程序开发等 4 门市级在线开放课程，并在 2020 年成功申报市级课题“以岗位需求为导向的项目化课堂教学研究——以环境监控系统为例”，待结题。2021 年与上海电子信息职业技术学院开始进行物联网技术应用专业中高职贯通培养试点。

3. 辐射范围广泛

充分发挥物联网技术应用专业市级品牌专业的示范作用，将其在校内推广到数字媒体技术、大数据与会计和动漫游戏等专业；作为专业教学标准开发组长单位，2020 年完成《上海市物联网技术应用专业教学标准》开发，并于同年由上海市教委发布，各学校参照执行。近几年派出二十余人次在上海市 9 所中职院校进行指导和交流，共享示范建设成果 5 项；接待全国来访学校 12 所，交流物联网专业建设经验。带动西部地区计算机应用技术专业共同发展，与云南省文山职业技术学校对接 10 年，共建专业；与青海省重工业学校签订对口支援协议，帮助该校开办了相关专业，为该校培训相关专业骨干教师，为当地计算机紧缺人才的培养提供了强有力的支撑；先后选派多名骨干专业教师对其他对口支援学校的专业建设、课程改革、师资培养、技能大赛等进行全方位支持；1 位教师代表远赴西藏自治区日喀则市职业学校进行援藏支教工作。

依托产业学院，创新现代信息技术专业群人才培养模式的探索与实践

袁　明　陈　萍　钟燕华　陈小红[1]

一、研究背景

随着现代信息技术行业的高速发展，物联网、虚拟现实等新行业的出现，传统计算机专业的人才培养模式已经无法培养出能适应行业人才需求的毕业生，上海震旦职业学院优秀教学成果申报团队在认真总结长期以来教育教学实践经验基础上，按照《国家职业教育改革实施方案》（国发〔2019〕4 号）等政策文件的要求，以“行为导向”“基于工作过程系统化的职业教育课程改革”等教改理论为指导，以产教深度融合产业学院为研究内容，进一步凝炼人才培养目标、重构课程体系、优化培养手段、改进教学方法，力争找到信息技术专业群人才创新的突破口，探索并形成一种可借鉴、可复制的现代信息技术专业群的复合型高技能人才培养模式，更好服务于上海制造及我国经济、社会、文化发展的需要。

二、成果概述

本成果针对现代信息技术行业发展迅猛而专业人才培养滞后等问题，通过充分调研上海及长三角地区行业人才需求及岗位能力要求，主动调整专业布局，2013 年与行业龙头企业开展深度合作，成立上海高职首个物联网应用技术专业，2016 年在原有数字媒体应用技术专业中增设虚拟现实方向，并于 2019 年成立上海高职首个虚拟现实应用技术专业，以 2016 年“物联网应用技术特色专业建设实践研究”课题为基础，按照校企共建产业学院模式，企业从招生到就业全流程参与并主导人才培养，按行业发展动态调整培养方案、实时重构课程体系，形成了具有推广辐射效应的基于产业学院的现代信息技术专业群人才培养模式。

本成果的现代信息技术专业群于 2017 年基本形成，包括物联网、虚拟现实、数字媒体及电竞内容制作 4 个专业，开展“面向工作岗位、基于工作过程、融入职业标准”教学改革，推行“项目工单”教学模式，创新“轮岗、选岗、顶岗”实习形式。经过 4 年的实践检验，学生质量显著提升，此外还建成 1 个国家级骨干专业、1 个市级教学团队、2 门市级精品

[1] 袁明、陈萍、钟燕华、陈小红，上海震旦职业学院。

(在线开放)课程、1 项国家发明专利、1 个上海市育才奖、4 本正式出版教材、10 余篇正式发表论文，承担 10 余项市级教学改革项目，获得包括全国职业院校技能大赛一等奖在内的国家及省市级职业技能竞赛奖项 20 余项。

三、解决的教学问题及解决问题的举措

(一) 主要解决的教学问题

(1) 传统计算机专业培养模式滞后于现代信息技术产业发展，培养的人才无法适应企业对新技术应用型人才的需求。

(2) 教师专业技术水平、教学实训环境及资源无法跟上高速发展的现代信息技术产业步伐。

(二) 解决问题的主要举措

1. 开设科技前沿专业，适应行业发展

学院继 2013 年开设上海高职院校首个物联网应用技术专业之后，2016 年在原数字媒体应用技术专业中增设虚拟现实(VR)方向，并于 2019 年成功开设当时全国首批上海唯一的虚拟现实应用技术专业。随后又根据行业需求及企业资源，成功申报数字媒体技术(电竞内容制作)新专业。目前，本专业群共有现代信息技术专业 4 个，分别是：物联网应用技术、数字媒体技术、虚拟现实技术应用、数字媒体技术(电竞内容制作)，基本形成了引领科技前沿发展的现代信息技术专业群。

另外，学院是上海 2019 年首批 2 所新型五年一贯制试点院校之一，2020 年成功申报数字媒体应用技术五年一贯制专业点，2021 年成功申报物联网应用技术五年一贯制专业点，专业体系日趋完善。五年一贯长学制及课程一体化设计对于学生理论基础薄弱、中高职专业课程重复率高等问题有很好的解决方案。

2. 创新产教深度融合模式，重构课程体系

数字媒体应用技术专业、物联网应用技术专业与企业签订深度校企合作协议，保证每个专业至少与 1 家具有丰富行业资源的龙头企业共建产业学院，由企业主导、学校参与共同制订人才培养方案，共同承担教学任务，完善校内外实训基地软硬件条件，提高教师专业技术水平，确保学生就业质量。

3. 立体化资源开发，推广研究成果

本成果申报团队在充分调研相关行业岗位职业能力需求的基础上，将真实企业项目分解重构为适合课堂教学的工作任务，对传统知识体系进行了重组，并设计了大量实验案例，组织编写出版了《PLC 技术与应用实训》《物联网技术入门与实践》等多本教材，每本教材均配套课程微课视频、实训素材、基本教学及课外拓展等立体化教学资源。另外还开发了《Unity3D 开发》《安卓程序设计》《Arduino 开发》《智能家居应用》等多本活页式校本教材及配套资源，在校内已使用多遍，均取得不错的教学效果。

4. 开展课程思政改革，培养“五有”人才

专业课程全部开展课程思政改革，每门课程的教学大纲中均明确列出本课程在落实

立德树人方面的具体举措。物联网应用技术专业“Python 程序设计”及五年一贯制数字媒体应用技术专业“网页设计”课程获校级课程思政创新项目立项，为其他课程开展课程思政研究和落实立德树人提供了思路。人才培养以立德树人为根本目标，培养心中有爱、肩上有责、腹中有墨、手上有技、产品有艺的“五有”人才。

四、成果的创新点

（一）重构了企业主导的课程体系

本成果专业群内各专业均与相关行业龙头企业建立深度产教融合关系，共建产业学院，由企业主导专业建设，企业从招生到就业全流程参与人才培养，利用信息化手段整合校企优势资源，加大实习实训等实践环节在教学中的比重。依据“首岗适应、多岗迁移”可持续发展原则，根据企业实际岗位需求制定动态调整的人才培养方案，并重构了以“职业标准为基础、职业技能证书”1＋X“证书为指引、模块化职业岗位课程为核心”的由企业主导的专业课程体系，全面提升人才培养规格。

产业学院的人才培养方案由企业主导，完全根据行业岗位技能要求设置课程，课程体系包括公共基础课、专业基础课、专业方向课和技能证书培训 4 大模块，最终通过引进企业真实项目开展集中实训和顶岗实习向学生推荐就业岗位，从专业对口就业率及首次就业起薪水平等方面提升就业质量。

（二）重组了立体化的教学资源

以本成果申报团队承担的“上海高职院校市级专业教学资源库”和“上海高职院校市级示范性虚拟仿真实训基地”项目为标准，以近 10 年已建成的 5 门上海高职院校市级精品（在线开放）课程为示范，通过引进企业团队等方式，专业群内全部专业核心课程建设了教学配套资源，包括实践操作视频、电子活页教材、虚拟仿真实训、课外拓展资源等各类形式，实现“理论实践统一、线上线下结合、实体虚拟交融”的立体化教学资源重组。

（三）重建了理实一体的评价方式

本成果专业群全部专业课程的评价考核均以职业标准及岗位能力要求为依据，理论学习注重知识的应用能力考查，技能操作注重平时上课的过程性评价，并参考企业对员工的评价方式，按项目开发验收流程对学生实践能力进行全方位考核，重建了理论和实践一体化考核学生综合能力的评价方式。

五、成果的推广应用效果

通过多年探索实践，教学质量不断提高，本成果提出的依托产业学院人才培养模式在上海市及全国同类院校中具有一定影响，并取得了一系列推广应用成效。

（一）学生就业质量高

本成果专业群的物联网应用技术、数字媒体应用技术和虚拟现实应用技术专业历届毕业生的就业率持续保持在100%，专业对口就业率从2016年的46%上升到2021年的78%，平均起薪从4000元上升到5300元，学生的就业质量有明显提升。

（二）技能竞赛成绩佳

为了检验专业教学水平及办学效果，近年来积极组织师生参加包括全国职业院校技能大赛、上海市星光计划职业技能大赛及其他行业赛在内的各类比赛，获得了包括全国职业院校技能大赛一等奖在内的多个奖项，技能竞赛成绩优异。

（三）师资能力提升快

2017年以来，本成果申报团队教师有2人晋升为副教授、1人晋升为讲师、1人晋升为工程师，1人获得上海市育才奖，累计获得各类专业技术培训证书40余张，教师专业技术水平及教学能力得到极大提升。

目前专职教师团队有正高1名、副高4名，其余均为中级职称，还有相对稳定的多名企业兼职教师，团队师资的人员构成、年龄及职称结构均趋于合理。

（四）改革试点项目多

以产教深度融合为基础，本成果申报团队承担了包括双证融通试点专业建设、市级教学资源库建设、市级示范性虚拟仿真实训基地建设等多项市级教学改革项目，并对教学产生巨大促进作用。

（五）教学科研成果丰

经过多年实践研究，本成果申报团队在过去4年不仅取得教育部创新发展行动计划骨干专业、上海高职院校市级教学团队、2门上海高职市级精品（在线开放）课程、校级教学成果特等奖等成果，教师个人还获得发明专利授权1项、公开发表论文13篇、出版教材4本。

（六）资源应用范围广

本申报成果出版的教材《PLC技术与应用实训》已是第3版，并入选“十三五”职业教育国家规划教材；《多媒体技术与应用》已是第2版，是普通高等教育“十三五”规划教材；《轻松玩转短视频》获上海产学合作教育协会优秀教材奖；《物联网技术入门与实践》已被国内多家高职类院校作为教材使用，应用范围广泛。

本申报成果团队主持编写了上海市高职院校物联网应用技术专业教学标准，主持建设了上海市级专业教学资源库建设项目，主持建设了上海市高等职业院校示范性虚拟仿真实训基地，教学资源及成果在全市范围得到推广。

本申报成果中的《Unity3D开发入门》课程入选了2020年度上海高职院校市级精品在线开放课程（培育）名单，课程资源与多所高职院校共享，2018年度市级精品课程《物联网技术基础》的教学资源也是在互联网上免费开放，供有关院校教师及学习者使用。

通过上海青年(大学生)职业训练营、上海市级示范虚拟仿真实训基地等，面向社会提供物联网、虚拟现实等专业技术培训，在本地区具有较大影响力。

六、结论

学院自2017年基本形成现代信息技术专业群以来，教学实施已经取得丰硕的推广应用成效。本成果对于高职院校现代信息技术及相似专业群均具有可借鉴意义和可复制价值。

中职建筑装饰专业“4 核心+2 链”产教融合的人才培养模式

金咏梅[①]　赵兴波[②]　高新军[③]

随着建筑装饰产业数字化与工业化的融合发展，按照“理念与世界同步，标准与行业接轨”的原则，遵从“中职师生爱好专业、企业与学校互动、校企合作创新项目、学校支持教师个性化发展”的“4 核心”思想，上海市城市科技学校率先形成四个核心节点的产教融合网络，培育驱动建筑装饰行业人才链和产业链的“2 链”，主动改革中职建筑装饰校企合作、产教融合的人才培养模式。

中职建筑装饰专业培养理想信念坚定，德、智、体、美、劳全面发展，践行社会主义核心价值观，具有一定的科学文化水平，良好的人文素养、职业道德和创新意识，精益求精的工匠精神，较强的就业能力和可持续发展能力，掌握扎实的专业知识和专业技能，面向建筑工程、建筑装饰等建筑行业和现代服务业等领域，具有职业生涯发展基础的知识型、技术型、发展型高素质复合型技术技能人才。

一、支撑“4 核心+2 链”产教融合的人才培养模式的因素

建筑行业是实体经济的支柱性产业。2017 年，国务院办公厅颁布《关于促进建筑业持续健康发展的意见》。2020 年全国住房和城乡建设工作会议出台了《建筑装饰装修工程质量验收标准》等国家标准和《建筑装饰装修工程成品保护技术标准》等行业标准，并强调要着力推进建筑业供给侧结构性改革，促进建筑产业转型升级。

上海市住房发展“十四五”规划指出：坚持精细治理，加快住宅小区数字化、智慧化建设，与城市“一网通办”“一网统管”深度融合；坚持品质发展，强化住房发展领域的高起点、高标准建设、高效能管理，注重品质追求、创新引领、科技赋能、底部抬升；推行住宅小区美丽家园建设新三年行动计划，促进住房质量，提高百姓居住的体验感和幸福感。

新时代的建筑装饰装修行业是一个集文化、艺术、技术于一体的综合性新兴产业，需要全方位复合型人才。新经济、新业态的出现，产业结构的变化，对于技术技能及信息化能力不足的传统建筑装饰行业人才培养提出新的挑战。建筑装饰行业人才需求量大，鼓励有能力、肯吃苦的学生自主创业，毕业生既可在建筑装饰企业从事辅助设计、咨询、施工等工作，也可从事装饰产业链上游供给的家具、门窗、瓷砖等设计、生产和销售工作。

---

① 金咏梅，上海市城市科技学校。
② 赵兴波，上海建工集团一建有限公司。
③ 高新军，上海隆古建筑装饰工程有限公司。

无论从国家、上海区域发展层面，还是建筑装饰行业的发展需求，都对职业院校的人才培养提出了新的要求。产教融合以需求为导向，其本质是一种跨界融合，最终实现企业和高校的共生共荣。

二、践行“4核心+2链”产教融合的人才培养的做法

学校对应建筑装饰职业岗位和岗位群，对接国家教学标准、行业标准、企业用人要求，率先形成四个核心节点的产教融合网络，培育驱动建筑装饰行业的人才链及产业链。

（一）核心起点，中职师生爱好专业，激发对建筑装饰专业的热爱

首先，一系列利好政策出台是产教融合的核心起点之一。上海市贯彻落实教育部等部门制定的《职业学校教师企业实践规定》《上海现代职业教育体系建设规划（2015—2030年）》，中等职业学校教师下企业实践活动，结合企业生产实际改进实践教学，服务于知识型技能人才的培养目标。同时也加强“双师型”师资队伍的建设，强化“1+X”证书学生队伍培育，开通“校门+企业大门+行业之门”的通道，“0距离”对接职业教育与企业生产、行业发展。

其次，组建一支建筑装饰专业教师人才队伍是核心起点之二。《关于促进建筑业持续健康发展的意见》第六条指出：加快培养建筑人才，积极培育具有国际视野和民族自信的建筑师队伍。大力推进校企合作，培养建筑业专业人才。教师团队共有正高2人，副高6人，二级建造师8人，高级室内设计师2人，注册造价师1人，BIM建模师12人，用对建筑装饰专业的不懈追求，影响并激励学生们积极进取，将建筑装饰事业作为人生追求。

最后，激发中职生职业兴趣，拓宽学生的综合职业基础是核心起点之三。中职学校学习是学生职业生涯规划的启蒙阶段。专业学习对标世赛项目种类和比赛要求，紧密联系世界先进的产业现状和技术水平。上海是高密度的超大型城市，建筑装饰行业的研发设计、施工技术水平持续革新，需要热爱装饰事业的人才成为装饰行业的人才链、产业链端点的新生力量，壮大行业发展。

（二）关键要点，企业与学校互动，推进建筑装饰的经济效益和社会效益

《中华人民共和国职业教育法》第三十一条指出：国家鼓励行业组织、企业等参与职业教育专业教材开发，将新技术、新工艺、新理念纳入职业学校教材，并可以通过活页式教材等多种方式进行动态更新。创新教学方式和学校管理方式，推动职业教育信息化建设与融合应用。

教师参加上海市教委组织的企业实践培训，开展企业生产现场考察观摩、专题讲解、岗位实践和技术改造。采用“双项目载体”，参加一个完整的工程项目，实施一个教学成果转化项目。每位教师参加的工程项目都录入学校教学资源库。教学成果转化项目由学校教师、学生团队、企业人员共同开发，转化的项目进教材、进课堂、进头脑。

松江区教育局创办33家校企合作基地，教师被企业聘请担任企业设计技术顾问。学校与企业互动，产教融合，用一流的职业教育支撑产业，共同参编《住宅装饰装修服务

认证标准》。学校与上海隆古建筑装饰有限公司共建了建筑装饰实训中心，设施设备处于领先水平，让企业新上岗的员工、学生观摩样板间和操作一流的实训设备。职业教育促进了中职学生“0距离”接触企业和工作岗位，良好的人才链开端对于成功的建筑装饰行业人才建构至关重要。上海装饰行业人才良好的发展格局，促进区域经济发展，推进了社会效益。

（三）网络节点，校企合作创新项目，编织产业链，助力课堂与比赛

运用新型教学理念不断优化建筑装饰专业的教学方法，为建筑行业提供高素质人才。知名企业作为领头雁，带头形成符合区域、产业链发展的校企合作网络，校企合作项目成为网络节点，推进企业工作环境引入校内的全真标准化实践教学改革，创设真实教学情境，实现校园实践教学与企业生产无缝对接。满足我国建筑装饰产业转型发展对技术技能型人才培养的新需求。

建立建筑装饰产业链相关企业人才库和微信群、QQ群等信息互通平台，及时分享行业发展的前沿资讯。入学初期就关注教师推荐的产业公众号，有利于学生对标国际一流的建筑全生命周期服务商企业标准，培养建筑装饰专业核心能力；对标世界技能大赛、全国职业院校技能赛项标准，让新技术、新工艺和新标准促进专业提升；对标建筑装饰行业岗位群要求，共同培育行业新生力量，推动行业高质量发展。

（四）动力支点，学校支持教师个性化发展，对骨干教师进行个性化的扶持

《深化新时代职业教育“双师型”教师队伍建设改革实施方案》指出：教师队伍是发展职业教育的第一资源，是支撑新时代国家职业教育改革的关键力量。一支素质全面、战斗力强的教师队伍是产教融合的动力支点，要支持教师个性化的发展，扶持骨干教师的教育教学项目，尊重骨干教师在产教融合方面的价值，重视骨干教师党性锤炼和理想信念教育。

教科研促进了开放实训中心建设。在2019年上海市实训中心评估验收工作中，建筑施工与装修开放实训中心获评5星级（全市共3家获评5星级）。课题“加强与行业、企业文化对接的专业文化建设研究”荣获中国职教学会德育工作委员会、教育部职业技术教育中心优秀课题三等奖。2021年主持中国职业技术教育学会课题“对接产业链产教融合的人才培养共同体的构建研究”，通过评审验收，扩大上海职业教育的辐射面，助力专业建设。

三、荣获“4核心+2链”产教融合的人才培育的成果

（一）专业知识与时俱进，对标国际一流的技术

产教融合，工作业绩突出，为企业创造了经济效益和社会效益。如上海北外滩白玉兰广场项目占地面积6万平方米，总建筑面积42万平方米，是一个由五星级酒店、高智能化甲级办公楼和复合型商业组成的超大规模、超高层建筑群。一系列创新技术理论为北外滩白玉兰广场的成功实施提供了有力的技术支撑，项目先后推广应用了建设部十项

新技术中的10大项40子项，被授予“上海市建筑业新技术应用示范观摩工程”及中国土木工程领域工程建设项目科技创新的最高荣誉奖“詹天佑土木工程科学技术奖”。

（二）创新技术与新理论，促进建筑装饰“三教改革”

以学生为主体，促进教学相长，生成效能课堂。紧随职业教育趋势，教学内容对接工作过程、行业需求。2016年，全国中等职业学校美育课“创新杯”教师信息化教学大赛，提出“学生为主 企业参与 做学一体”观点，获三等奖。2018年全国建筑类专业教师信息化教学设计和说课交流活动，把行业规范、企业生产资料等引入课堂，体现鲜明的职教特色，获三等奖，并录入上海市中职“匠心匠艺”优质课堂建设。

（三）在线开放课程建设、示范品牌专业建设及校园文化建设

指导市在线开放课程“建筑设备安装”课题研究建设，2019年，通过验收。2016—2018年，参与市级建筑工程施工示范品牌专业建设，2019年，参与专业建设并完善示范品牌专业验收评估。2014年，开展中国职业技术教育学会德育工作委员会立项课题“中职校艺术教育与校园文化建设关系的实践与研究”，论文《建构艺术设计教育特色的中职校园文化研究》发表在《艺术教育》。

四、取得中职建筑装饰专业产教融合人才培养的经验

（一）产教融合促开放实训中心能及提升

积极探索校企合作的教学转化模式和资源丰富渠道。2016年，主持市级校本教材开发研究，确立“以工作过程为导向”的教学特色，教学内容安排指向本行业工作任务、过程和成效的职教人才培养模式，旨在提高职业能力。主编《基于工作过程的室内装饰设计》作为综合实训校本教材、教参，在市首届名师培育工作室交流与展示。

（二）产教融合提升建筑装饰设计质量

教师深度参与常熟翡翠湾赵公馆设计项目，按照人体工学原则，在设计上提出加大休闲客厅的面积、采用家用电梯与楼梯组合、张贴中国传统花卉图案墙纸、改良空间的对比和统一等建议，进一步延伸动线，增强了空间的通透性，提升了房屋质量和整体商业价值，得到了开发商和业主的一致好评。

（三）产教融合讲究艺术与技术的统一

产教融合推动实用性和艺术性的结合，工艺技术和审美思想的统一。通过校企合作，进一步在案例学习与实践中贯彻“以人为本”设计思想和“源于生活而高于生活”的艺术理念，在实用性上提高空间使用率，在艺术性上表达审美意向，并锤炼工艺技术，创新工艺方法，实现艺术和技术的互促互进。

五、辐射“4 核心+2 链”产教融合的人才培养的影响

（一）中高职贯通、国际视野的人才培养

新时代背景下，职业教育与经济产业发展关系最为紧密和直接，高度重视及提升职业教育人才培养质量是大势所趋。学校参与专业中高职贯通、国际视野人才培养等工作。其中联合国儿童基金会的探究课题“建筑装饰类垃圾分类及处理”获优秀项目。中央电视台科教频道来校拍摄专题节目，在联合国儿童基金会平台予以展示。学校推广产教融合的人才培养经验，展示了上海青少年对世界可持续发展的作为。

（二）建筑装饰行业创新创业的人才培养

传带、培养的室内装饰设计人员获室内建筑师或高级住宅室内设计师技术岗位资格。代表人物有：高新军，现任上海隆古建筑装饰工程有限公司董事长。公司连续五年被评为上海市信得过家庭装饰企业，提供 300 多个就业岗位。崔立龙，成立嘉阖国际设计公司，提供 100 多个就业岗位。金黎，就职无锡冉舍空间设计公司，曾参与著名导演宅邸的家装设计与施工，公司员工 200 余人，产值 2 亿元。沈磊磊，上海市双雄铜门有限公司总经理，主营铜门、铜窗等专项业务，公司员工 80 余人，产值 6000 万元。

（三）中职高层次艺术教育的人才培养

在上海市中职教研室领导下，本人担任中职美术、装饰专业中心组教研员。作为专业带头人，指导市美术、装饰教师结合职业教育特色，校企合作，产教融合，申报课题、教学法评优课等。担任 2021 年全国中等职业院校建筑装饰组裁判。参与指导了上海市逸夫职业学校、上海工艺美术学校等十几位教师的带教、培养工作，如上海市商贸旅游学校谢维丹获 2016 年全国信息化教学大赛一等奖。共同打造师德高尚、技艺精湛、育人水平高超的教学名师、专业带头人、青年骨干教师等高层次艺术教育人才队伍。

2022 年 6 月，上海市政府通过了上海科创职业技术学院等四所中等职业教育学校升格为高等职业教育学院。从上海市城市科技学校（中职）转型为上海科创职业技术学院（高职），对标教育部《关于职业院校专业人才培养方案制订与实施工作的指导意见》，通过“4 核心+2 链”的“双剑合璧”，构建具有上海特点的建筑装饰工程技术专业人才培养、教改实践的范式。搭平台、做服务，把有竞争活力的企业吸引到职业教育，推动职业教育专业发展、人才培养、教师队伍建设，完成转型升级，达到事半功倍的效果。

三、教学管理与质量监控

两端三维一平台：专业教学持续监测与动态调整系统的构建与实践

金　怡　张文有　苏晓锋　朱赛荣[①]

一、成果简介

2013—2015 年，上海市材料工程学校在市级重点课题“中职校内部教学质量监控系统信息化实践研究”的研究基础上，同步建设了全过程实时化教学质量监控系统，初步构建了对教学成效的评价机制。但随着上海产业转型升级加快，上海市材料工程学校面临专业与产业发展对接不紧密，专业教学未能同步改革等问题。为了增强专业教学对产业的适应性，2015—2017 年学校把相关产业变化数据学纳入质量监控体系，构建了“两端三维一平台”专业教学持续监测与动态调整系统。

核心成果包括：

(1) 形成了专业教学与产业发展两端的三维监测点。包括专业、课程、课堂建设状态，与学校常设专业有关的行业发展状态、核心岗位群、工作任务和职业能力等 9 个模块，共 109 个宏观、中观、微观监测点。

(2) 建设了中职校本数据分析诊断与改进应用平台。持续采集、分析专业教学和产业发展的监测数据，生成专业对接产业发展的分析报告。

(3) 建立了周期循环专业教学动态调整机制。制(修)定专业建设制度 12 个，完善岗位职责 24 个，优化工作流程 7 个。在监测数据分析基础上，实行课堂微循环＋课程小循环＋专业大循环的周期性评价，动态优化专业、课程和课堂教学。

成果应用 4 年来，优化了学校的专业群布局，形成以“材料应用”专业群为引领，以“智能制造”和“数字云创”专业群为支撑的“1＋2”专业群新格局；增强了学校 8 个常设专业的产业发展适应性，对接产业发展新设 2 个专业；推动了各专业更新课程、优化课堂，深化校企合作，利用校企共建“生产型联合实训中心”“多方联动工作室”等创建“定岗跟单”实践教学模式；受教育部、上海市教委委托开发 4 项新专业教学标准；出版教材 15 本。学生双证率、就业率、专业技能合格率、文化课合格率稳步上升，显著提高了毕业生的培养质量。

“两端三维一平台”专业教学持续监测与动态调整系统如图 1 所示。

---

① 金怡、张文有、苏晓锋、朱赛荣，上海市材料工程学校。

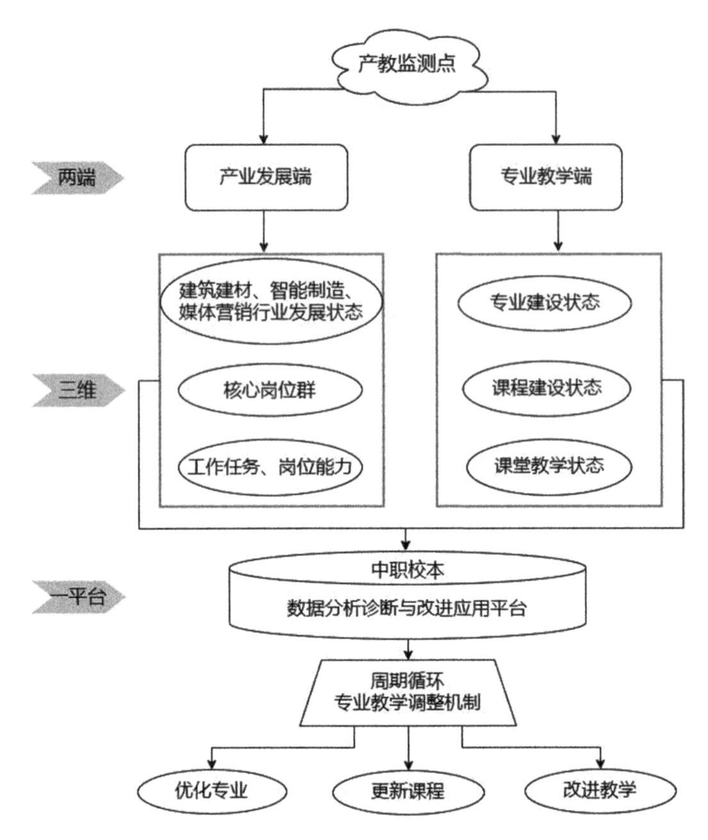

图 1 “两端三维一平台”专业教学持续监测与动态调整系统

二、成果形成过程

（一）成果前期探索阶段

为了推动中职技术技能人才培养质量的提升，上海市材料工程学校率先提出内部教学质量持续改进理念，通过 PDCA 循环[即 P(plan)计划—D(do)实施—C(check)检查—A(action)处理]，构建符合学校人才培养特色的全面质量管理工作流程，建立规范运行、及时反馈的质量监控体系。2015 年，学校主持市级重点课题“中职校内部教学质量监控系统信息化实践研究”，研究建设了全过程实时化教学质量监控系统，初步构建了教学成效评价机制。

在该系统应用过程中，学校发现虽然随着内部质量保障体系的完善，专业教学质量得到提升，但由于上海市产业转型升级速度加快，学校部分专业出现了与产业对接不紧密，专业教学改革与产业发展需求变化不能同步等问题，一定程度上导致毕业生升学和就业的专业对口率不理想，促使学校在内部教学质量监控系统建设基础上，进行新一轮的改革和重构。

（二）监测点的完善过程

为了增强专业教学对产业的适应性，上海市材料工程学校调研了 18 家企业、25 所兄弟院校，咨询了 18 位职教专家和行业企业专家，借鉴教育链、人才链与产业链动态耦合理论，将外部产业发展状态引入教学质量监控体系，以更好地适应产业发展的评价改革，推动人才培养质量的进一步提升。由此，学校将之前监控体系中的 20 个指标项，扩展为兼顾专业教学与产业发展两端的 109 个监测点，其中专业教学端由专业建设状态、课程建设状态、课堂教学状态等模块下的 81 个监测点构成，产业发展端主要由行业发展状态、核心岗位群、工作任务与岗位能力等模块下的 28 个监测点构成，以期实现实时、动态的专业教学监测，体现产业发展需求。

（三）信息平台的建设过程

由于监测点的增加，数据处理面临信息孤岛等障碍，部分信息分布零散，现有平台不足以支撑持续监测数据的采集与分析，需要统一字段标准的平台来整合。2016 年，学校联合企业开始了基于云计算、分布式处理技术的产教数据监测系统的理论探索和模型设计。基于文献研究和产业（行业）专家及主管产业的政府管理部门专业人士的调研，形成了专业教学监测系统的基本框架和设计方案。2017 年，在上海市教委领导下，学校牵头上海市中职诊改第六协作组，作为组长单位会同 9 个成员学校，依据教育部 2012 年发布的教育管理信息行业标准、中等职业学校人才培养工作状态数据管理系统的数据标准（2017 版）、上海市教育信息化标准等，建立统一且规范的数据标准，联合企业成功研发出“中职校校本数据分析诊断与改进应用中心”。

（四）评价机制设计过程

在完善专业教学与产业发展需求监测点，构建基于云计算、分布式处理技术的“中职校本数据分析诊断与改进应用平台”后，上海市材料工程学校着手建立健全持续监测动态调整的长效机制。制定修订 12 个专业建设制度、32 个教学规范文本文件，优化 7 个工作流程。以适应产业发展为导向，依据专业教学发展性评价理论，结合学校管理人员、教师、企业专家和行政部门的建议，充分利用宏观、中观、微观产教监测数据，形成了“课堂微循环＋课程小循环＋专业大循环”的周期循环评价与调整机制。通过循环综合评价，优化专业、更新课程、改进课堂，实现专业教学及时跟进产业发展的动态调整。

三、成果主要解决的问题及方法

（一）主要解决的教学问题

（1）专业建设对接产业发展的状态缺乏必要的监测数据。专业布局、课程设置和教学内容的优化缺乏科学的支撑。

（2）现有专业教学平台存在孤岛现象，数据分布零散，难以实现教学端和产业端的过程跟踪和动态反馈。

(3)以数据为依据的学校质量监控机制未实现常态化。

(二) 解决教学问题的方法

(1)形成专业教学与产业发展两端的三维监测点,为学校专业布局优化、课程更新和教学改进提供针对性决策依据。上海市材料工程学校基于教育链、人才链与产业链动态耦合理论,依据教育部和上海市的专业教学标准,与行业企业和教育专家研讨,形成了28个产业发展端的监测点(包括建筑建材、智能制造、媒体营销行业发展状态、核心岗位群、工作任务与岗位能力等),81个专业教学端的监测点(含专业建设状态、课程建设状态、课堂教学状态等)。

(2)建设中职校本数据分析诊断与改进应用平台,解决学校数据零散、信息孤岛的问题,实现"两端"数据的过程跟踪和动态反馈。在统一了数据字段的基础上,平台使用云计算、分布式处理和爬虫技术,抓取各大型招聘网站、区域行业企业发布的招聘岗位信息,获取一手真实数据。从产业结构、劳动就业、劳动力素质等方面分析经济结构与就业结构的差异,了解学校相关产业行业的发展趋势、就业饱和度、人才缺口及企业具体的用工需求,从人才培养供给侧和产业需求两方面对内外部数据做匹配度分析,从而形成各专业与区域经济产业发展的耦合度分析结果。并根据结果对各专业给予绿灯(合理)、黄灯(临界)、红灯(淘汰)的预警,对专业设置调整提前做出反应。

建立周期循环专业教学动态调整机制,完善专业教学质量保障体系。上海市材料工程学校制定修订管理文件的基础上,成立专业教学质量保障组织机构,组织召开专业教学评价论证会议,基于平台生成的分析报告,建立专业设置动态调整机制,制定《上海市材料工程学校人才需求与专业设置动态调整实施方案》,完善学校专业增设、预警、改造、淘汰的流程机制。实施"课堂微循环+课程小循环+专业大循环"3个循环流程,对接建筑建材行业、智能制造行业、媒体营销行业发展状态,适时调整专业布局;对接工作任务和岗位能力的需求,适当调整课程设置,完善课标;对接新技术、新工艺和新规范,及时引进或开发课程资源,创新教学模式,改进教学手段。

四、成果创新点

(一) 理念创新

将产业变化数据纳入监测范围,为中职教学质量自主保障体系建设注入了新内涵。在以往的中职专业教学质量保障体系建设中,往往侧重对专业教学进行监测,忽视了产业发展需求。尽管也倡导人才培养对接产业需求,但对产业发展状况没有进行全面监测和系统分析。本成果对专业与产业的宏观、中观、微观监测点进行完善、匹配,为学校专业内部教学与外部产业发展建立良性互促关系提供了全面监测维度,弥补了专业教学质量保障对产业发展需求把握不充分的问题。

(二) 技术创新

基于统一标准破解信息孤岛,为专业教学改革提供了实时动态的数据分析方案。本成果采用云计算、分布式处理、网络爬虫等技术，对专业教学与产业发展两端数据进行采集和分析，为学校专业教学的持续监测与动态调整提供了充足、有效、客观的数据，为质量评价与改进提供技术支撑；同时，成果还使用了统一字段标准，成为第一家入驻上海市教育云的信息技术平台，可为全市中职校提供服务。

（三）机制创新

探索了专业教学动态调整的新机制，为培养适应产业发展的技术技能型人才提供保障。本成果设置的"课堂微循环＋课程小循环＋专业大循环"周期循环评价与动态调整机制，从短期、中期、长期及微观、中观、宏观等多重维度对专业教学进行系统全面的监测、评价与改进，为专业人才培养适应产业发展，为实现人才链与产业链的动态耦合提供了有效保障，为学校专业教学改革与产业发展的同频共振找到了一条可行路径，也是本成果最重要的价值所在。

五、成果应用推广效果

（一）应用效果

1. 专业建设水平大幅提升

4 年来，成果推动上海市材料工程学校形成了"一体两翼"的专业群新格局。对接上海产业布局新设生物药物检验、工业机器人新专业 2 个；根据上海产业升级变化优化专业 8 个；新增中本贯通专业 2 个，中高职贯通专业 4 个，更好地满足了学生多元化发展的需求，毕业生对学校满意度达 100％。获市示范性品牌专业 1 个、品牌专业 2 个；牵头开发新专业标准 4 项（教育部 1 项、上海 3 项）；每年生成人才市场调研报告 8 份、分析报告 24 份、更新课程 8 门。建材类专业处于全国同类专业领先地位——组建全国建材行业上海职教集团，获聘全国建材行指委副主任委员（全国 60 个行指委上海中职只有 3 名副主任委员）；成为中国广告协会网络直播人才培养基地和执行主席单位（上海唯一）；获上海市中职 A＋类排名第 2 的优质培育学校。

2. 学生核心竞争力显著增强

学生学业成效显著提高。学生双证率从 2018 年的 94.22％提升到 2021 年的 96.72％，学生专业技能合格率从 2018 年的 96.12％提升到 2021 年的 98.2％，学业水平考试通过率达 98.78％，一次性就业率、就业对口率、文化课合格率等近年来均有明显提升。

学校学生专业技能训练和实践锻炼不断加强，职业技能类获奖项目明显增多全国建材行业技能大赛蝉联 3 届奖牌榜第一；获互联网＋大学生创新创业（上海赛区）金奖 1 项，银奖 3 项；2021 年"星光计划"技能大赛学生获奖人数比上届翻番；全国、上海"文明风采"竞赛一、二等奖 43 项。

3. 教师教育能力全面提高

学生对课堂教学的满意度逐年提升。学校定期开展覆盖全体学生的评教活动。数据显示，2018 学年第一学期学生评教中，全校教师满意度平均得分为 93.66％，到 2020 学年第二学期，该数据增长到了 96.38％，满意度呈增长趋势。

上海市材料工程学校有7名教师荣获全国建材行业优秀指导荣誉;2名教师分获上海市黄炎培“杰出教师奖”、上海市“四有”好教师提名奖;获得上海市教师教学能力(信息化)大赛一等奖5个,二等奖3个;市级专业(学科)中心组成员从8人增加到11人;发明新型专利2项;教师团队完成市级课程8门,公开出版教材15本;拥有上海市建筑建材“章晓兰名师工作室”。

4. 信息化应用水平再上新台阶

学校被评为教育部网络学习空间应用普及活动优秀学校(上海仅有2家中职校)、全国工业和信息化人才培养工程培训基地、上海市教育信息化标杆培育校。

(二) 推广效果

作为首家通过上海市诊改复核的试点学校,上海市材料工程学校在全市起到示范引领作用;平台作为国家专利(登记号:2019SR1263421),得到了上海市23所中职学校的应用并取得良好效果;来自江苏、浙江、四川等省市的10余所院校来该校学习借鉴。

(三) 社会影响

(1)成果被全国诊改培训会、市级校长会和各级培训班等10余次推介。学校领导、教师应邀在本市上海市行政管理学校等20多家兄弟学校开设与成果相关的专题讲座。

(2)成果被国内多名职教专家高度评价。

(3)成果在《中国职业技术教育》《职业技术教育》等核心期刊发表,被《中国教育报》等权威媒体报道。

中职专业课程内部质量保证体系构建研究

张巨浪　谢炎炎　金卫萍[①]

2010年7月29日,《国家中长期教育改革和发展规划纲要(2010—2020)》指出:"把提高质量作为教育改革发展的核心任务。……树立以提高质量为核心的教育发展观……制定教育质量国家标准,建立健全教育质量保证体系。"学校关于人才培养的一切措施,最终都要落实到每一门具体的课程。专业课程的建设是专业建设的核心部分,随着新产业、新技术的发展,中职学校意识到专业课程深度发展的重要性,开始思考构建课程的全程质量管理体系。中职专业课程的全程质量管理包括专业课程设置、实施和评价等直接影响课程质量的关键活动环节及间接影响专业课程质量的课程资源、管理及研究等要素。建立并运行中职专业课程内部质量保证体系,对持续有效地提高专业课程质量,培养可持续发展的技术技能型人才具有深远的现实意义。

一、问题调研

为深入了解专业课程质量情况,选择了两所中职学校进行深入调研,分别对教师和学生进行问卷调查,结合与专业教学管理团队成员的访谈,梳理出以下几个问题。

(一)专业人才培养定位缺少精准性

产业技术飞速发展,给专业教学提出了挑战。与产业共振,需要及时调研行业发展情况,捕捉产业发展信息、分析人才岗位需求,形成专业调研报告,作为专业课程建设依据。而目前专业调研尚未形成常态机制,专业人才培养的定位落后于社会发展需求,缺少精准性,也影响专业课程设置的适时调整。

(二)专业课程设置调整不及时

专业课程设置应该与产业需求紧密对接。专业院系在培养目标比较清晰的姿态下,因教师教学能力、实训设施环境等原因,课程调整的力度不够,过时的专业课程淘汰调整不到位,新技术、新工艺的专业课程融入不及时。

① 张巨浪、谢炎炎、金卫萍,上海市城市科技学校。

（三）专业课程教学实施与职业标准有差距

课程内容应该与职业标准紧密对接。专业教师要真正熟悉职业标准需要一个过程，目前大多数专业教师运用任务引领开展教学，但任务的行业性、教学情境的创设性方面与生产过程的对接不够，与行业真实环境有很大的距离。

（四）专业课程评价缺少个性化特色

在专业课程的评教、评学中，学校评价指标没反映专业课程特色，对专业教师的评价也与文化课教师一致，缺少对专业成长的关注。针对以上问题，尝试以“一条质量主线，三个重点环节（设置、实施、评价）”的思路，构建专业课程内部质量保证体系。

二、专业课程内部质量保证体系构建实践

围绕影响专业课程质量的三个核心环节，按照课程设置、课程实施和课程评价三大核心指标分类描述，从专业课程设置开始，逐一进行指标体系构建。

体系在运转的过程中，通过检查、发现问题、找出原因，提出改进建议，制定质量改善计划、执行计划、检查实施，从中发现新问题，进入下一个循环，从而实现质量持续提高的目的。

（一）专业课程设置中指标体系的构建

1. 开展专业认证，为专业课程设置提供建设性依据

开展专业认证是专业课程设置的前提环节。目前，产业更新迭代快，行业人才需求不断变化。只有通过行业人才需求调研，适时调整专业岗位培养定位，才能为后续的专业课程设置保驾护航。专业认证与定位如表 1 所示。

表 1　专业认证与定位

目标		符合本校本专业本区域特色的专业调研报告
标准		专业设置与调整认证以区域经济社会发展对相关人才需求为导向设置和调整专业。有调研，有认证。程序符合市教委的规定
程序	部门/人员	主要职责
	专业系	组成专业调研小组，由专业系主任、专业带头人、骨干专业教师组成，命名组长，进企业开展调研，组长完成专业调研报告
	专业系	设计企业问卷
	就业办	设计毕业生跟踪问卷
监控	教务处	审核专业认证报告
评价	专业建设委员会	给予专业认证评价，给出指导性建议
指标要素 1 专业认证与定位		
制度	学校专业认证管理规定	
备注		至少 3 年一次

2. 人才培养方案修订，为专业课程设置确立框架

人才培养方案是专业课程后续实施和评价的定向标，课程设置是人才培养方案的核心，专业课程体系的比重和具体专业课程的设置要依据人才培养目标和规格，有清晰的脉络，体现培养思路。专业人才培养方案如表2所示。

表2 专业人才培养方案

<table>
<tr><td colspan="4">指标要素2专业人才培养方案</td></tr>
<tr><td colspan="2">目标</td><td colspan="2">设计出符合本校本专业特色的中职人才培养方案</td></tr>
<tr><td colspan="2">标准</td><td colspan="2">符合市教委有关规定和本校专业资源实际情况，根据产业区域产业发展和学生职业需要对实施方案进行及时调整</td></tr>
<tr><td rowspan="3">程序</td><td>部门/人员</td><td colspan="2">主要职责</td></tr>
<tr><td>专业系主任和专业带头人</td><td colspan="2">专业系主任进行人才培养目标、职业范围、人才规格等内容的修订。设计整体课程框架，审核专业课程体系的设置</td></tr>
<tr><td>专业团队成员</td><td colspan="2">专业带头人组织专业课程设置研讨，结合人才培养目标、职业范围、人才规格等方向，兼顾校内外实训环境，设计专业课程体系和具体专业课程</td></tr>
<tr><td>监控</td><td>教务处、质研办</td><td colspan="2">审核人才培养方案，提出改进建议</td></tr>
<tr><td>评价</td><td>专业建设委员会</td><td colspan="2">审核人才培养方案，给出指导性建议</td></tr>
<tr><td>制度</td><td colspan="3">学校专业人才培养方案的基本内容与编制要求</td></tr>
<tr><td colspan="3">备注</td><td>每年修订一次</td></tr>
</table>

（二）专业课程实施中指标体系的构建

首先，修订专业课程标准，为专业课程实施设计路径。专业课程标准如表3所示。

表3 专业课程标准

<table>
<tr><td colspan="2">目标</td><td>依据人才培养方案，结合学校实训环境，校本化设计专业课程学科标准</td></tr>
<tr><td colspan="2">标准</td><td>专业课程定位符合专业课程体系的整体框架。专业课程衔接得当，符合社会经济发展需要。课程内容针对性适用性强，体现学生职业道德的培养和职业素养的养成</td></tr>
<tr><td rowspan="3">程序</td><td>部门/人员</td><td>主要职责</td></tr>
<tr><td>专业团队</td><td>专业带头人明确专业课程在课程体系中的定位，组织课程的教学理念和内容研讨，团队认可后，由专业学科教师，进行专业课程标准的修订，专业带头人审核</td></tr>
<tr><td>专业主任</td><td>参与课程标准修订的研讨，对专业课程标准成果审核</td></tr>
</table>

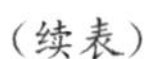

（续表）

监控	专业主任	跟踪课程标准修订的过程，依据人才培养方案，把好课程标准修订质量关
评价	专业指导委员会	审核课程标准，评定课程定位与课程内容是否符合人才培养目标
制度	学校专业课程标准编制规定	
备注		一年修订一次

其次，培养专业课程师资，为专业课程实施提供保障。专业课程师资队伍建设是专业课程实施的核心要素，专业团队建设、教师专业成长，兼职教师聘任，专兼职协同运行等都是专业课程师资培养的有机组成部分。专业课程师资如表 4 所示。

表 4　专业课程师资

目标		培养一支符合专业发展的专业师资队伍
标准		专业课程师资数量能满足专业课程教学需要，有来自行业企业的兼职教师，或有行业企业技术人员参与教学和课程开发工作，专兼职比例得当。深入开展专业课程教学研究工作，撰写教学研究论文。教师专业发展规划目标明确，措施得当。积极参加企业实践活动。 实行专业教师考核，给予符合学校制度的奖惩
执行	部门/人员	主要职责
	专业系主任	做好专业教师年度队伍建设规划，拟定学科负责制。聘请相关数量的行业技术员到校兼职
	专业带头人	形成专业团队互助小组，开展教学研讨活动
	专业教师	做好年度个人专业发展规划，撰写学科案例、反思、论文，根据专业系安排下企业实践
监控	专业主任	依据教师年度规划，进行项目化完成跟踪
评价	专业主任	结合学校考核，对专业教师进行量化打分，并执行符合学校制度的奖惩
制度	学校专业教师岗位职责，学校专业教师学期考核制度。	
备注		一学期一次

3. 专业课程课堂教学，为专业课程实施探索教学新模式

最后，课堂教学是课程实施中的主阵地，要积极探索教学新模式。专业课程课堂教学如表 5 所示。

表 5　专业课程课堂教学

目标	形成与生产过程对接的专业课程教学模式
标准	专业课程教学设计以学生为根本，体现做学一体的理念。授课计划与课程标准对接，教案与授课计划对接，教学过程与生产过程有机对接

(续表)

	部门/人员	主要职责
程序	专业教师	制定课程授课计划、撰写教案，开发基于生产工作过程的校本实训手册，灵活运用多种教学方法，恰当运用现代教育教学手段。积极运用虚拟仿真技术，优化专业教学过程，提高教学质量
监控	专业带头人	组织听课评课活动，对教学中出现的专业错误给予批评指正。检查授课计划、教案。对授课计划的执行进行把控
	专业督导	随堂听课，记录课堂运行情况
评价	专业主任	专兼职教师的专业能力、课堂把控能力、教学手段运用能力评价
制度	学校专业教师课堂教学质量评价规定	
备注		一学期一次

(三)专业课程评价中指标体系的构建

专业课程评价是对课程活动及结果等有关问题做出价值判断的过程，是保证课程质量的重要环节。本研究中的课程评价仅从评学评教两个方面考察。

1. 专业课程评价体系(评“学”)的构建

以“学生发展为本”为指导，推进多元评价机制，推进“单元化、模块化、项目化”的过程评价模式，研究出勤、态度、参与、作业、能力等表现在过程评价中的呈现方式，制定过程评价相关核心量化指标和发展指标。学生X专业课程评价如表6所示。

表6　学生X专业课程评价

目标		建立符合专业课程特质的评学制度
标准		采用过程性评价和综合评价相结合。学生专业素养由安全文明操作和实训养成两方面组成，技能操作可根据专业课程特点进行优化，过程评价结果先以等第方式呈现，学期结束时折成分值，80%的学生基本掌握主要教学内容
		建立信息化课程评价系统/平台
程序	部门/人员	主要职责
	专业教师	根据课程性质和学生特点采取恰当的考核方式，能客观地评价学生的学习质量与效果。过程性评价中包括出勤情况、操作安全、课堂参与、项目掌握等职业核心能力的考核
	专业系	专业系汇总各科专业课程成绩，进行质量分析，上交教务科
监控	专业带头人	跟踪专业教师教学日志信息反馈，组织专题研讨。
评价	专业系	汇总平台信息，进行数据分析，组织学生座谈。
制度	学校专业教师课堂教学质量评价规定	
备注		一学期一次

2. 教师教学质量评价(评“教”)体系的构建

以评教为主线,通过学生评教、教学督导、教学检查、同伴评课等评教方式,研究教师课堂教学质量评价核心量化指标和发展指标。教师课堂教学质量评价体系如表7所示。

表7 教师课堂教学质量评价(评“教”)体系

<table>
<tr><td colspan="2">目标</td><td>建立可实际操作的专业课程评教制度</td></tr>
<tr><td colspan="2" rowspan="2">标准</td><td>体现对教师评价的立体性,鼓励教师专业成长,从学生、专业团队、专业系、学校、企业层面多方位评价</td></tr>
<tr><td>建立信息化课程评价系统/平台</td></tr>
<tr><td rowspan="5">程序</td><td>部门/人员</td><td>主要职责</td></tr>
<tr><td>专业带头人</td><td>教师日常教学常规工作评价,评价每位教师的“五个统一”,即:授课计划、教案、教学日志、教学辅导、作业批阅要统一,并按要求组织课堂教学。由教研组长定期检查评价</td></tr>
<tr><td>专业系</td><td>学期绩效考核评价。学期结束时,根据专任教师学期绩效考核指标,要求教师进行自我评价,专业系根据教师递交资料、课堂巡视记录等材料进行学期绩效考核打分,学校人事部门根据分数进行绩效奖励</td></tr>
<tr><td>教务科</td><td>学期教职工奖励评价。学期结束时,有突出成绩的教师根据教职工奖励细则申请奖励。专业系汇总后,交教务科审核</td></tr>
<tr><td>专业系</td><td>学期中期进行学生满意度测评,各班抽取20位学生,对任课教师进行教学态度、方法、内容等相关指标打分测评,由专业系计算汇总,交教务部门</td></tr>
<tr><td></td><td>专业团队</td><td>专任教师必须完成每学年一次专业系级别及以上的公开教学展示课,同行听课并从教学设计、教学内容、教学素养、教学效果等方面进行评课</td></tr>
<tr><td></td><td>专业系</td><td>鼓励专业教师深入企业第一线,学习专业发展新知识、新技术、新工艺、新设备。并与调查研究相结合,及时掌握本专业发展动态及实际应用情况,了解相应的业务流程、岗位素质、知识技能要求,积极参与项目实践与研发,努力提高自身技能素质。专业系跟踪进企业情况</td></tr>
<tr><td>监控</td><td>教务科</td><td>设计高质量的专业教师满意度测评指标,体现专业课程教师的特殊性,监控要体现积极客观的理念,也要有预警机制</td></tr>
<tr><td>评价</td><td>质研办</td><td>采用大数据统计的方法,观察专业教师评教制度的积极性</td></tr>
<tr><td>制度</td><td colspan="2">《教师手册检查汇总表》
《专业系专任教师学期考核办法》
《教职工奖励细则》
《教师满意度测评表》和《专业系满意度测评汇总表》
《教师课堂教学评价表》
《专业教师下企业实践考核鉴定表》</td></tr>
<tr><td colspan="2">备注</td><td>一学期一次</td></tr>
</table>

三、研究反思

在构建和实践课程内部质量保证体系时，管理者和教师都需要带有“课程观”，注重体系运行过程中的质量。学校应提升教师引进、培训等方面的要求和力度，加强兼职教师队伍和“双师型”教师队伍建设，加强高质量的课程资源建设，打造高质量的课程教学的过程性资源，为课程质量保证体系的构建夯实基础。同时，建立基于信息化系统支撑的课程建设和课堂教学的质量监控与反馈机制，实现对课程质量生成过程的动态监控、反馈、改进，从而提高课程质量保证体系的运行效率。

全过程化教学质量监控管理链的研究

周玉霞　董歆刚[1]

随着信息技术在教学管理工作中的不断应用，我国高职院校管理工作在充分利用信息技术所带来的便利，管理效率不断提升，教学质量的稳步提升。高职学校要利用信息化建设做好教学质量监控，需要打造一套全过程化教学质量监控管理链，实现全过程化教学质量监控无盲区状态。建立教学过程中每个环节的数据链接，打破数据孤岛，满足从人才培养的调研评审、课程排课、教师上传课程资源、师生互动，到专家线上＋线下联合督导、考核过程化监控、顶岗实习过程监控、毕业审核等教学过程实现全程质量监控。

一、教学质量监控现状

上海电子信息职业技术学院是一所高职院校，从2000年左右开始运作教务管理系统，目前基本满足了教学任务生成，网上排课、成绩录入和发布等教学运行方面功能，初步实现了教学运行的信息化。本文以上海电子信息职业技术学院为例，对高职院校的教学质量监控管理从如下几个模块进行分析。

（一）人才培养方案管理

专业人才培养方案由专业所在的二级学院开展专业调研和制定，从专业指导委员会审核到校学术委员会的审定，到最后定稿装订成册，目前流程是通过非系统的线下流程进行操作。

（二）教学运行管理

(1)各个专业将定稿版本的人才培养方案手工录入教务平台，中途如需调整，需线下完成专业指导委员会的论证和学术委员会审批后，再进行线上调整；每学期教学平台自动生成教学任务，各个二级部门进行协同排课；学期末，各个授课教师根据考试成绩录入平台。整个教学运行过程，平台基本能够满足协同办公和教学的基本运行。

(2)过程化考试成绩的具体构成、教师课程标准、教学进度表、教案首页和教案，各个二级部门需要提交纸质稿，便于教学督导根据课程标准对标上课进度、课堂设计，审核成绩管理。

---

① 周玉霞、董歆刚，上海电子信息职业技术学院。

（三）顶岗实习管理

学生进入顶岗实习阶段，从顶岗实习分组、周记提交、顶岗实习答疑、实习报告撰写到提交实习报告和报告答辩，上海电子信息职业技术学院这个运行流程需通过电子邮件、QQ、微信等多种非官方平台完成，最后统计出顶岗实习的分值，手工录入教务系统。

（四）职业技能等级证书管理

二级学院通过人工登记方式，统计出获得专业人才培养方案相匹配的职业技能等级证书人数。

（五）毕业管理

学生在完成专业人才培养方案要求的全部课程毕业顶岗实习的学分后，教务系统可以筛选出符合要求的学生名单；二级学院从名单中再删除未获取职业技能等级证书名单，形成最终可以毕业学生名单。

根据教学质量监控现状来看，目前上海电子信息职业技术学院在人才培养方案管理、教学督导管理、过程化考核管理、顶岗实习管理、毕业管理过程监控等环节完整，但未形成监控链。

二、教学质量监控管理的缺陷

从人才培养方案制定、人才培养方案实施、教学进度开展、课程教学实施、成绩发布、学生毕业顶岗实习、毕业答辩、学生考取相关职业技能等级证书、学生毕业审核的各个环节有的实现了教务系统采集，有的还停留在线下的流程，各个教学实施环节之间存在系统和线下流程的有缝链接；教学质量监控停留在人工的抽查和督导进行分段检查，在教学事务流程日益复杂，人力资源相对有限的情况下，质量监控无法全方位、全程进行；教学过程中有些地方存在盲区，教学监控无法做到及时有效检查，为教学运行带来比较大的隐患。

（一）传统人才培养方案制定跟不上行业发展

为了适应产业的发展，学校需要花费比较大的精力对接企业与行业进行企业调研，调整人才培养方案。上海电子信息职业技术学院以电子信息、汽车、飞机和高端装备的工科专业为主，这些专业受5G、大数据、物联网、云计算和人工智能等新产业、新业态的影响，发展非常迅猛。为适应行业迅猛发展，上海电子信息职业技术学院每年都进行人才培养方案的修订。但是在人力资源有限的情况下，专业的市场调研停留于形式与表面，课程内容与产业发展还是存在滞后，毕业的学生所学课程知识与产业行业发展存在一定差距，难以实现企业用工的无缝链接。

（二）人才培养方案的实施不严谨

人才培养方案定稿后，二级学院在教务系统输入人才培养方案的过程中，会出现与原方案不符合的情况:①因录入者个人疏忽,导致方案在录入过程中发生遗漏、出错或重复。②二级学院绕开人才培养方案修改流程,录入了与定稿版本不相符合的人才培养方案。如果教学质量监控不到位,将执行有瑕疵的人才培养方案,降低教学质量。

(三)教学过程性文件审核难周全

伴随高职院校体量规模的扩大,专业、课程、教师和学生数量不断扩充,二级学院对于日常教学纸质文件的收集和审核工作难以周全,容易形成教学质量监控漏洞。

(四)过程化考核监控难以到位

过程化考核根据课程标准,制定考核方案,包含对课程考勤、平时作业、课堂参与、期末考核等多类分值的记录和录入,有的教师对于这些分值的记录缺乏严谨性和公开性,相当一部分学生在期末成绩发布后才获知本门成绩不通过的结果,难以补救,对于学生提出的疑义,也难以做出比较合理的解释,容易激发师生之间矛盾。

(五)学生顶岗实习监控难以全覆盖

学生顶岗实习环节,学生缺乏与指导教师主动沟通的动力,指导教师主要依托 QQ、微信、邮件、电话沟通等多种方式,单方面通知发布和任务布置,双方沟通比较形式化和任务化,指导教师难以全面掌握学生顶岗实习具体情况。

(六)教学质量监控链未形成

整个教学质量监控未形成监控链,因整体质量监控还停留在线上平台和线下操作结合的方式,平台和线下操作也没有实现无缝链接,因个人主观原因引发的失误也导致矛盾居多。

三、教学质量监控管理缺陷的解决途径

(一)研究契机

高职院校近年来对智慧化教学的研究不断深入,2020 年疫情的爆发给发展在线教学平台提供了契机,这给全过程化教学质量监控提供了基础的架构。

(1)2020 年疫情期间,上海电子信息职业技术学院开通了在线教学平台,在线教学平台实现了课程点名、教学资源上传、课堂讨论、课后作业布置与批阅、课堂作业分值公布、学生课后反馈、线上期末考核等多种功能。

(2)上海电子信息职业技术学院不断对在线教学平台进行升级,督导员通过在线教学平台,任何时候都可以根据需求查看教师的教学进度、教案首页和教案,通过听课与教师上传的教学文件进行对标,严格把控课堂教学质量。

(3)近年,上海电子信息职业技术学院进入了智慧化平台发展迅猛时期,逐步打造了人才培养审核流程、顶岗实习平台、职业技能等级证书申报流程等多个信息流程或平台。而这些流程和平台逐步实现了传统教学质量监控管理的线下链,为全国过程化教学质量

监控管理奠定了平台基础。

（二）解决途径

针对上海电子信息职业技术学院目前教学质量监控管理的问题和漏洞，解决的根本途径是将智慧化平台或系统扩展到教学质量监控的全过程，实现全过程化质量监控管理链的每个环节，打通各个环节的信息孤岛，实现数据共享，形成完整的全过程化教学质量监控管理链。

1. 教学质量监控前端：建设专业人才培养方案服务平台

(1)通过人才培养资源平台，为各个专业的提供人培情报服务，满足各个专业在制定人才培养方案工作时的知识需求，通过平台实现人培方案的调研、编撰、论证、审核、公示全流程，智能核验方案的规范性与正确性，保证人才培养方案制定的科学性、规范性、严谨性。

(2)通过人才培养资源平台，实现专业大数据分析，了解专业开设情况的变化趋势和开设院校详情，辅助分析该专业开设价值；快速分析专业需求的岗位技能，及时了解就业岗位需求、动态和趋势；提供业务检测分析，可视化显示各专业建设指导委员会的建设情况，比对人才培养方案各历史版本之间的异同，显示版本修改之处。

2. 教学质量监控中端：优化教务管理与在线教学管理平台，实现各个平台之间的数据共通

专业人才培养方案服务平台中定稿的人才培养方案自动接入教务管理平台，避免人工录入发生错误。

(1) 生成教学任务和排课阶段。每学期系统自动生成教学任务，如需要进行修改，必须通过系统申请，经相关部门审核后方能进行修改；排课严格按照教学任务排定课时、学分进行，对漏排、缩水，做出系统预警；对于排定的课程，如若出现调整情况，通过系统申请和相关部门审核同意后方能修改，并从教师端、学生端、督导教师实现时间和空间的同步，避免因通知不到位而产生教学事故。

(2) 实施课堂教学阶段。通过教务管理平台和在线教学平台实现线上＋线下的混合式教学和过程化考核。①开学前，由课程负责人上传课标，教师在平台上传教学进度表、教案首页、教案和考核方案等教学文件，为专家督导提供材料。②开课前，教师根据教学进度表和教案设计，上传课程教学资源，提供学生预习和复习途径，给参加职业技能大赛、志愿者服务、顶岗实习等活动而不能参加线下教学的学生提供自学的线上平台。③课堂中，教师通过系统完成学生考勤点名；教师可借助系统播放辅助教学的 PPT、视频，通过问题抢答模块完成课堂作业。④课堂后，教师通过系统布置作业，学生在线完成作业提交，教师在线完成批阅，公布成绩；教师和学生通过平台中的论坛完成答疑过程。⑤课程结束后，教师可以通过考试平台完成考核与批阅，并自动获取期末成绩，自动录入系统；也可以通过线下考核，手工录入方式完成期末成绩录入系统。

课前、课中和课后的教学监控，将整个教学过程透明化，过程化考核可视化；增加过程化考核预警，避免因考核方案不明朗等原因导致学生到考核结束才得到课程成绩不通过的结果，引发不必要的扯皮与争端；通过在多个系统间抓取日常考勤、平时作业成绩、期末成绩，最终生成本门课程成绩，并自动链接入教务系统；对于成绩不合格学生，系统

提出预警，提示学生进入重修复读流程。

3. 教学质量监控后端

建设顶岗实习平台，增加职业技能证书审核模块，生成最终毕业生数据，实现以下功能：

(1)教务平台自动获取完成各专业人才培养方案课程学分的学生进行系统推送。

(2)达到毕业学分要求的学生名单由教务系统推送进入顶岗实习平台。学生通过顶岗实习平台完成指导教师分配、周记提交、实习反馈、论文上传和答辩等一些列过程环节。

(3)学生获取和本专业人才培养方案相匹配的职业技能证书，提交系统，审核通过，由系统记录。

(4)系统通过对学生的学分成绩、顶岗实习成绩、职业技能证书获取情况进行分析，生成最终毕业学生名单。

四、全过程化教学质量监控管理链实现预期成果

全过程化教学质量监控管理链的打造，将实现教学数据的可记录，可交流，可审核，可质疑，质量监控实现公开透明，消除暗箱的盲区，教学效果显而易见。全过程化教学质量监控链的闭环模式，较之传统教学质量监控将是一场教学管理革命，实现了专业开设有调研、变动有申请；课前有设计、课中有记录、课后有反馈；学生做到出勤有记录，作业有记载，考核评分有依据；师生沟通有渠道，学习效果有评价；顶岗实习过程可追踪、可指导。这些将为不断提高课堂教学质量奠定了坚实的基础。

澳大利亚TAFE学院与上海D学院中外合作教育项目评估方案设计

王　舟[①]

2019年国务院印发《国家职业教育改革实施方案》(国发〔2019〕4号),强调“加强职业教育办学质量督导评价”和“建立健全职业教育质量评价和督导评估制度”的重要性,明确了各高等院校应在考虑自身条件的基础上,建立与之相配套的健全的合作教育项目评估体系。本文试以高等民办院校中外合作的案例为突破口,尝试设计高质量、高标准的合作教育项目评估方案,以此推进教育项目评估的顺利开展。

一、评估方案的提出

“暑期澳大利亚专业学习与培训”是澳大利亚TAFE学院与D学院航空学院共同合作的教育项目。其培训内容包括:贴合空乘专业需求的培训学习及文化考察两个板块。培训合格后,学生将获得TAFE学院结业证书。项目强调以改进教育为主要目标要求,根据特定目的,通过系统有效地搜集、分析相关教育信息来改进教学。评估以分析为主,基于信息采集与分析活动而展开。

二、评估方案的实施

(一)项目的合作目标

培养能初步了解客舱工序,掌握民航知识,对机上常见服务问题和应急突发事件进行分析、判断和处理,并具备较高技能操作水平和语言表达能力,掌握国际化的乘务标准的应用型民航高质量人才。

(二)实施过程设计

根据项目的合作目标,从评价模型、评价范畴、评价标准、信息采集和分析、评价结果的应用五个方面展开。实施评估的评估方通常包括第三方评估委托方:具有行会性质的质量评估组织、评估监管小组、评估委员会或专业评估者。

---

① 王舟,上海东海职业技术学院。

1. 评价模型

选择通用且适用的泰勒模式确定的评价程序。第一，确定方案的目标；第二，对目标加以定义或界定；第三，应用情境；第四，设计情境的途径；第五，设计记录的途径；第六，决定评定方式；第七，决定获取样本的方法。

2. 评价范畴

评价可从多方面入手，如项目目标、过程、说明、法律规章制度、社会规范、对比组表现、消费群体需求。也可从微观层面进行纵向自身评价，或从宏观层面与其他同类中外合作项目进行对比评价。

（1）纵向评价之自身价值评价。该评价注重新的评估监测指标与自身价值发展，重点关注自身的现代化问题。评价指标包括设施设备、教学质量、学习结果、学生发展、毕业就业、服务社会、对学校满意度等方面。教育现代化评估监测要注重为面向社会、家庭及用人单位认可的毕业生特性。

（2）横向评价之同类对比评价。该评价注重对比。按照项目实际实施情况，进行有效的特征描述，包括其特独之处和组成部分，以便把项目与类似项目进行比较。评估者可以将空乘专业其他类似的合作教育项目进行优缺点对比(见表 1)。

表 1　同类中外合作教育项目优缺点对比

项目	评估	优势	劣势
（1）澳大利亚 TAFE 学院专业学习与培训项目 （2）泰国斯坦佛国际大学 2018 夏令营项目	实训设施		
	培训内容		
	办学经验		
	教师队伍		
	人才培养		
	经费成本		
	企业参观		

3. 评价标准

对象领域准则指标是指以定性为主的形成性评价主要策略。它涵盖如何设计标准、用什么标准进行评价、如何根据评估的目的和环境正确应用每条标准，时刻关注标准的适用性。通常，评价方可提供一张总核查表以便将这些标准用于项目评估，如在对应的格子中打勾进行数据统计(见表 2)。

表 2　核查表

	本原则被充分考虑（应该做什么）	本原则被部分考虑（做了什么）	本原则不适用案例（长处短处）	本原则未被考虑（未达评估目的）
重要干系人辨识				
资料收集				

（续表）

	本原则被充分考虑（应该做什么）	本原则被部分考虑（做了什么）	本原则不适用案例（长处短处）	本原则未被考虑（未达评估目的）
价值解释				
清晰报告				
评估影响				
成本效益				
服务导向				
正式协议				
人权				
人际互动				
成本分析				
项目文档				
环境分析				
说清项日日的和过程				
有效的质性信息				
关注价值				
关注系统				
定性分析				
定量分析				
有效的结论				
全面的报告				

指标选取要满足“SMART”原则：S—Specific（具体明确）；M—Measurable（可衡量）；A—Achievable（可实现）；R—Realistic（可应用）；T—Time（时限性）。除此之外，结合 2015 年美国职业和技术教育协会（ACTE）发布的《定义高质量职业教育：高质量的职业教育项目框架》1.0 版草案，设计符合中外合作项目课程和评估部分的要素和标准（见表 3）。

表 3　教育项目质量框架（课程和评估部分）

相关要素	项目标准
与教学目标一致的课程	允许学生在模拟场景中应用知识和技能
	以行业认可的标准和技能为基础
	公开获取学习课程标准
	帮助学生在工作中取得成功

（续表）

相关要素	项目标准
所有人员评估	所有利益相关者可以定期审查修订评估课程
	形成性和总结性评估来检验学生学习成果
	评估是有效、可靠的
	评估提供了通过项目获得技术和知识的信息
	评估提供了学生提升就业能力的信息

4. 信息采集和分析

质性信息主要是描述性和解释性信息，以叙述形式，而不是以数据形式来表示。包括结构化和非结构化访谈；参与型和非参与型观察；倾听、文档和记录及各种不引人注目的数据收集方法（见表 4）。质性数据既可做质性分析还可做定量分析。方法有短文、访谈等开放式回答。

表 4　信息分类、评估手段和分析方法

	评估手段	分析方法
非质性信息	（1）一定范围深度访谈（结构化和非结构化访谈）	定量（定量）分析
质性信息	（2）校园氛围课堂观摩（参与型和非参与型观察）	质性（定性）分析
	（3）问卷调查（问题单）	
	（4）案例收集（短文）	
	（5）状态数据分析报告（数据信息采集和分析）	

（1）一定范围深度访谈（结构化和非结构化访谈）。评估方应系统地探索项目各方对项目的看法。评估方可组织一个焦点团体访谈组，包括主要相关人员。评估人员为确保数据的效度和信度，应验证量化分析后的数据。使用此类研究，可作为确定关键特征和过程的起点。同时，为保证数据的一致性和独立性，还可在小组内通过抗辩形式讨论得出结论。

（2）校园氛围课堂观摩（参与型和非参与型观察）。为收集不同观察类型的数据，实行两名同行教师非参与型观察和 15 名学生参与型观察两种方法进行随堂观察，跟踪记录学生上课表现、教师教学方式。

柯氏评估模型主要以受训学员作为评估效果的对象，根据评估对象的活动状况，分别从反应层、学习层、行为层和结果层四个层级对培训效果进行评估。为了详细描述学生在教室里的身体和言语的行为变化，评估者通过分析项目目标和执行情况后，结合该评估模型，制定“学员基准学习行为表”（见表 5）。

表5　学员基准学习行为表

学习	反应行为	预期结果	实际结果
拥有的知识	身体	受训者的满意程度	受训者获得的业绩
获得的技能	语言		
对项目的态度	进步表现		

(3) 问卷调查(问题单)。学生在完成培训后,要求填写问卷调查。通过提供关于课程、教师等项目有效信息,把一组有关问题联系在一起,显得特别有用,并满足评估需求。该内容包括两个部分,分别是要求学生描述参与的项目及要求学生评价课程和授课教师。信息采集必须持续几年,且确保参与率超过90%。这样,结果分析才能显示出信息高度的一致性、有效性和可靠性。

(4) 案例收集(短文)。项目结束后,学生撰写一篇感悟。包括:是否增长了见识,是否加强了与人沟通的能力,是否提升了独立处事和应变能力,是否丰富了专业知识,是否了解了当地的民俗民风等。评估人员再对收集到的信息进行分类并分析,汇总成图,可一目了然各个部分的占比。

(5) 状态数据分析与报告(数据信息采集和分析)。定量分析是通过收集具体数据来监测学生考试成绩和就业情况,指导和协助学院及其决策者使用这些数据和资料实现内部监控,提高学生学习质量和学业成绩,从而提升毕业率和就业率。

方法一:使用干叶图或箱图分析事实信息。项目开始前,按照常规对18级所有424名学生进行第一次英语笔试和口试。由于15名学生已获高分,他们的改进范围更加有限。然而,他们的进步是明显的,并在其余的测验中保持高分。项目结束后,邀请参加项目的15名学生和未参加项目但第一次测试中获得同一分数的15名学生,再进行第二次英语笔试和口头测试。评估人员将前后测成绩比较,用后测成绩和成绩提高值和协方差作分析,评估参与者组的平均得分增长数是否是正数,且大于未参加组的平均增长数,可以使用图表技术来提高所获得的统计结果的解释性,例如干叶图或箱图。

方法二:使用列表分析后续信息。评估过程,评价方既要评估课堂学习成果,也要了解学生参训后对职业生涯的影响。包括培训后的发展和就业情况。如以就业状况为分层变量,再进行分层随机抽样,分析参加过培训项目的就业学生人数是否多于未参加过培训项目的就业学生人数,通过对比掌握学生后续的个人成长、成才轨迹(见表6)。

表6　项目对学生就业情况的影响数据统计表

年份	参加培训后就业人数占比	与对照组人数占比对比	结果有所提高/降低
2016			
2017			
2018			
2019			

评估完成后,数据采集者会将原始表格和评估结果反馈给项目负责人,评估小组还须对数据进行了最后一轮的改进,达成共识。然后,项目组再以会议的方式与不同对象详细解释评价结果,并对评估体系进行定期审查。最后,建议评估者对项目进行成本分析。

5. 评价结果的应用

评价结果被应用于判断项目成功与否、是否继续开展、扩大、修改、还是放弃。项目的哪些部分需要保留、需要修改。项目结束后,项目组需要开展哪些后续的教育活动,以确保完成评估目标。

三、评价方案实施效果分析

(一)新设计的评价方案的优势

新设计的评价体系具有灵活性、多元化、多"员"化、标准化、规范化、有效性和可信性的特征。

1. 组合评估模式使评估更具灵活性

本文灵活使用组合评估形式:①一定范围深度访谈能够提高评估监测的有效性和评估结果的可用性;②校园氛围课堂观摩是为收集不同观察类型的数据;③问卷调查便于分析项目的优缺点;④案例收集将收集到的信息分类并分析;⑤定量分析是使用干叶图或箱图分析学生考试成绩,使用列表分析学生就业情况。

2. 多元化评估模式确保数据被有效监测

国外研究者认为,不同的评估形式有以下优势:第一,为达到教育项目的培训目标,最好使用不同的评估形式来实现。第二,多种形式的评估使得评估与培训目标合并且更具可行性。第三,多种评估可防止任何一种测评中存在的固有偏见。

本文采取多维度和多元化的评价体系,通过纵向自身评价、其他同类中外合作项目对比评价和五种不同的信息收集方式,使数据真实有效。

3. "多员化"评估模式确保评估实际效果

设计方案提倡考评主体"多员化",由上述人员等共同完成评估。多主体参与的评价机制,确保实际效果和评价体系的公平性。

4. 评估工具使评价过程标准化和规范化

使用优缺点对比表、总核查表、要素和标准检查表、分析方法表、学员基准学习行为表、就业情况的数据统计表作为评估工具,使评估过程更标准、规范。

(二)设计评估方案的信度和效度

1. 评估方案的有效性

评估效度主要依赖于对提出的评估问题而选择使用的解决方法、数据收集情况,系统分析过程及评价过程。评估人员应测量多个结果,对数据进行多种分析,使用、组合、制定更多资料信息收集的计划和方法,并保证重要变量被测量与存档。例如:项目特征、学生活动、结果变量及项目成本,这样可提高效度并增强评估能力。

2. 评估方案的可信度

检查评估可信度的典型做法是比较不同评估员对学生学习成果做出的评估。新设计的评估方案中出现两种检查评估可信度的方法：第一种方法是教师及第三方做出评估后，讨论结果并得出结论；第二种方法是教师评价、学生互相评估彼此的表现，最终得出客观结果。

本文通过比较不同评估人员对多个变量的判断来验证信度：①纵向自身比较和横向其他项目比较；②课堂表现；③学生满意度（项目、评价课程和授课教师）；④学生学习质量和学业成绩；⑤培训后的就业情况。

国外学者强调评估的可信度和一致性需要统一的评估模型、评估范畴、评估标准和评估方式。新设计组合评估模式执行了上述内容，且通过混合设计的模式，确保了数据信息的一致性、有效性和可靠性。

（三）项目评估改革面临新的挑战

设计的评价模式在力求科学性的同时，也要保证可操作性、可执行性。但评价体系的设计和实施是具有争论性的，在实施过程中会遇到以下困境。

1. 评价系统数字化转型

互联网背景下，教育的现代化、信息化、终身化的趋势给评估模式提出了新要求。教育必须随着技术的发展而改变，从而克服技术变革所带来的挑战。目前，中外合作教育项目的评估缺乏一系列的数字化评估技术。

2. 评估过程中推广抗辩所带来的挑战

新设计的评估模式提供了一个辩证的评估环境，学生有机会质疑提出意想不到的论点。对此，评估方应控制好评估的节奏，掌握处理疑难问题的技巧来应对这一挑战。

中外合作教育项目评估是高职院校评估体系中的重要组成部分。若没有高质量的项目评估方案，则很难证明教育项目存在的合理性。通过论证，本文旨在改进该项目的有效性和合理性，为同类院校提供借鉴价值。

以构建智慧教学全生态促进高职院校智慧教育创新发展的实践研究——以上海东海职业技术学院为例

张居阳　卓丽环①

2018 年 4 月，教育部正式发布《教育信息化 2.0 行动计划》，这标志着我国教育信息化进入信息技术与教育深度融合的 2.0 时代。"智慧教育创新发展行动"作为"教育信息化 2.0"八项实施行动之一，明确提出了"以人工智能、大数据、物联网等新兴技术为基础，依托各类智能设备及网络，积极开展智慧教育创新研究和示范，推动新技术支持下教育的模式变革和生态重构"的行动目标和内容，这就要求高等职业教育从业者要逐步实现对传统教育理念的重构和对业务逻辑的重组，再造教育教学新业态。

一、相关概念

生态，生物学上定义为：在一定时空内，生物群落与无机环境之间通过不断的能量流动和物质循环而形成的相互作用、相互依存的统一整体，可引申为事物存在和发展过程中所呈现出的自然和谐、健康、充满生命活力的场景和环境。"生态化"是苏联学者创造的概念，其内涵是将生态学相关原理渗透到人的生产和生活实践中，用和谐发展的思维去思考和认识问题，并根据自然、社会的具体可能性，最优化地处理人与自然、社会的相互关系。

教学生态化是对传统教学中的"主客两分"理论的补充与完善，用"主客一体化"的新视角来认识和解决教学问题。在操作层面上，教学方式生态化主张根据教学目标及学生自身的发展特点，把讲授与自主、探究、合作学习等多种教学方式有机整合，构建成动态、开放、和谐、平衡的教学模式，反对把独立与合作、接受与探究学习等对立起来。生态化的教学方式以"和谐自然观""整体观"为重心，弥合了人文科学和自然科学的分离，在教学的主体和客体之间搭设了一个较好交流互通的桥梁。

智慧教育是通过人机协同作用以优化教学过程与促进学习者美好发展的未来教育范式。其真谛是通过构建技术融合的生态化学习环境，通过培植人机协同的数据智慧、教学智慧与文化智慧，本着"精准、个性、优化、协同、思维、创造"的原则，让教师能够施展高效的教学方法，让学习者能够获得适宜的个性化学习服务和美好的发展体验，使其由不能变为可能，由小能变为大能，从而培养具有良好的人格品性、较强的行动能力、较好的思维品质、较深的创造潜能的人才。

---

① 张居阳、卓丽环，上海东海职业技术学院。

二、智慧教学全生态的定义

无论是“教学生态化”的思想，还是祝智庭教授对于“智慧教育”定义中“技术融合的生态化学习环境”的描述，都涉及生态的概念，但是这些“教学生态”中仅涉及教与学的行为，仅将施教者和学习者作为人的两大要素。在现实物理空间中，学校教育教学体系中的管理行为也是重要的行为要素，管理方也是无可或缺的人的要素，教学的组织、运转和监督都需要管理方的参与，因此，本文所提出的“教学全生态”中的生态群落应该是包含施教者、学习者和管理者这三类人的要素，生态物质及其能量的流动和循环应该涉及管理者与施教者与学习者三者之间的联系。

随着智慧教育理念的不断推广和人工智能技术的广泛应用，以智慧教学融合个性化学习与规模化培养、以数据驱动教育教学及管理改革是未来教育的主要特征。数据就是智慧教学全生态中物质的载体，信息流就是智慧教学全生态中的能量流，基于以上分析，我们给出“智慧教学全生态”的定义：智慧教学全生态是指通过拓展孪生教育教学体系数字空间，审视教育教学双空间（物理空间和数字空间）内各要素及其活动，以数据流为能量载体建立各要素之间、要素与环境之间的“双空间、多交叉”的联系，各要素间建立主动与约束、响应与反馈机制的动态教学生态系统。

三、智慧教学全生态的特征

智慧教学全生态是一种整合了各种教学资源而实施的和谐有效的教学及教学管理方式，其特征主要体现在三个方面：

一是有效果，这里的效果是指教学及管理方式实施的结果与预期教学及管理目标相符的评价。智慧教学全生态化追求的目标就是课堂和谐互动、学生参与性强、自主性得到充分发挥、掌握必要的知识和技能，同时学生的各种能力得到培养。

二是有效率，即教学及其管理有效时间和实际投入教学及其管理时间的比值。智慧生态化教学及其管理方式是“人人、时时、处处”个性化教学方式和“数字化、精细化、智能化”管理方式，因此教学及管理效率会大大提高。

三是有效益，这里的效益是指教学活动的收益、教学管理价值的实现。智慧化教学方式的实施追求的最终目标就是促使所有主体的思维方式和行为方式得到转变，从而实现智慧教育的创新发展。

四、基于数字孪生的智慧教学全生态构建实践

以往教育教学数字生态空间的打造往往仅注重教学相关要素和行为的拓展，而忽视了管理相关要素和行为的拓展，并未真正体现“孪生”的内涵本质。在构建上海东海职业技术学院（简称“东海学院”）智慧教学全生态的实践中，我们逐步明确了一条基本的构建思路：只有通过全方位孪生物理空间教育教学体系至数字空间，才能实现真正意义上的智慧教学全生态，才能实现“双空间”之间的“多交叉”能量流动和物质交换。我们把孪生

的内容分为四类：业务孪生、组织孪生、制度孪生和资源孪生，各类孪生的实例简介如下：

（一）业务孪生："东海智教混合云"实现业务生态数字化

"东海智教混合云"由"东海在线课堂教学云平台""东海课程资源公共服务云平台"和"东海教学管理公共服务云平台"组成，具体包括：面向在线课堂教学的"东海钉钉"云平台；面向毕业综合实践教学的"东海毕业综合实践平台"；面向网络学习空间建设的"东海微课堂"和"东海云课堂"；面向教学过程管理的"东海数字校园—教务系统"（PC端）和"东海微校园"（移动端）；面向教学质量保障的"在线教室、教学视频管理系统"。通过建设"东海智教混合云"，基本实现了物理空间教学及管理业务层面的"硬孪生"。

1. 面向毕业综合实践教学的"东海毕业综合实践教学系统"及运行情况

为进一步解决学生毕业综合实践教学过程中存在的"过程管理难、质量保障难、分类指导难、安全掌控难、成果评价难、资料积累难"等困难和问题，从2018年起，学校开始建设毕业综合实践教学信息化管理平台，系统于2019年9月在全校各专业正式运行。系统的运行实现了实践教学的泛在化、管理的数据化和诊改的常态化。从2018届至2022届，系统使用人数近1万人。

2. 面向网络学习空间建设的"东海云课堂"及运行情况

疫情期间，为了实现与东海钉钉同步课堂的无缝衔接，教务处启动了基于"阿里云"的"东海云课堂"的建设工作，截至2022年6月19日，"东海云课堂"个人学习空间累计开通人数达9104人，包含全体教师和学生。经过2年的建设，在2022年春季学期大规模线上教学中，"东海云课堂"的重要支撑作用日渐凸显，东海学院2022年春季学期"东海云课堂"登录人数不断增加。

3. 面向教学过程管理的"东海微校园"及运行成效

"东海微校园"将PC端数字教务管理系统扩展到微信应用。教师可以登录微信平台查看常用教学业务数据，并能够可以随时记录学生的在校情况，大大方便教师记录学生在校的学习过程。自2018学年秋季学期教师端投入运行以来，由于极大方便了教师的教学秩序管理操作，以秋季学期为例，考勤数平均提升47%。

自2019年学生端投入运行以来，由于学生可以在移动端实时、方便地进行考勤和成绩信息查询，学生学习主体性显著提高，课程重修率大幅下降。

（二）组织孪生：数字空间管理组织实现教学管理网络化

"智慧教学全生态"概念的中心思想是："教学全生态"中的生态群落应该是包含施教者、学习者和管理者这三类人的要素，生态物质及其能量的流动和循环应该涉及管理者、施教者、学习者三者之间的联系。只有实现了物理空间教学管理者向数字空间的组织孪生，管理制度向数字空间的制度孪生实现，建立起数据驱动的"双空间"教学质量保障机制，才能有效保障"智慧教学全生态"教学质量。

为了实现学校教学质量保障过程的"全过程、全方位、全人员"，教务处充分利用"东海智教混合云"，多层面进行组织保障建设，组织成立了"校信息化教育教学改革小组"和"东海在线教学运行管理中心"等线上组织，分别负责数字技术层面规范和数字生态空间管理制度的制定。

（三）制度孪生：数据驱动的质量保障机制促进教学管理智能化

基于组织孪生，教务处实施了多维度制度孪生，进行了制度保障建设。制订有基于“东海在线课堂教学云平台”的“在线教学监控与评估体系”；基于“东海教学管理公共服务云平台”的《教学过程信息化管理规范》《在线教学教务员工作规范》《毕业综合实践信息化教学工作流程》等。

1.《上海东海职业技术学院教学过程信息化管理规范》执行绩效

《上海东海职业技术学院教学过程信息化管理规范》于2018年8月发布实施，发布近四年来，学校教学过程中各类教学行为更为规范，数据驱动的实时教学诊改机制逐步形成。

2. 在线教学监控与评估体系运行成效

东海学院在线教学监控与评估体系（以下简称“体系”）主要由四个系统和六项制度构成，四个系统包括：在线教学质量标准系统、在线教学质量监控实施与评估系统、在线教学质量信息收集与处理系统和在线教学质量信息反馈调控系统；六项制度包括：“教学周报”制度、“直播巡视”制度、“直播巡视周报”制度、“期中教学检查”制度、“在线课堂听课”制度和“学情反馈”制度。通过体系的运行，建立起学校“三层（督导巡视、教师自评、学生反馈）三级（学校巡视组、部门巡视小组、部门教务）”在线教学质量保障机制，达成了在线教学“稳中求等效”的既定目标。截至2022年6月19日，巡视组完成了大量直播巡视，出刊《教学工作提示（直播巡视简报）》共计28期；任课教师累计提交教学周报4462份次；收集在线教学学生问卷共计16273份次。通过综合分析以上三方面数据，可以实现学校在线运行状态监管及评价的客观性、实时性和常态化，其中在疫情期间的纯在线教学中，学生对学校在线课程教学的总体满意度一直处于高位。

在2022年春季学期中，共收集到有效《在线学习学生问卷》3441份，学生参与率约67％。学生对教师在线教学态度认可度达99％；有69％的学生认为课程教学效果基本与线下教学等同，有14％的学生认为有部分课程的线上教学效果比线下教学还好，有3％的学生认为所有线上课程的教学效果都比线下教学好，综合统计，有86％的学生认为学校实现了线上与线下教学的“实质等效”。

（四）资源孪生：“三级、三维、多平台融合教学资源库”满足学习个性化

为了创新服务供给模式，服务学生自主学习，实现“优课有库、人人有空间”，学校通过建设三级（开放MOOC课程＋东海云/微课堂自建SPOC课程＋个性化钉钉课程圈子）、三维（实体、实体—网络、虚拟）、多平台融合教学资源库，实现学习者的个性化学习需求。

学校累计引入165门教育部认证的22家在线课程平台MOOC课程，自建SPOC课程210门（“东海微课堂”140门、“东海云课堂”70门），微课51件（“东海微课堂”），课程自主学习率超过70％，培训自主学习率超过60％，指派培训完课率100％。对于自主学习能力相对薄弱的民办高职院校学生而言，这组数据有力地说明了平台的友好性与课程质量都得到了学生们的普遍认可。

五、结语

在分析教学生态化和智慧化本质特性的基础上，本文提出了智慧教学全生态的概念，将教学管理方及管理行为视为教学生态中的基本物质要素，将数据流视为教学生态中的能量流载体；基于上海东海职业技术学院的实践案例研究，设计了通过移植“数字孪生”方法构建以“双空间、多交叉”为基本特征的智慧教学全生态系统，从而促进高职院校智慧教育创新发展的实施路径。

产业研究推动高职教育发展初探

王生金　王冀川[①]

自1998年中国开启“压缩饼干式本科”以来，历经评估评优、示范推广、骨干职业院校建设乃至最近推出的“双高建设”20多年的发展，高职教育取得了一定的进展。但总体而言，高职教育的发展并不令人满意，尤其是在生源和社会认可度这两个指标上的糟糕表现充分说明目前高职教育仍然有很长的路要走，更不用说与德、日、美等国外高职教育发达国家之间的差距，这也是《国务院关于加快发展现代职业教育的决定》《国家职业教育改革实施方案》(简称“职教20条”)等一系列政策陆续出台的背景所在。高职教育研究专家潘家俊教授关于中国高职教育主要模式的产教融合与校企合作流于表面之“两张皮”论断实则是对中国高职教育目前发展尴尬局面的真实描述。高职教育的发展是学校、企业、行业、政府等多种社会力量协同的综合结果，作为高职教育重要主体之一的高职教师更是需要积极调整调整教学思路，找到新的抓手和突破口。

《国家中长期教育改革和发展规划纲要(2010—2020)》《国务院关于加快发展现代职业教育的决定》和《国家职业教育改革实施方案》(简称“职教20条”)等纲要和文件要求，均要求以产教融合与校企合作实现职业教育要服务于产业发展这一根本目标，高职院校要培养符合产业发展的高等教育人才，即“服务产业链的专业链”。这一目标实现的逻辑前提是，作为育人主体的院校及职业教育产品的提供者，高职教师首先要有足够的产业知识和实践技能。然而现实远非如此，目前中国高职院校教师尤其是中青年教师拥有的是学科体系培养模式下的扎实理论功底，但高职人才培养需要的产业知识和相关技能却极度匮乏，“教师和企业联系少，对市场需求也不熟悉、不敏感”，这成了目前制约我国高职教育的最大短板。此外，根深蒂固的学科体系培养模式、企事业单位的体制差异、教育系统人才引进模式的单一及行业待遇差异等原因，使得教育界(包括高职教育)和产业界长期以来交集甚少，多以平行线模式“各玩各的”。为扭转这种局面，有识之士开始关注这一问题，职教研究专家潘家俊教授强烈呼吁高职教育的专业建设等“要从产业研究开始”。

一、产业研究对于推动高职教育发展的意义及必要性

《国务院关于加快发展现代职业教育的决定》中明确了高职教育要以需求为导向、以

---

① 王生金、王冀川，上海城建职业学院。

实践能力培养为重点。在目前高职系统学科型教师占绝大部分既有背景下，这一教育愿景的实现很大程度上需要依赖教师实践知识和能力的大幅提升，而产业研究是高职教师积累产业技能的最有效也是成本最小的途径和方法。

高职教育依靠的“产教融合”和“校企合作”，这一模式说到底根本上就是校企双方的供需匹配问题，匹配成功与否很大程度上取决于双方的了解程度。高职教师只有对相关产业有相当程度的认知才能根据产业发展需求提供定制化教育服务，合作企业才能凭借这种人才有更大发展，进而企业需要更多这种人才，校企合作才能真正落地，产业和教育才能形成良性循环，产教融合才能真正实现。相反，缺乏产业研究必然导致对产业需求认知的不到位甚至误判，以盈利为目的企业就不愿意进行合作，校企合作变为学校的一厢情愿，产教融合也就成为纸上谈兵。

目前，产业研究在职业教育系统并未引起足够重视，这可以通过相关研究成果得到佐证。以中国知网 CNKI 数据库为例，如果以“主题词＝职业教育”且“主题词＝产业”模式进行检索，就会发现被引频次前 100 的核心和 CSSCI 研究文献中，93％的文献研究是关于课程设置、校企合作、职业教育体系等问题的，而综合产业与职业教育相关的研究占比不到 6％，且这为数很少的几篇文献大部分从产业转型升级角度展开职业教育研究。这一研究现状反映了目前我国高职教育研究中普遍存在的脱离产业生产实际的“本位主义”问题。造成这种现象的主要原因是绝大部分高职院校的教师毕业于学科体系的高等院校，且未经足够时间的社会和企业实践就直接从事高职教育，早已根深蒂固的学科思维不由自主地引导广大高职教师沿袭现有学科型人才培养模式，而偏离了职业教育应有的方向。此外，目前高职教育体制尤其是考评模式也不支持高职教师进行产业研究，因为这难以出科研成果。要想突破高职教育发展的这一瓶颈，就需要高职教师高度重视以人才培养为目的的产业研究。只有通过产业研究弥补广大高职教师实践知识不足的短腿，再结合自身已有的扎实理论功底，才能改变高职教师的“一瘸一拐”，实现实践技能和理论知识“两条腿”的平稳前进。

德国高职教育之所以被世界公认，主要原因之一在于立法形式下校企合作的双轨制教育模式，而这一模式的关键是无论企业生产实践还是学校课程教育，都需要相关教师具备相当的产业知识和实战技能。在中国目前尚未取得相关立法、实现这种可能性不大的前提下，只能采取替代变通形式，要求职教教师进行产业研究以最大程度地模拟和还原真实生产实际。如果连这一点都不能保障，未来的高职教育仍难逃出现有学科体系育人模式的窠臼和束缚。

二、产业研究推动高职教育发展的思路框架

虽然产业研究是高职教师提升人才培养能力的一个重要途径，但实际进行以人才培养为目的的产业研究时会面临如何下手这样一个普遍性困惑。对于这样一个普遍性和全局性问题，如果让每位教师摸索甚至开创一套思路和方法不仅不现实，而且成本很高、效率很低。因此，要发挥产业研究对高职教育人才培养的推动作用，关键是要系统性地提出一套适合中国广大高职教师进行以高职人才培养为目的的产业研究的指导性框架，以此作为广大高职教师开展产业研究的路径和参考依据。基于这一研究目的，本文将在

遵循职教特点和规律、参考现有高职教育有关理论和研究成果的基础上，结合国家对于高职教育发展愿景规划及中国高职教育的现实状况，同时借鉴国外发达国家高职教育的成功经验和模式，尝试构建以高职人才培养为目的、有助于我国高职教师进行产业研究的战略性框架。

（一）以产业需求研究作为推动高职教育发展的出发点

传统的学科型高等教育属于典型的象牙塔式教育，以文化学习和理论研究为途径，这种教育模式可以独立于生产实际需求，单纯追求宏大理论的构建。高职教育则不然，《国家中长期教育改革和发展规划纲要（2010—2020年）》关于现代职业教育体系相关要求中就明确规定以促进就业为导向，旨在培养“适应经济发展方式转变和产业结构调整要求”的产业人才，要求“专业设置与产业需求对接”、院校布局和专业设置更加适应经济社会需求。因此，职教专家黄达人先生提出专业设置和高职人才培养等都要围绕产业需求进行，四川工程职业技术学院院长司徒渝提出“产业发展到哪里，学校就跟进到哪里”。

因此，高职教育要想扭转目前尴尬局势，作为教育端主体之一的高职教师必须进行产业研究。只有对产业有通透的研究和深入的了解，才能使人才培养方案紧密贴近生产实际和产业发展需求，产教融合与校企合作才可能落地，促进学生就业这一目标才能真正实现。一切不是建立在产业需求深度研究基础上的人才培养方案都是高职教育系统的“闭门造车”和“自娱自乐”，其后果就是每年一到毕业季总有一定比例学生出现“毕业即失业”。当我们在称赞和学习德国职业教育成功的时候，更应该注意到德国法律要求职业教育教师须具有规定的产业技能并有配套考核。因此，在推进我国高职教育发展过程中，作为主体之一的高职教育端教师首先必须对产业需求进行深入研究。

（二）以产业前沿和发展趋势研究作为推动高职教育发展的重要引领

职业教育的目标是人才培养符合产业发展需求和生产实际的职业人才，而产业本身具有不断发展演化的天然属性。因此，高职教育人才培养尤其是专业设立和修订要着眼于产业前沿及发展趋势。目前很多高职院校学生存在的“毕业即失业”问题，很大部分原因是高职人才培养规划和建设缺少一定的前瞻性，尤其是在目前信息技术广泛使用和发展迅速的情形下，产业发展和业态模式迭代越来越快，几年前热门的行业转瞬间就变得市场饱和甚至衰退。实际上高职人才培养之符合产业需求包含了至少两个层面的含义：①满足目前的市场需求；②要面向未来产业发展的需求，专家将之表述为“面向未来的中国职业教育”。德国职业教育“为未来工作而学习”也包含了面向产业未来工作的深层考虑。正是基于此，《国家中长期教育改革和发展规划纲要（2010—2020）》明确要求通过建立动态调整的机制以适应国家和区域经济社会发展需要、不断优化高等教育结构；《国务院关于加快发展现代职业教育的决定》总体要求中关于目标任务也提到专业和职业教育课程体系要以产业发展动态调整而与时俱进，《国家职业教育改革实施方案》（职教20条）也要求每3年修订1次教材，尤其是专业教材要随信息技术发展和产业升级情况及时动态更新。这些规划和文件无一例外地体现了产业前沿和发展趋势对高职人才培养的重要性。

潘家俊教授就产教融合指出，学校“更应该把握行业发展前沿、具有一定的前瞻性”。

正是基于这种前瞻性思维，其所在的上海工艺美术职业学院在产品造型专业课程体系及阶段性培养目标中专门把流行趋势预测作为主要内容列入其中，尽管这非常具有挑战性。黄达人教授在论述“211 工程”“985 工程”建设成功经验时也指出，要克服事实上存在着的“动态监测不足”和“身份固化”等问题。姜大源在分析我国现代职业教育体系构建时指出，职业教育课程结构要基于工作过程的动态，而不是像普通教育基于学科知识系统化的静态，这个动态就包含了产业未来和趋势，因此他提倡高职课程的开发要着眼于隐含在动态发展之中的内容。杨金土教授也提到课程结构设计要体现学生须有较强适应未来发展的能力。任占营在高职院校内涵建设方面也主张，高职教育要鼓励教师紧跟技术发展和市场变化的前沿，这样才能使职业教育更好地服务国家发展战略和产业革命。

（三）以工作任务与工作过程研究作为推动高职教育发展的主要内容

职业教育培养的人才最终将走向工作岗位，参与实际生产过程，完成特定的工作任务。在融入产业的过程中，其培养的人才融入的速度和效果很大程度上取决于学生在校期间对目前产业的代表性工作任务和工作流程的掌握和熟练程度，而这又在很大程度上依赖于高职教师所授知识与产业和企业真实生产的接近和契合程度。因此，《国务院关于加快发展现代职业教育的决定》明确要求教学过程要面向工作任务开展教学，要与生产过程对接。

一个对产业有深入研究或者本身来自产业的教师，其设计和开发的教学内容自然而然地会以真实工作任务为背景或案例，也能很熟练地把工作任务细化为一个个更为具体的子任务嵌入到具体的教学过程中去。经过这种知识传授模式培养的高职学生在走向工作岗位、面对真实工作任务时就不太会产生从理论到现实转换的障碍，他们融入工作的时间也会大大缩短。否则，不以工作任务和工作过程为导向、单凭主观臆造出来的教学设计和方案只能是空中楼阁。

因此，高职教师尤其是来自学科体系培养模式、缺少企业工作经历或工作经历不够深厚的高职教师，通过深入研究产业企业真实发生的工作任务及其工作流程以最大限度地接近、还原企业真实工作任务和场景，是摆脱教科书式授课、培养真正符合企业发展需求的人才的重要手段。尤其是在目前高职院校学科型教师占绝大部分比例、产教融合与校企合作进展缓慢的背景下，倡导和要求广大高职教师进行以人才培养为目的、以工作任务和工作过程为研究对象的产业研究，对于扭转高职院校教师普遍存在的实践技能严重不足具有重要的全局性意义。

（四）以职业标准研究作为推动高职教育发展的主要抓手

职业标准是衡量技术技能应用型人才是否符合产业发展需求的基本尺度，也是高等职业教育人才培养的标杆和准则。科学合理、简明扼要、便于操作的职业标准对于高职人才培养质量的提升具有纲领性指导作用。高职教师对职业标准的深入了解和研究，有助于教师对教学内容深浅程度的理解和把握，使教学内容更符合产业发展实际需求。

目前高职教育普遍存在的教学落后产业实际发展这种问题的原因之一，根源就在于高职教师对与专业配套的职业标准并不清晰，这就容易导致所授内容要么理论化太强过于空洞，要么落后生产实际。因此，《国务院关于加快发展现代职业教育的决定》在总体要求中明确规定，专业课程内容和专业教学标准等要与职业标准相匹配并形成联动机制；《国家职业教育改革实施方案》也要求将标准化作为统领职业教育发展的突破口。职教领域的研究专家也开始重视和呼吁职业标准对高职教育的战略性作用，任占营主张要理顺高校建设、高职教师资格、专业教学及核心课程与职业标准的关系，潘家俊认为职业标准及技能等级标准的制订对与行业相关学校专业和课程标准的制订、评估、考核、认证等均具有权威指导作用，因此他在课程体系开发研究中较早提出了以职业标准为核心的课程开发新理念。

（五）以职业资格研究作为推动高职教育的重要保障

职业资格证是检验高职教育实践环节技能掌握水平的集中体现，因此《国家中长期教育改革和发展规划纲要（2010—2020年）》中明确规定以“双证”——职业资格证与学历证增强职业教育的吸引力，并提高高职教育持有专业技术资格证书和职业资格证书教师的比例。《国务院关于加快发展现代职业教育的决定》在总体要求中也明确提出主张以职业资格证书与毕业证书的对接作为职业教育服务产业发展需求和促进就业导向的重要途径，这充分体现了职业资格（证）在高职教育人才培养的重要地位和作用。

德国职业教育之所以成为世界标杆，很大程度上归功于德国“双元制”模式下所要求的高水平职业资格。据统计德国能提供多达359多种职业资格证考试，高职学生要想取得职业入场券，条件之一就是要获得考试合格的职业资格证书。德国马格德堡大学巴德教授指出，领域课程开发基本步骤之一就是要在描述职业行动领域时首先要描述和界定职业领域导的功能及所需的职业资格能力。教育研究专家劳耐尔教授指出，如果不从事职业资格研究，教师就不可能在教学过程中的知识“解码”方面有所进步。

国内职业教育专家黄达人教授在阐述职业教育的本质时曾明确指出，职业教育是建立在职业资格证书基础上的技术技能人才培养，因此他极力主张把职业资格考试纳入职业教育的顶层设计，且在职业资格证相关考核和认定过程中要充分发挥行业协会、教育系统和企业行业在内的多方角色的共同作用。高职教育研究专家姜大源教授也认为应把职业资格有关工作纳入中国职业教育的顶层设计，他认为职业教育只有主动应对由此引起的从业者职业资格及其职业能力的动态变化，并把职业教育课程所对应的各个“专业科学”知识的总和纳入职业资格的框架，培养既能满足社会需求又能满足个性需求职业人才的目标才能真正实现。

基于上述五个基本层面的分析，结合政府关于职业教育的纲领和规划性文件要求，构建如下以产业研究推动我国职业教育发展的具体框架，如图1所示。

框架中，职业教育是背景，即产业研究是以服务高职教育为目的，这与经济学领域的产业研究在研究目的、方法、路径等方面有很大不同，它不需要多么复杂的数学模型和量化计算，更注重与职教人才培养有关的知识尤其是知识的广度方面。产业需求研究是产业研究的出发点，具有最高优先级。任何不以产业需求为出发点的产业研究和人才培养，都会导致学生“毕业即失业”。这里的产业需求是对职教人才在规格和能力等方面的需求，这是制定职教人才培养方案、教学计划、课程开发环节等的出发点。对产业需求的研究，除了关注目前产业发展对职教人才的需求外，还要紧盯产业前沿和前沿产业，并对

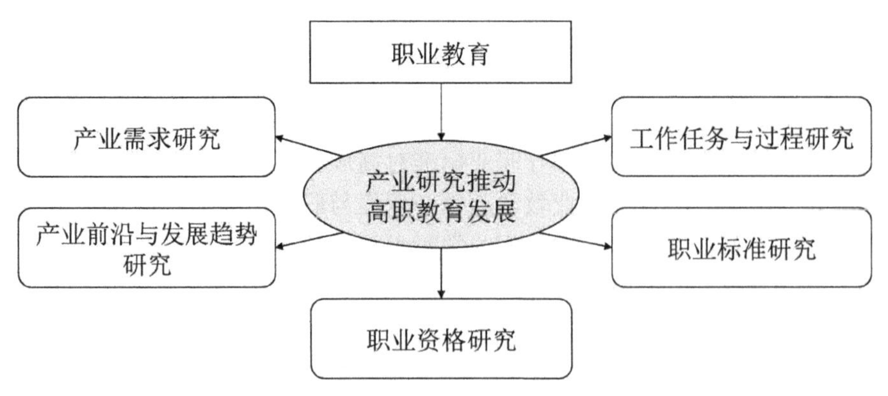

图1　产业研究推动高职教育发展的框架

产业未来发展的可能趋势做出科学预测，据此建立并及时调整专业方向、修订教学计划和培养方案等，这就是产业前沿和发展趋势研究的含义。高职教师在对具体产业进行产业研究的时候，应聚焦相关产业中的核心工作任务和关键工作过程，以此为中心展开相关教学工作的设计和开发，切不可舍本逐末。除了对工作任务和工作过程的内容进行研究外，还一个关键问题就是产业研究深度问题。产业研究究竟应该达到什么程度呢？答案是职业标准，以不低于职业标准作为产业研究的底线。至于产业研究的保障和衡量，职业资格能力或职业资格证通过率可以作为产业研究的测度和保障。上述关于产业研究的五个方面，在逻辑上是层层递进、环环相扣、缺一不可的，共同构成服务高职人才培养目的的产业研究战略体系。

关于职业教育下学徒制的运用研究
——基于 CiteSpace 可视化分析

刘玉涵　杨　利[①]

现代职业教育是我国 21 世纪以来的重要议程。《国务院关于加快发展现代职业教育的决定》中提出，要"完善职业教育和培训体系，深化产教融合、校企合作"。因此，本文用 CiteSpace 分析相关研究文献，浅析我国现代职业教育的办学模式与机制的现状及存在的问题，并借鉴国际职业教育的发展模式，如德国的双元制、美国的合作教育模式、日本的官产学模式等，有效推动我国现代职业教育发展。

一、数据来源与研究方法

（一）数据来源

在中国知网（CNKI）选择"文献检索"，输入主题"现代职业教育"检索，共有 10197 篇文献，在此结果中再输入"校企合作"关键词，共得到 2128 篇期刊文献，期刊类别为系统默认，时间截至 2021 年（检索日期为 2021 年 11 月 5 日）。将有效文献从中国知网（CNKI）以 Refworks 格式导出进行数据分析。

（二）软件介绍和参数设置

研究方法主要采用文献计量分析法。CiteSpace 是由美国德雷塞尔大学陈超美教授研发的一种基于 JAVA 语言的信息可视化分析软件，主要分析特定研究领域的高频关键词、作者合作网络、科研机构合作网络等共现趋势，探寻学科演变趋势、发展前沿与热点领域，并将分析结果以知识图谱的形式进行可视化表达。版本为 CiteSpace 5.1.R6 SE，此外，还参考了中国知网（CNKI）数据库的计量可视化分析结果。

根据文献，本文在进行数据分析时，将时间限定为 2000—2021 年，时间切片为 1 年。节点类型（Node types）分别选择发表作者、关键词和发表机构。选择基准为前 50，选择 Minimum Spanning Tree（最小生成树算法）和 Pruning Sliced Network（对每个切片的网络进行裁剪）。其他均为默认设置。

① 刘玉涵、杨利，上海工商职业技术学院。

二、现代职业教育校企合作研究的现状分析

（一）文献发表时间分析

根据文献发表时间分布，将现代职业教育校企合作的研究分为三个阶段：第一个阶段是2000—2009年，这一阶段发文量较少，总共仅32篇，这表明该阶段对职业教育校企合作的关注度较低，对职业教育的相关思考不够，没有突出职业教育的特点。第二个阶段是2010—2015年，这一阶段的研究文献数量显著上升，于2015年达到顶峰，发表量达到288篇。究其原因是由于《国家中长期教育改革和发展规划纲要（2010—2020年）》和《关于加快发展现代职业教育的决定》的出台，为我国现代职业教育校企合作的进一步发展提供制度建设和法律要求，也激起社会各界对现代职业教育的思考与共鸣，这也使该阶段研究内容和研究视角更加多元化。第三个阶段是2016—2021年，这一阶段发文量有所起伏，截止到2021年11月5日，仅有104篇文献发表。

（二）文献发表机构分析

通过统计与分析我国现代职业教育相关文献的发文机构，可以看出该领域的空间分布、主要学术阵地和组织机构。进入CiteSpace界面，设置基本数据，选择节点Institution，阈值默认，运行软件。结果显示，第一，2128篇文献期刊，发文量在10篇以上的机构只有6个，大部分机构仅发表2—3篇。发文量最多的机构是教育部职业技术教育中心研究所，为24篇（见表1）。不难看出，教育部是我国职业教育研究的主要阵地。经整理，仅统计出发文量在5篇以上（包含5篇）的机构，共有18个。第二，这些职业院校的空间分布不集中。北京、天津、浙江、湖南、湖北等地都有。总体而言，各机构的发文数量有待提高。

表1　研究机构发表文献数量统计表

机构	发文量	机构	发文量
教育部职业技术教育中心研究所	24	国家教育咨询委员会	8
广州铁路职业技术学院	14	哈尔滨职业技术学院	8
吉林工程技术师范学院职业技术教育研究院	12	浙江金融职业学院	6
天津商务职业学院	10	北京财贸职业学院	6
天津大学教育学院	10	北京电子科技职业学院	5
华东师范大学职业教育与成人教育研究所	10	北京农业职业学院	5
中国职业技术教育学会	9	湖南汽车工程职业学院	5
江苏经贸职业技术学院	8	天津市教育委员会	5
中山火炬职业技术学院	8	湖北职业教育发展研究院	5

（三）文献发表作者分析

运行 CiteSpace 进行计量分析，节点类型选择作者（Author），经整理得出发文量超过2篇的作者共99人。通过分析现代职业教育领域的作者发文数量和作者可以发现高产作者及高影响力作者。其中，李术蕊发表了7篇，石伟平发表了5篇，王瑞、吕景泉和尹洪斌发表了4篇，李玉静、徐桂庭、杨延、车明朝、席东梅、杨立久、刘学艺和郭青青发表了3篇，其余的作者各发表2篇。

（四）文献关键词分析

通过检索关键词，可以更加准确地找到目标文章，因此关键词的检索是我们了解研究热点的重要途径之一，不仅能够反映文献的主要内容，还能对该领域的研究热点有所把握。通过 CiteSpace 软件对现代职业教育的2128篇文献进行分析，并绘制出热点聚类知识图谱。经过整理分析，关键词出现次数最多的是“校企合作”，共676次，其次是“现代学徒制”，共675次，“职业教育”是660次。关键词出现次数越多，颜色越深，说明该研究的热度越强。这些关键词不仅反映研究关注点和社会各界的重视程度，也能反映出现代职业教育的实施方式主要为校企合作。

通过使用中国知网（CNKI）数据库对相关2128篇文献的筛选及 CiteSpace 软件的可视化分析，较为清晰明了地直观展现了我国现代职业教育的办学模式与机制，结论如下。

首先，我国现代职业教育的研究始于21世纪初期，文献发文机构数量较多。但是，职业院校的空间分布不集中。北京、天津、浙江、湖南、湖北等地都有出现。

其次，通过对作者的分析，现代职业教育方向的作者发文较多，李术蕊、石伟平、王瑞、吕景泉和尹洪斌是该领域的高产作者，但作者间关联度不高，学术交流也少之又少。共引文献不多，没有形成关联，无法根据现有文献作出可视化分析。

最后，现代职业教育的高频热点是校企合作。学者们以现代职业教育为出发点，探讨职业教育的办学模式等。高职教育、校企合作是早期研究的核心；后来又转向现代学徒制，成为新的研究重点。

三、现代职业教育办学模式与机制下存在的问题

经过对我国现代职业教育基本情况、关键词、发文机构和作者进行可视化分析，并进一步进行文献阅读与分析，发现我国现代职业教育存在以下问题。

第一，与现代职业教育的办学模式与机制相关的理论研究较少。现有文献基本上从实践出发，依靠职业院校的校企合作案例和所在地区产业经济的发展进行探索和陈述，文献所述内容重于实践，轻于理论，比较缺乏理论概述和指导。

第二，与现代职业教育相关的法律体系不够完善。目前，我国关于职业教育校企合作和现代学徒制的教育法律法规没有出台，政府及相关立法部门没有设立专门针对职业教育的法律法规。无论是法律、保障体系，还是教育改革，都滞后于职业教育的现实发展要求。相关《办法》《规定》中的内容过于笼统、模糊，操作性不强，需进一步将其系统化、具体化，制定实施细则等。

第三，缺乏政府参与。根据当前的职业教育形势，在职业院校与企业合作过程中，政府参与不足，政府的职能和作用并没有充分发挥出来。校企合作双方没有明确的权利与义务、双方的主观能动性不强，导致企业、学校和政府无法建立多位一体的合作模式，致使职业院校的校企合作流于形式。

四、改善现代职业教育办学模式与机制的相关措施

（一）加强校企合作的落实

校企合作是实现职业教育办学模式创新的必经之路。高职院校可以通过“校中厂、厂中校”的方式把企业引入校园，让学生进入企业。高职院校应与合作企业共同制定培养方案和教学标准，将带队师傅与课堂教学教师相结合，共同建立以校企合作为中心的师资队伍，合作共赢，职责共担。同时，高职院校应把企业文化和企业规章制度通过课堂教学传达给学生，将教学任务与工作岗位相结合，全方位培养学生的专业能力和技能素养。

（二）借鉴国外经验，完善现代学徒制

现代学徒制是我国推动现代职业教育发展的重要手段之一。双主体办学、现代学徒制等主题成为职业教育的热点。现代学徒制是将职业培训和学习教育相结合的职业教育制度，是职业教育的延伸，也是实现“双主体”育人的重要手段。

在国际职业教育背景下，德国的双元制、美国的合作教育和日本的官产学模式都有可借鉴之处。比如，德国双元制以企业对员工的需求为要求，进行课堂教学和教学设计，能有效提高学生的职业素养和实践水平；美国的合作教育是学校与企业签订合同，明确在实施合作教育过程中双方的权利与义务，如何通过合作培养出高质量的职业教育人才；日本政府在“官产学”模式中发挥着绝对的管理和调控作用。因此，美国、德国和日本的职业教育办学模式和机制比较完善和成熟，校企合作模式的系统性较强。我们可以借鉴他们的经验和优势，结合我国实际情况与国情，进一步巩固和完善现代学徒制在我国企业和高职院校的实施，比如学校根据企业需求制定课程标准、教学设计。

（三）完善相关法律法规

我国须加强职业教育在法律层面的制度性和强制性，强化校企合作和现代学徒制等，实现现代职业教育办学模式的法律性和动态适时性，进一步促进现代职业教育的落实。不仅要有法律法规的加持，更要结合国家宏观调控、企业多样性及高职院校的特点，弹性制定相关法律法规，使其具有实操性和可操作性，将部门法规完整地、系统地落实到实践中来。

（四）加强政府参与

《中华人民共和国职业教育法》提出，国家发挥企业的重要办学主体作用，推动企业深度参与职业教育，鼓励企业举办高质量职业教育。要想将现代职业教育的办学模式和

机制长久发展下去，政府参与是必不可少的。要想形成以政府为主导、以高职院校为基础、以企业为参与的办学模式和机制，教育行政部门应当会同有关部门、行业组织建立符合职业教育特点的质量评价体系，并通过第三方专业机构等对职业学校的办学质量进行评估，并将评估结果及时公开。同时，政府、企业和高职院校的功能定位必须清楚明了，才能共同推动现代职业教育的前进，培养高质量的高职人才。因此，政府在校企合作中要发挥一定的管理和调控作用，对现代职业教育进行全方位、全过程的监督和管理；使政府、企业和高职院校之间形成一种牢固可靠的三角关系，进一步加强现代职业教育的蓬勃发展。

我国现代职业教育的办学模式与机制的发展仍在继续。通过整理和分析现代职业教育办学模式与机制的相关文献，利用 CiteSpace 软件对 2128 篇文献进行发文时间、研究机构、关键词和作者等方面的分析，不仅将我国现代职业教育办学模式与机制的思路清晰展现，还就其现存问题、未来发展引发了思考。我们要打造以政府为引导、多方参与的办学模式和合作，进一步加强法律法规的颁布和落实，实现我国现代职业教育在合作伙伴、教育形式、人才培养等方面的多元化发展。

基于工作流程分工的人本研究

黄颖晓①

我国于2015年提出"中国制造2025",以智能制造为主攻,推进信息化与工业化的深度融合,开启制造强国行动。技术进步使人们的工作和生活方式发生重大改变,也消解了传统意义上的社会分工。马克思认为不合理的社会分工产生异化劳动。工业4.0时代,原来人所从事的工作将被机器所取代,是危机还是契机?伫立潮头,职业教育的路又在何方?

本研究在工业4.0和"中国制造2025"的背景下,结合管理学和心理学剖析工业化对人的异化,重新审视工作流程分工精细化带来的"工具人"弊端。同时,在学生勤工俭学的教学和工作试验中,尝试用工作成果、职业团体、过程性评价等方式,突破关注任务完成的工作精细化管理,倡导人本导向的职业分工与职业教育。

一、审视社会过度分工的弊端

马克思在《德意志意识形态》中指出,"社会出现分工,任何人都只能框定在被强加的特定范围内行动,不能逾越这个范围。"戴维在《工业自动化的社会史》提出,劳动的主权让渡于社会,会降低人们的主体地位。默片《摩登时代》是喜剧大师卓别林的经典之作,影片给观众留下最深刻印象的是大型的机器与巨大的齿轮。影片中钢铁厂老板不断苛求加快生产线的速度,男主人查理只能忍气吞声,不间断工作,扭螺丝扭得已超出人的极限,即便被机器卷入仍在不停扭螺丝。查理被流水线异化成为一个机械僵化的"工具人",神经高度紧张,但凡看到类似螺母形状的,比如人的鼻子或钮扣,都非得要去拧紧。

精细化分工,是好事还是坏事?精细化分工在精确性、稳定性和纪律性等方面具有绝对优势,大幅度提高了工业生产作业的效率。然而精细化分工使得人仅仅成为流水线上的一个环节,每个人都沦为流水线的一部分。每个人对系统的全貌一无所知也无法掌控,所做的事情都只是按照系统的分配,按部就班地完成任务,被剥夺了想象力,失去作为人的自主存在和价值意义。

《摩登时代》以夸张诙谐的手法,表现了工业化对人性的压榨与摧残。这种被流程所裹挟所驱使的现象,值得现代社会和企业警醒,最为典型的是2010年前后,发生在富士康工厂里的多起极端行为。相比同类型的生产企业,富士康的收入和待遇不低,而且生

---

① 黄颖晓,上海民航职业技术学院。

活配套包括食堂餐食和宿舍条件都还是挺不错的，但为何还频频陷入舆论漩涡呢？富士康实行严格的 SOP(Standard Operating Procedure)标准化程序，作业员按规定流程在流水线上按部就班，每个工位都有清晰的标准作业及作业完成时间，不提倡有自己的个性和思想。笔者曾看到不少富士康生产线的员工在工作间隙躺在露天草坪上，而不去就近的宿舍休息。那时笔者工作经历尚浅，对此现象不理解，现在笔者明白，他们在以最原始淳朴的方式贴近自然，感受作为人这种有呼吸、有思想的生命体自由而热烈的存在。

二、传统的精细化职业分工式微

（一）精细分工理论朔源：泰勒的“科学管理”理论

工作标准化分工来源于“科学管理之父”泰勒的经典管理理论。1911 年泰勒在《科学管理原理》中提出科学分工的管理思想。工业革命促进了生产效率的增长，然而企业依据传统经验管理，遭遇了生产危机，为规范工人的无序行为，泰勒的科学管理理论应运而生。

在此以前，工人们根据各自的经验或体会进行工作，无标准方法可以参照。泰勒从动作和时间角度科学审视工人工作过程的每一个环节，研制严格的工艺流程和操作方法，规范工人的作业活动和工作定额。并在此基础上，挑选合适的工人，进行专门化培训，使得工人们统一按照既定的程序标准操作，谋求生产效率的最大化。

泰勒的管理理论科学地界定了工人的工作范畴，实现了工作分工的标准化。然而这种管理思想把人看作像机器一样的生产要素，谋划高效率，利用人来达成组织目标，忽视了“人”不同于“物”的因素，也就是忽略了人之所以为人的情感和成长的需求。

（二）基于心理学中马斯洛层次需求论再分析

马斯洛把需求分成生理需求、安全需求、爱和归属感、尊重和自我实现五个层次。前两个需求本质上是生存，人与动物没有根本性的区别。第三个和第四个需求的本质是人社会化的需求。最后一个才是使人产生，并变得更重要的需求。需求得不到满足，就会痛苦。

工业 1.0 时代，蒸汽动力驱动机器取代人力；工业 2.0 时代，电力驱动机器取代蒸汽动力，工业开始大规模生产。很长一段时间，人类社会发展还停留在追求效率的阶段，工人工作是为了满足养家糊口的维持生计的需求。相比尊重或自我实现等高层次需求，不要饿肚子吃饱饭的生存问题是更为迫切的需求，因此人们能够忍受成为“工具人”的乏味单调。工业 3.0 时代的自动化，使工业生产能力超出了人类的消费能力，进入产能过剩时代。那么人类社会的工作，已不再停留于满足安身立命的低层次物质或安全需求。

工业 4.0 智能化时代，职业教育能做什么？该如何做？是跟着企业的脚步亦步亦趋，永远走在时代的末尾，还是？目前社会职业精细化分工，职业教育为了对接企业的需求，按职业群进行课程开发，但这种方式真的科学吗？按照这样模式培养出来的熟练工人，职业生命期又有几年呢？工业 4.0 时代，职业与教育的发展道路，究竟在何方呢？

2017 年，习近平总书记在党的十九大报告中强调，现阶段我国社会主要矛盾转变为人民日益增长的美好生活需要和发展不平衡不充分之间的矛盾。做一份工作，不仅仅是拿一份薪酬的简单需求，而往往更是自我实现的需求。也就是说，人们的需求已不满足于“有没有”，而是“好不好”的问题。我国目前提倡工匠精神，不仅仅要求劳动者个人的敬业奉献，也需要构建以人为本的工作和管理机制。只有劳动者身心自由，热爱并享受工作的快乐，全身心忘我投入工作，才能最大可能挖掘他的发展潜力和创造性。

三、教学实践破解策略

笔者抓住学院财务部门来了一批学生从事勤工俭学的这个契机，做了大胆尝试。本次实验为期 3 个月，学生周工作时间约 14 小时。笔者是双元角色，既是教学的实施者，发挥教师的作用，教导学生工作和注意事项；同时又是工作的管理者，领导并督促学生的工作。

（一）整合全流程，目标激励

笔者在给负责的学生分配任务前，观察到同部门另一个同事的工作安排。她将工作分得非常细致，对于开发票这样简单的工作任务，她细分为打印发票一人，盖章一人，撕发票一人。虽然每个人单干一个动作节省调换动作的时间进而提高效率，但结果是学生都不乐意干，没有一个学生能坚持做这个工作超过三天。

笔者这边的学生，需要完成财务凭证整理、装订、盖章、存档的完整任务。笔者带头示范了一遍整个过程，征询学生的意见，是每个人各自负责其中一个环节，还是一人负责一本财务凭证从头到尾的四个环节。几位学生表示喜欢后者，也就是喜欢全流程工作，那么就以学生喜欢的方式进行。笔者在与这几名学生的交谈中确认，一项工作的简单重复劳动会使他们没有存在感，沦为工作的机器；而经过他们的劳动，完成所有流程，有成果，也更有成就感。每一本财务凭证装订完成，就是对上一个阶段工作的肯定。看得到摸得着的工作成功，让学生更有兴趣去积极努力争取下一本凭证的装订。

（二）团队合作，发挥凝聚作用

涂尔干主张，个人不是一颗异化的螺丝钉，而是有机整体的一部分，应唤醒人的主体意识。经过一开始对多位学生的观察，笔者最终选择留用了其中 6 位。这 6 位学生原本就是一个班级的好朋友，在工作中能相互交流共同进步。完成财务凭证的过程，也是他们交流沟通增进友谊合作的过程。

工作中团队的作用很重要。高效的团队源于团队内部个体潜能的发挥、成员间的互补性和协同努力等。好的团队，能发挥出 1＋1＞2 的效应。这 6 位学生在班级学习和生活中已建立相互信任关系，这种信任奠定了其合作与协作的可能性和有效性。良好团队的学习、提高和完善，是一个持续发展并不断加强的过程。处在团队合作气氛的人员，能感受这种正向的鼓励，对其士气和行为产生积极效应。

（三）对比学习，过程性评价

在学生工作一段时间后，笔者将他们装订的凭证，与部门中员工所装订的凭证作对比。必须肯定的是，学生的认真付出都得到了回报，其表现就是他们装订的凭证，比学校财务人员装订的凭证还要整齐。而对于在观察中发现的他们在工作中的不足，笔者都耐心指出，示范好的解决方案，并告知他们，使他们相信自己有能力做得更好。

组织心理学的相关研究也显示，工作激励能提高人员的效率。工作取得成就，得到肯定，增加工作责任，这些激励方法能使学生的工作表现在正确的指导下有更多进步。

（四）人文关怀，职业旨归

在与学生沟通中了解到，他们愿意并喜欢来这儿完成凭证装订的任务，下课一有空就来这边勤工俭学，不仅仅是因为能感受自己努力工作成果的喜悦，与朋友一起合作工作的快乐，更是因为能感受到笔者在他们工作过程中的支持、帮助与肯定。

他们喜欢并认可笔者的风格，能够给他们以充分的信任和自主，让他们能以最佳的状态投入工作。好的管理风格，有利于集思广益，增强人员的自信心，提高他们的工作热情和满足感。而有效的领导，不仅应关心任务的完成，同时应关注完成任务的人员的职业成长。

四、结语

最后，基于工作流程分工的人本研究，既是一个应然问题，也是个实然问题。职业中不能忽视人的主体作用，应以人为本，注重人的因素。人不是等同机器的简单生产要素，而是需要开发的宝贵资源。同样，学生不是拿来盛装知识的容器，而是有血有肉有思想和情感需求的人。职业教育不止是完成教学任务，也不单是强调岗位技能的训练，而应关注学生全面可持续发展，注重核心素养和职业可迁移能力的培养。凝聚共识，多方发力，在工作流程分工中坚持人本导向，是必然选择，也是大势所趋。

基于“社区全科社工”培养模式的高职教育探索

周　奇①

习近平总书记2019年11月在上海考察时强调，要全面贯彻新发展理念，着力提升城市能级和核心竞争力，不断提高社会主义现代化国际大都市治理能力和治理水平。城市治理是推进国家治理体系和治理能力现代化的重要内容。衣食住行、教育就业、医疗养老、文化体育、生活环境、社会秩序等方面都体现着城市管理水平和服务质量。要面向区域内群众开展服务，找准服务群众的切入点和着力点，对接群众需求，实施服务供给侧改革，办好一件件民生实事。要推动城市治理的重心和配套资源向街道社区下沉，聚焦基层党建、城市管理、社区治理和公共服务等主责主业。

中央对基层社会治理的高度重视，上海对社区管理水平提升的迫切需要，为高职阶段社会工作专业人才培养模式的转型明确了工作目标，也提供了一种新的探索的可能。为践行上海市政府提出的“在‘十四五’期间推进社会工作向深度和广度发展，发挥社会工作在基层社会治理中的作用”的愿景，上海邦德职业技术学院社会工作专业通过教改，以重点培养一专多能的“社区全科社工”为目标，建立以训提能、借训识人、训用结合的人才培养模式。本文以上海邦德职业技术学院社会工作专业通过校政合作，推进“社区全科社工”培养模式为例，分析、探索高等职业阶段社会工作教育的困境与出路。

一、社会工作高职教育阶段的困境

从整个社会发展的趋势来判断，社会工作的高等职业教育理应还有很大的突破空间。但受制于各种因素，与其他公共服务类的专业相比，社会工作专业的社会接纳度、认知度均不高。对社会工作教育宣传的力度，也没有着力点。

高校社会工作教育体系分为三个阶段，分别为研究生、本科及高职阶段。这三个阶段，虽各有重点面向的教学领域，但从人才培养模式的角度来分析，三者定位是不清的。在人才培养方案的设定过程中，虽有针对性地规避了三个阶段中有可能混淆的部分，但是在实际的教学过程中，因没有不同的教学环境作为依托，容易导致教学模式趋于一统。与本科和研究生教育阶段相比，社会工作高职教育阶段明显处于弱势地位，并逐渐失去了自身定位和发展能力。

下文以上海邦德职业技术学院社会工作专业为例，以2019届、2021届（2020届因疫

---

①　周奇，上海邦德职业技术学院。

情影响无法获取详细数据)共计66位毕业生的就业数据为依据,以此分析社会工作高职教育阶段困境。

(一) 2019届社会工作专业毕业生质量跟踪调查表汇总

参加调查的学生人数共计26人。

1. 工作单位性质

参与调查的26位毕业生中,18人(69.23%)的工作单位性质为民营企业,8人(30.77%)的工作单位性质为社会机构,尚无在国家机关、学校、科研院所或国有企业就职的毕业生。

2. 所学的专业与目前从事的工作是否对口

参与调查的26位毕业生中,4人(15.38%)所学专业与目前从事的工作基本对口,12人(46.15%)所学专业与目前从事的工作基本不对口,10人(38.46%)所学专业与目前从事的工作完全不对口,所学专业与目前从事的工作完全对口的人数则为0。

(二) 2021届社会工作专业毕业生质量跟踪调查表汇总

参加调查的学生人数共计40人。

1. 工作单位性质

参与调查的40位毕业生中,32人(80%)的工作单位性质为民营企业,8人(20%)的工作单位性质为社会机构,尚无在国家机关、学校、科研院所或国有企业就职的毕业生。

2. 所学的专业与目前从事的工作是否对口

参与调查的40位毕业生中,4人(10%)所学专业与目前从事的工作基本对口,11人(27.5%)所学专业与目前从事的工作基本不对口,25人(62.5%)所学专业与目前从事的工作完全不对口,所学专业与目前从事的工作完全对口的人数则为0。

不难看出,学生毕业后的去向基本与专业不对口。专业教学模式的固化使得学生掌握一定的理论知识后并没有进行实践的条件与平台,实际工作能力极差。

基于上述现状,对专业教学体系进行整体改造,打破原有的教学模式,锚定就业方向,是上海邦德职业技术学院改革社会工作专业人才培养模式的整体思路。

二、建立“社区全科社工”人才培养模式的路径

上海邦德职业技术学院社会工作专业于2021年上半年根据上海市教委发布《关于推进1+X证书制度试点工作的通知》精神,对2021级人才培养方案做了大幅度调整。

根据文件精神,各高校推动一些符合条件的专业进行教改,打破固有教学模式和人才培养方案,把理论教学和实践、实习充分融合,引导社会力量积极参与职业教育与培训。文件要求高校落实双元合作,健全多元办学格局,建立完善“以学生为中心”的人才培养模式与管理制度。

在此政策背景和教学改革的迫切需要下,上海邦德职业技术学院与宝山区大场镇人民政府签署战略合作协议,以社会工作专业为主体推动落实双元合作,探索城市基层社会治理能力现代化和社会工作教育的新路径。双方的合作定位于通过社会工作教育和

社区工作深度融合协同发展，助力社会工作高职教育提质增速，助力基层街道社区各项工作顺利开展。

双方的合作，可以提升社会工作职业教育建设的水平，同时，也可以为基层社区培养拥有社会责任感，熟悉社区事务，掌握社会工作职业技能的“社区全科社工”。

全科理念最早被运用在医务领域，有别于专科医生的门类，是治疗加预防的整体医疗服务模式。全科医生有效填补了我国基层社区医疗机构医生人数不足、治疗病症单一的限制。全科理念倡导的以服务对象为本，打造专业的多方面治疗人才与当前社工服务理念、人才建设需求有着极高的契合度。基于全科模式在医务领域的成功实践，目前在上海的基层社区，正在尝试将全科理念引入社工行业，培养“社区全科社工”。而高职教育所持有的教育理念和办学模式，在培养“社区全科社工”、构建“社区全科社工”成长体系方面更具有优势。

三、基于“社区全科社工”人才培养模式的课程教学设计

社会工作专业新的人才培养方案为：5 个学期每周采用 3＋2 教学模式，即 3 天学校理论学习＋2 天实践基地工作实践。理论教学与工作实践两个环节相互协同，融会贯通。

以下是“社区全科社工”人才培养方案（第一学年实践环节）的整体框架：

（1）以 2021 级 40 名学生为基数，下沉进入 10 个居委（由大场镇社区办牵头组织），每个居委 4 名 2021 级学生＋1 名 2020 级学生（选拔择优）。共 10 个学习小组。

（2）2021 级配备 1 名专职辅导员，随学生下沉社区，全天候巡回管理学生。

（3）10 个学习小组，配备 2 名实习督导（任课教师），1 名实习督导带 5 个组，随学生下沉社区，巡回管理，全天候带教学生。

（4）每个居委的居委主任或相关负责人，是学生的行业导师，负责学生每阶段的实践安排（由大场镇社区办牵头落实）。实践安排具体内容与专业主任共同确立。

（5）专职辅导员每天生成线上考勤记录线上直报专业主任。

（6）实习督导（任课教师）组成教研团队。以 1 周为单位，与居委沟通，事前设计实践任务和目标，事后辅导学形成实践报告，以周报形式线上直报专业主任。

（7）通过线上 APP 打卡考情系统监控学生考勤和行动轨迹，辅助管理人员全天候管理。

（8）学生实践学习时间和实习督导、辅导员管理时间对表所在居委工作时间（8 小时工作制）

（9）第一学期，稳重求进，稳妥是底线。9—10 月前四周为入学教育周，10 月起正式开始 3＋2 模式。

（10）第三至第五学期，以大场镇社区党群服务中心、城市运行管理中心、社区事务受理服务中心、社会治安综合治理工作中心、社区文化活动中心（以上五个单位，简称“五个中心”）及社工事务所为主要实践单位。

（11）社区和职能部门的负责人，在学生实践期间不定期开展讲座。具体内容由专业主任牵头。

学生在基层社区的工作实践能帮助学生亲身体会到基层社区工作的不易，也能认识

到基层社区工作对于社会长治久安的意义，从立德树人的角度有利于学生树立职业理想和职业方向。立足于职业化、人性化、个性化的高质量职业教育，可使每个学生的本质能得以挖掘和发挥，也为“社区全科社工”人才培养奠定了基础。

由专业实习督导教师带领学生至社区，社区居委书记再给学生分配工作任务。社区工作人员和社工有着丰富的一线工作经验，有些与学生年龄相仿且专业相近，更容易与学生产生共情。他们在工作引导之余，再加以心路历程的分享，有利于学生做出职业规划，有利于建立“全员”“全人”“全境”的育人格局。

“三全育人”综合改革既是对当下育人项目、载体、资源的整合，更是对长远育人格局、体系、标准的重新建构。做好试点工作，不仅要巩固优势、扩大影响，更要破立并举、善于创新。

将学生分成不同的小组进行工作任务分配，有利于培养学生社区社会工作中的团队协作能力、组织能力、执行能力和多向沟通能力。沉浸式教学能够打破高校围墙，及时检验课堂上的理论学习效果，培养学生熟悉党和政府的各项惠民政策，学习如何为群众提供专业化、精细化的社会服务，打通为民服务“最后一米”。

学生参与的是社区日常工作中最基础也是最繁琐的工作，这要求学生拥有较强的信息整合能力、文字处理能力及与居民打交道的能力。这些对培养一个扎根于基层的社区全科社工来说是极其必要的。从职业能力和关键能力的关系入手，强化以就业为导向的课程体系改革和师资队伍建设，构建以能力为核心的素质拓展体系，探索“以就业为导向，以能力为核心”的高职院校人才培养模式。

学生可以在社区工作中总结既有的工作经验，发现不足，结合理论知识制定更为合理、高效的工作方法。一线社区工作有利于激发学生的创新意识。学生在社区工作中获得经验，社区工作在学生的灵活思维中得到提升。

将课本教材中的“教育性经验”迁移到实际的工作情境中去，形成用理论指导实践，以实践检验所学知识的教学闭环，有利于学生掌握涉及经验、策略方面的工作方法。社区实践能提升学生的智慧与勇气，更能塑造学生的个性与价值。即使未来学生不选择对口专业就业，但基于“社区全科社工”的人才培养模式，会给学生的职业成长积淀难得的经验。而若是将来从事其他领域的社会工作，基层社区也是他们认知社会、认知人，践行“助人自助”的起点。

职业教育的特点之一就是即时就业，而社会工作是一个对实务性要求很高的专业，较早的让高职阶段的学生接触基层社区社会工作，以实践促教学，有利于学生增强在未来就业市场中的核心竞争力，有利于塑造出独当一面的“社区全科社工”。这也是探索“双元融合”高等职业教育发展的应有之义。

四、对“社区全科社工”人才培养模式的反思

自上海邦德职业技术学院社会工作专业实施基于“社区全科社工”的人才培养模式以来，取得了一定的社会反响，对宝山区大场镇的社区发展做出了一定的贡献，也是对高等职业教育阶段社会工作专业的发展做了一次比较有益的创新。

教学改革是一个具有较长周期的教育事业，改革的成果需要通过一定的时间来检

验。对改革效果的评估,尤其是涉及人才质量和就业状况等关键数据,需要经由一届至两届学生通过三年的完整学制时间来体现。这就需要专业团队有充分的耐心和信心,克服种种困难,因势利导,迎难而上,对不断出现的新问题要及时回应,对出现的新机遇要及时调整方向。

立足于当前,着眼于长远。社会工作专业既要做好整体专业发展规划,也要做好局部教学评估体系。从目前来看,教学评估主要通过带教教师的评价反馈来反映学生的实习态度、专业技能掌握程度等,尚没有形成一套完整的跨学期的教学评估体系。未来需要进一步建立科学的考核机制,多元的评价模式,多方参与的评估方式,以完整、系统的量化指标来构建高等职业教育阶段“社区全科社工”的教学评估体系。

试论 1+X 证书制度的试点现状、初步经验及相关启示

王　鹏[①]

一、引言

1+X 证书制度，是学生在获得学历证书的同时，取得多类职业技能等级证书。这项制度被定位为职业教育作为类型教育的重要特征和落实立德树人任务、完善职业教育和培训体系、深化产教融合校企合作的重要制度设计。作为《国家职业教育改革实施方案》的重要内容之一，1+X 证书制度被寄希望于成为构建国家资历框架的重要基础和创设中国特色职教模式的显著标志，自推出后持续成为职教行业关注的热点，对其密切关注与分析势在必行。

本文通过搜集教育部网站、上海教育官网、中国职业教育与成人教育网、职业技能等级证书信息管理服务平台等公布的文件、通知和公告，整理相关数据，从制度建设、证书开发、试点院校三个维度对这项改革的试点情况进行梳理。

二、试点工作现状

（一）制度建设情况

试点工作自 2019 年 4 月印发的《关于在院校实施"学历证书+若干职业技能等级证书"制度试点方案》开始启动。为了保障试点工作顺利开展，随后由人社部、教育部共同颁布《职业技能等级证书监督管理办法（试行）》，教育部印发《关于推进 1+X 证书制度试点工作的指导意见》《职业教育培训评价组织遴选与监督管理办法（试行）》《在院校实施的职业技能等级证书考核成本上限设置方案》《职业技能等级标准开发指南（试行）》《职业技能等级证书编码规则（试行）》等文件，在证书开发、试点申报、站点建设、证书培训、考核颁证等环节基本形成制度体系和较稳定的工作流程。各地也在省级层面发布了省级指导文件，对试点任务、试点组织管理做出明确规定，从而基本完成指导试点开展的制度建设。

① 王鹏，上海民航职业技术学院。

（二）证书开发情况

2019 年 3 月教育部发布首批 5 家职业教育培训评价组织的建筑信息模型（BIM）、Web 前端开发、物流管理、老年照护、汽车运用与维修、智能新能源汽车等 6 个职业技能等级证书的试点。2019 年 8 月教育部职教所确认参与 1+X 证书制度试点的第二批职业教育培训评价组织及职业技能等级证书，10 个证书入围第二批职业技能等级证书。9 月发布《关于做好第二批 1+X 证书制度试点工作的通知》。2020 月 1 月确认参与第三批职业教育培训评价组织及职业技能等级证书，63 家职业教育培训评价组织的 76 个证书参与 1+X 证书制度第三批试点，由各省、直辖市、自治区发布通知并组织试点申报。2020 年 12 月发布参与试点的第四批职业教育培训评价组织及职业技能等级证书名单。剔除相同机构后，四个批次的培训评价组织共计有 300 家，涉及证书 447 种。评价组织的行业背景多集中在科技推广与应用服务业、软件和信息技术服务业、制造业等，基本体现了证书面向现代农业、先进制造业、现代服务业和战略性新兴产业的要求。

（三）试点院校情况

第一批 1+X 证书制度试点院校情况为：6 个证书对应的试点院校共计 1988 所，学生总规模估计超过 20 万人。其中，参与建筑信息模型（BIM）试点的院校有 320 所、Web 前端开发 422 所、老年照护 231 所、物流管理 355 所、汽车运用与维修 465 所、智能新能源汽车 195 所。上海市方面，参加首批试点的院校有 58 所，其中参加建筑信息模型（BIM）的院校有 7 所，参加 Web 前端开发的有 16 所，参加老年照护的为 6 所，参加物流管理的有 14 所，参加企业运用与维护的 10 所，参加智能新能源汽车的 5 所。第二批 1+X 证书制度试点院校数量 3278 所，参与的应用型本科院校明显增多。此后，转由各省市、自治区继续实施试点备案工作。

三、初步经验与困惑

（一）试点工作初步经验

1. 重视试点制度和工作体系构建

教育部职教所受主管部门委托，负责国家层面 1+X 证书制度试点的具体工作。职教所发挥研究机构擅长规划设计与系统思维的优势，从试点之初即开始相关制度与流程的构建。各级政府通过高密度地发布指导文件和通知，较短时间内在政府层面构建出基本完整的制度体系。同时，为保证制度有效落实，在项目申报、平台管理、培训考核、工作指导四条业务链建设起试点工作体系。其中，教育部负责试点工作的整体规划、部署。在其指导下，教育部职教所负责试点项目申报，承担培训评价组织及证书遴选、试点院校备案与工作监督等。平台管理由国家开放大学负责，建设的职业技能等级证书信息管理服务平台包含综合业务管理、教育行政部门监管、培训评价组织业务、试点院校业务平台等部分，为试点运行提供信息化支持。培训考核由对应证书的培训评价组织负责，利用分省建设的考核培训办公室对试点院校开展教师培训，完成考核鉴定。为做好工作指导，省级层面建设了1+X证书制度试点工作机构，如上海成立了试点工作专家委员会，江苏成立试点工作协作组，安徽成立试点工作协调推进办公室，辽宁成立工作办公室等，统筹推进各地的试点工作，从而形成由教育行政部门引导、研究机构配合，试点院校为主体、培训评价组织为主导、教师和学生积极参与的生态体系和实施链条。

2. 重视师资培养与设施条件建设

师资与培训考核条件是职业技能培训顺利开展的关键环节，随着各种技能等级证书的开发实施和试点学生的不断增加，合格培训师资与考核站点建设受到各方关注。试点院校在教师培养上，一方面，通过组织教师参加培训评价组织开展的指导教师培训来实现，迅速增强了对考核内容和过程的把握；另一方面，为弥补职业能力的不足，还以评估组织和指导专家为媒介，安排培训教师到相关职业岗位上锻炼，补充和拓展与培训考核相关的岗位技能。在培训考核条件上，培训评估组织与职业院校合作，分省建设省级培训考核机构，对区域内培训考核站点的设立进行审核与评估；试点院校利用双高计划、一流项目建设、提质培优行动、职业教育质量提升计划等专项资金和经常性经费，根据专业(群)布局和发展需要，依据证书培训考核要求改善实践教学条件。部分高职院校、培训评估组织、行业企业还探索建立了多方合作的生态社区，共建、共享培训考核实践基地，拓宽建设资金来源，提高技术水平和设备利用效率。

3. 重视课证融合的实践探索

课程融合作为1+X证书制度精髓和深入开展必然选择的观点，逐渐成为各方的共识。为做好、做实、做精证书制度改革，需要不断探索将证书培训内容有机融入专业人才培养方案，优化课程设置和教学内容，统筹教学组织与实施，深化教学方式方法改革。在这方面不少试点学校和专业开展了有益探索。有些院校借鉴上海高职教育“双证融通”改革的经验和成果，在培训评价组织指导下，以若干证书承接课程为核心对课程体系进行重组，把证书考核内容纳入日常教学计划，将专业课程内容、课程标准、考核过程与证书内容、考核标准和技能鉴定融合，探索书证融通的有效途径。有些院校改造原有专业课程设置和课程内容，梳理出与技能标准和考核鉴定相近的课程，删减重复教学内容，把证书培训中的单项技能训练整合到专业课程教学和实验实训中。许多院校虽然仍是通过设立单独的技能等级证书培训课程或补充课时开展集中培训，但通过以证代考、学分置换等方式促进课证结合。

4. 重视开发与实施过程的深度参与

随着1+X证书制度试点的持续推进，不少职业院校意识到要主动研究、积极参与，深度融入证书开发和实施过程中。首先，具有专业或行业优势的院校，与职教产品开发人员不足的培训评价组织合作，开发证书和技能等级标准。如上海民航职业技术学院因行业特色显著，被中国航空运输协会邀请参加“民航旅客地面服务”“民航货物运输”技能等级证书的开发；上海旅游高等专科学校与携程旅游学院共同开发“定制旅行管家服务”证书。其次，参与培训教材和其他教学资源的开发。这方面参与标准开发的院校容易占得先机，上文所述的学校主编或合作编写了《民航旅客地面服务：离港系统操作教程》《定制旅行服务与技能》等培训教材。最后，试点院校与评价组织、合作企业共建示范基地。如上海城建职业学院与宝业集团合作，以建筑科技产业园为依托建设“1+X教师实践基地”和“1+X师资培训示范基地”，承接职业技能等级证书深化设计模块培训班。

（二）试点中存在的困惑

1. 部分证书开发周期短，配套设施滞后

一年多的时间相继推出 400 多个证书，超过人力资源社会保障行政部门数十年累计开发的职业资格证书数。开发的职业技能等级证书基本没有经过技能培训与鉴定实践检验，多数培训评价组织缺乏长期、稳定的开发团队，在申报时没有制订配套的设施设备标准和考核鉴定标准，教材及其他培训资源建设普遍滞后。部分培训评价组织在利益驱动下存在“抢跑道”的冲动，可能造成已申报试点的专业处于“无米下锅”的境地。

2. 不同证书覆盖面差异大，与职业标准难对接

部分证书对应的工作领域单一，未能覆盖对应岗位的核心工作任务，无法与独立的专业课程融通对接，典型的如“网店运营推广”证书。相反，有些证书涉及的工作领域广泛，甚至涵盖多个职业（工种），考核中只能选择其中一两个模块开展，造成申请相同证书时的考核内容差距很大，比如“汽车运用与维修技术”证书。因此，如何确定职业技能等级标准与职业岗位、职业技能等级标准的对应关系是证书开发人员备感困扰的难点问题。

3. 证书开发良莠不齐，资本片面追逐利润

首先，部分考核内容与职业技能等级标准及岗位之间、培训教材与考核要求之间存在差距。某些培训评价组织对职业资格缺乏深入研究，有些评价组织编制的技能等级标准较科学，但培训和考核要求则出现脱离岗位的现象。其次，一些培训评价组织缺乏技能评价经验，没有操作规范、管理平台、考核软件和考评队伍，流程管理和考核过程不规范。最后，企业投资具有追求预期收益的天性，如缺乏有效监管和积极引导，容易追逐短期利益，缺乏承担社会责任和获取长期回报的意愿。将培训、考核内容与企业产品紧密结合的捆绑销售是其典型表现。

4. 缺乏行业龙头认可，证书有效性不确定

职业技能证书虽然在申报阶段设定了必须获得一定数量企业认可的准入要求，但在开展试点的证书中，鲜有由行业头部企业主导开发或者对有效性公开认可的现象，显示出主流企业对潜在的职业培训市场和所颁发的证书缺乏足够的认识和信心，从而导致试点专业师生担心所获证书在就业市场上的认可度。

四、相关启示与建议

（一）认清市场与监管相结合的改革路径

近几年职业教育领域的诸多变化都与十九大报告中提出的转变政府职能和发挥市场在资源配置中的主导作用相关，这也直接反映在 1＋X 证书制度改革的运行方式上。如在技能证书选择上，采取依靠社会力量重建院校内技能等级证书体系的方式；在培训组织和实施方式上，在试点阶段依靠自上而下推动和政府财政专项资金支持，全面推开后预计将采取市场运营、充分竞争、计划外实施的方式。可见，1＋X 证书制度摒弃了以往通过政府等外部力量推动职业教育水平提升的“外生型”模式，力图走出一条依靠社会

力量培育职业技能培训市场，倒逼职业教育转型的“内生型”改革路径。

（二）探索证书与教育教学的深度融合

职业教育由于具有教育需求与产业需求结合、学校育人与企业育人协同、个性化发展与职业化发展统一的“跨界性”特征，因此在1+X证书制度改革中特别强调两种证书的相互衔接和融通，主要体现在：职业技能等级标准与专业教学标准对接；证书培训内容与专业人才培养方案课程内容融合；证书培训过程与专业教学过程统筹组织、同步实施；证书考核与专业课程考试统筹安排，同步考试与评价；学历证书与职业技能等级证书体现的学习成果相互转换。这些都深刻反映了职业学校教育与职业培训互动发展的趋势特征，要求高职学校在试点中积极探索将证书培训与教育教学深度融合，提高效率、减少成本，促使职业学校教育与职业标准、职业发展需求的结合。

（三）规避改革实施中存在的潜在风险

完全依靠市场在院校内打造职业培训市场可能存在付出惨重代价的风险，一批被市场淘汰的证书既可能导致政府、院校、学生、培训评价组织投入落空和资源浪费，还可能造成国家和院校信用的透支。建议在依靠市场自发力量的基础上，建立包括准入门槛、日常监管、过程警示、退出补偿在内的全链条管理。同时，教育的公益性和社会资本趋利避害的性质可能会使书证融通的核心任务难以实现。建议进一步完善制度设计，设法保证各参与主体均能取得最低的预期收益，在资金投入上采取学员投入、财政补贴、奖助学金扶持、专项保险等多项措施，实现综合保障并形成长效机制。

五、结论

院校内实施的1+X证书制度试点已届满三年，迎来阶段性总结的重要时刻。通过梳理试点开展情况，总结出若干初步经验，包括：重视试点制度和工作体系的构建、重视师资培养与培训考核条件建设、重视课证融合的实践探索和重视开发与实施过程的深度参与。同时提出：应认清市场与监管相结合的改革路径、探索证书与教育教学的深度融合、规避改革实施中存在的潜在风险等启示建议。这些工作都有助于更加明确制度设计的初衷，促进制度试点的拓展。

高校物业精细化管理实践与思考——以上海民航职业技术学院为例

王　幸[①]

一、高校物业管理引入精细化管理的必要性

（一）高校扩招对物业管理需求更高

高校物业管理的发展，从物的管理到人的服务，覆盖了整个校园，物业需要提供更人性化、更智能化、更多元化、更个性化的服务，使高校物业服务的产业链不断拓展延伸。

近年来，我国的高等教育事业不断发展和进步，取得了很多喜人的成果，随着高校扩招政策的深入实施，我国正式进入高等教育普遍化的新时代，高等教育迎来了高速发展的时期。扩招也就代表了高等院校的人数在不断增加，上海民航职业技术学院采用建设新校区的方式来帮助学校分流，同时，学校对于物业管理的需求也在不断增加。

（二）传统物业管理模式需要社会化改革

随着学校发展的现代化水平不断提升，高等院校对于物业管理的需求不断增加，传统的物业管理模式已经无法适应当前的院校需要。面对不断变化的高等院校师生的物业需求，很多高校都在开展对物业管理的社会化改革。

目前我国大部分高校的物业管理水平依旧保持在后勤管理阶段，物业的服务质量一般，管理模式上也大多采取粗放的方式，这种管理模式不能够适应当前的物业管理需求。因此，转变物业管理观念，提升物业管理水平势在必行。具体来说，引入精细化管理的模式，强化高校物业自身的水平，提升物业与院校的融合度，从而提高物业服务质量，或许是目前有效的改革方式，能够为高校的稳定发展提供优秀的后备力量。

二、高校物业精细化管理内涵

精细化管理中的“精”指的是去粗，“细”指的是入微、细致。精细化管理，是指对每个岗位中的每项操作流程中的每一个环节都制定明确的标准并认真执行。

高校物业精细化管理，是指运用精细化管理的理论与方法，建立精细化管理的标准，

---

① 王幸，上海民航职业技术学院。

优化高校物业管理流程，降低物业运营成本，提高物业服务水平，以实现良好的经济效益和社会效益目标。对于高校物业管理部门而言，精细化管理是从整体上提升物业管理水平的重要途径，因此，高校的物业管理部门应该重视精细化管理理念，同时在这个理念的指导下开展物业管理的转型工作。物业公司要注重将物业管理工作的责任细化、分工细化、服务标准明确，只有这样，才能够真正建立起一个完善高端的物业管理模式，提升物业管理水平。

三、上海民航职业技术学院物业管理现状

（一）集约化管理与适度竞争相结合

在高校物业管理社会化中，可以将集约化管理和适度竞争相结合，将所有物业项目进行整合，并按照物业的功能用途如教学楼、办公楼、实验楼等，或按照地理位置将相邻、相近的物业项目组成有一定规模的物业项目集群，每个项目集群作为一个整体统筹人员和资源配置，进行物业服务招标，并且整个校园引进的物业公司保持在 3 家左右，以保持适度竞争。

上海民航职业技术学院现有物业公司共 3 家，分别是中航物业管理有限公司、上海生乐物业管理有限公司和苏州市苏东吴物业管理有限公司。其中，中航物业管理有限公司负责管理徐汇校区（行政、教学区、宿舍），上海生乐物业管理有限公司负责管理浦东校区生活区（宿舍），苏州市苏东吴物业管理有限公司负责管理浦东校区（行政、教学区）。3 家物业公司全面负责以下 15 大项工作：物业机构的管理、校园公共卫生、校园绿化养护、学生公寓物业、教师单身公寓、公房（教学楼、实验楼、办公楼、图书馆等）物业、大礼堂物业、房屋及校园设施维修维护、特种设备维护、管理，配合节水节电管理、学校重大活动的后勤保障、为学校基建和维修提供后勤保障、应急事项处置、物业管理服务项目内资产管理及设施设备维护、物业管理法律法规规定和校方交办的其他事项。因为两校区均有行政办公、学生上课等内容，所以三家物业公司虽然职责在不同校区，但是会有同样的业务管理内容，形成了有重合、可比较、有竞争的状态。

（二）精细化管理队伍和考核模式亟待改善

对于物业管理部门而言，精细化的物业管理模式需要投注更多的心力，同时还会对相关的工作人员提出更高的要求，因此在精细化管理模式的要求下，就需要对物业管理人员进行培养，争取建设一支高水平、高素质的专业化物业管理队伍。上海民航职业技术学院组织物业管理人员的培养主要通过物业公司对员工岗位培训、每日晨会、以老带新、专项工作等培训形式。通过培训，增强物业管理人员的专业水平，增加对现代化物业管理模式的了解，提高物业管理人员整体素质水平。

目前，上海民航职业技术学院检验物业管理效果的主要方式是采取绩效考核，对物业管理精细化程度的判定主要是依据量化考核的指标。量化考核的标准及内容根据实际情况不断完善，考核体系中配套的奖惩措施也随着内容不断细化，使物业管理考核更全面、更综合，提升了物业整体的管理水平。

四、高校物业精细化管理实施建议

（一）根据学校特色，提高精准化服务

高校物业管理坚持以人为本的服务理念，运用“共管式”管理模式，组建公司与校方双向共管的物业管理处，能够根据学校特色，提供精准化服务，满足师生的个性化需求，提升工作效率。目前，上海民航职业技术学院的物业服务经过多年的保障运行，在不断实践和探索中完善，呈现出多元化的服务模式。物业在教学辅助岗位、图书馆借书、阅览室岗位、信息服务平台等方面提供人员保障服务；在垃圾分类宣传、志愿者活动、劳动育人、勤工助学方面提供授教和指导工作。物业员工通过在教学、第二课堂、课外活动中与师生互动交流，加深相互了解与沟通，使物业管理更能了解师生的需求，提供更贴心和人性化的管理服务工作。

结合精准化服务目标，高校物业公司可以积极组织开展各类竞赛、讲座、表演等文体活动和专题宣传活动，让师生员工共同参与。专题宣传活动融合学校特色，创新形式，精心制作宣传板，包括物管专栏、学生专栏、张贴栏、内务检查公布等板块，贴近学生生活，渲染文化氛围。通过开展“修旧利废”活动，爱心服务、宣传绿色节能理念等，拓展精准化服务的内容，力求全方位、精细化。

（二）强化梯队建设，培养物业管理人才

为推行高校物业的精细化管理，对物业工作人员进行培训是十分必要的。在进行高校物业人才梯队建设中，最主要的就是要选好人，在工作的过程中不断提高和丰富人才的工作理念、工作水平，帮助他们与时俱进，建立起一支专业的高校物业管理人才梯队。同时，作为校方，要积极发现物业管理中存在的问题，并予以解决，从整体层面不断促进物业管理水平提高，让物业真正能够在学校教学水平和科研水平提升方面发挥作用。

高品质、精细化服务，需要管理与人才的依托，需要一支稳定的后勤保障队伍，也需要选定一支优秀的高品质物业管理公司，更需要院校与物业管理公司建立长期稳定的合作伙伴关系。尝试打破传统的物业招标引进模式，创建一支校企合作、文化交融、特色品牌、可持续发展的后勤保障服务队伍，为院校的特色发展和综合提升提供更为专业化、高品质的保障服务。

（三）加强技能培训，提升整体物管水平

高校在教学、科研、育人方面有着得天独厚的优势，有着其他领域不可比拟的教育培训条件。结合上海民航职业技术学院特色，利用现代化的实训场所和设施，利用生动、直观、互动性强的交流学习对物业服务人员的化妆、礼仪、会务、心理等进行专业化培训，大大增强学习效果，有效提升物业服务人员的专业水平及服务质量，达到交流互通、专业提升。

此外，高校可以组织校内物业公司之间的业务“比武”，开展各类会务、维修、保洁等技能竞赛，促进各物业管理公司间的相互学习交流，取长补短，不断提高校内物业管理整

体质量及水平。

（四）量化考核工作，引入师生考核主体

在开展物业精细化管理过程中，将量化考核这一配套工作做好，层层分解精细化管理目标，建立健全绩效考核指标体系，让每位物业管理人员均分到一定的考核指标。比如，针对教室与宿舍的卫生，应将定期清扫单位面积内杂物数量纳入量化考核指标，借助量化指标使物业管理人员对自己的工作有一个充分认识。同时，把数据记分卡方法引入具体量化考核中，配以相应的奖惩机制，提高全体物业管理人员对考核的重视度，推动物管人员积极工作，努力达到甚至超过考核指标。

针对考核主体，可以将师生这一主体引入。在物业服务方面，最有发言权的就是师生。物业管理服务的执行力、服务态度、主动性与创新性等，均可在师生的反馈中进行考量，设置考核指标等级。所以，结合院校特色及不同区域功能分布等情况，将师生导向物业评价指标体系建立起来，提升物业管理考核评价水平。

（五）应用“互联网+”技术，助力智慧校园服务

将互联网技术应用于高校物业管理。在管理的学校项目中可运用智能门禁、智能监控、智能清洁、移动支付、人脸识别、节能管理、安全视频行为分析预警管理等智能系统和产品，以助力智慧校园服务。

依托物业公司资源，建立线上物业管理平台。师生可在管理平台及手机应用终端上传维修或其他服务需求，通过上传相关照片及所在位置，相关服务人员能及时从中获知用户需求，第一时间进行相应处理，用户亦能在平台及终端中获知处理结果、实时提交评价。学校物业管理部门则从管理平台中实时查看评价反馈，获取物业管理服务考核评估指标中的评价数据，从而评估物业公司服务质量改进程度，有针对性推进院校的物业管理服务水平的提高。

（六）融入校企合作，增强学校核心竞争力

物业公司与学校之间是一种合作关系，是一种资源共享、融合发展的关系。物业公司在日常管理中能理解所服务院校的办学特色及教育育人理念，所以在服务过程中，能更好的融入院校的一体化发展当中。上海民航职业技术学院是中国民航局直属高等院校，学院立足民航，面向全国，致力于培养具有大专层次、服务于民航和社会发展所需的一线高素质、高技能型人才，致力于打造职业技术教育、在职继续教育和成人学历教育的国内一流示范性高等职业院校。那么，相应的物业管理公司也应融入民航主题特色，如“当代民航精神”“民航三个敬畏”等，在物业客服接待、会务会场服务等方面对学生就业岗前实习与培训创造良好的氛围与环境。

高校物业管理公司的服务内容除包括宿管、楼管、保洁、保安、工程等基础物业服务外，物业公司亦可为高校师生提供人才服务、物流服务、生活服务、校园运营等各类专业服务。比如通过校园招聘、校园兼职、阳光助学、参观学习等方式为高校学生营造学习及就业环境；与学校开展校企合作，共同研发物业管理智慧云平台，实现资源共享；举办高校创意竞赛、技能大赛、趣味运动会等校园文化活动，丰富师生文化生活；与快递公司、物

流公司建立合作渠道，为学生解决行李打包、托运服务等。物业管理公司应该扎根学校、融入特色，切实有效地为高校师生教育教学、科研创业等方面提供强有力的后勤保障服务，增强学校的核心竞争力。

关于数字化发展背景下财经商贸类中职校专业转型及布局调整的思考——以上海商业会计学校为例

王　洁　苏昌蕾[①]

当前，数字技术发展日新月异，对各行各业的影响日益凸显。作为与行业紧密相连的职业教育，如何顺应数字化发展进行专业转型及布局调整，是一个值得思考的问题。

一、财经商贸类中职校专业数字化转型发展的背景

（一）数字化迅猛发展，赋能产业经济协同转型

随着云计算、人工智能、物联网等技术发展突飞猛进，我国数字经济发展进入快车道。数字经济已成为持续推动国民经济稳定增长的新引擎。研究显示，我国数字经济规模从2005年到2020年扩张了约15倍，占国内生产总值比重为38.6%，“十四五”期间，国家还将“加快数字化发展，建设数字中国”，加快推动数字产业化，推进产业数字化转型，推动数据赋能全产业链协同转型。

（二）国家战略支持，推动现代职教高质量发展

职业教育作为一种类型教育，为经济社会发展提供了有力的人才支撑，我国现代制造业、新兴产业新增从业人员中70%以上来自职业院校。国家对职业教育高度重视，全国职教大会强调，职业教育前途广阔、大有可为；《关于推动现代职业教育高质量发展的意见》提出切实增强职业教育适应性；《职业教育专业目录（2021年）》充分体现专业升级和数字化改造理念，对接行业新技术、新经济和新职业，中职专业目录调整幅度就达到61.1%。这些国家战略支持将从政策和制度层面有力推进现代职业教育高质量发展。

（三）区域经济变革，带动上海职教专业转型升级

上海职业教育始终积极配合地区产业经济变革，适时进行专业改造升级。《上海现代职业教育体系建设规划（2015—2030年）》对不同层次、培养模式的专业大类进行增加、稳定、减少的布局调整，如培育与移动互联网、大数据、物联网等新兴业态相关的专业，扩大会计、国际贸易等财经专业中高职贯通培养以满足对高层次人才的需求等。“十四五”时期，上海将着力抢抓数字化发展先机，构建战略新优势，全面提升城市软实力。上海职

---

① 王洁、苏昌蕾，上海商业会计学校。

教“十四五”规划相应提出，增强职业教育适应性，对接上海产业结构转型升级，培养更多高素质技术技能人才。

二、学校数字化专业转型及布局调整的实践探索

数字化技术推动经济社会活动变革升级的同时，给各种职业带来颠覆性的改变。职业教育要提升与经济社会发展的契合度，就必须从内涵到外延进行专业数字化转型。在此以上海商业会计学校为例，说明学校如何在新兴产业发展的趋势下，前瞻专业布局及调整。

上海商业会计学校是上海市优质中职培育学校，在校生规模、就业率始终名列全市前列。设有财经类、商贸类、信息与艺术类专业群，其中会计、金融事务专业分别为上海市示范品牌专业和品牌专业。2016 年之前，上海商业会计学校的 10 个专业中有 8 个是财经商贸类专业。随着产业经济的创新变革，传统优势专业面临发展变局，学校基于专业建设基础，依托主管部门上海市经济和信息化委员会给予的与信息化相关的行业支撑，进行政行企校协同育人，针对产业数字化、数字产业化这两大数字经济重要组成部分，展开数字化专业转型及布局调整的实践探索，即“产业数字化专业内涵升级改造、数字产业化新兴专业成链拓展”。

（一）顺应“产业数字化”——传统优势专业内涵转型

学校的财经商贸类传统优势专业顺应“产业数字化”发展，在新技术、新业态的变化下，进行与时代同步的专业内涵转型。特别是会计、金融专业作为上海市示范品牌专业和品牌专业继续做好自己的责任担当，率先构建符合产业数字化发展的专业，为上海该专业的发展探索和积累可复制、可推广的经验成效。

比如，随着数字技术嵌入会计事务当中，会计已介入业务发生全过程，从事后核算前伸至事前预测、事中监控，需对有价值的数据进行分析、决策，增强管理职能。学校积极应对新知识、新技术对中职院校会计专业人才培养带来的巨大挑战，把“业财融合”思想渗透到课程内容中，让学生掌握财务管理、信息管理系统、财务大数据分析与处理等知识，培养学生的核算能力、分析能力（数字经济下会计人员转型后的核心能力）、决策能力，实现从核算型会计向管理型会计的转型和升级。同时，通过中高职贯通、中本贯通试点提升会计专业人才培养规格，强化学生“财务＋技术＋业务”的融合能力，更好地胜任数字化转型后的会计人员工作。根据 2021 年新版专业目录，中高贯通专业名称由“会计”向“大数据与会计”的转变，也印证了这一专业转型的适切性。

又比如，数字技术带来金融行业前后台业务的模式创新，推动金融业务流程优化与再造，使“分业经营、以资金融通为主”的传统金融逐渐向涵盖“资本运作”的“大金融”转变。金融专业在内涵转型上，一方面，培养金融行业中后台外包业务亟需的数据业务双向精通的中职学生；另一方面，利用贯通试点长学制培养的优势，培养符合具有金融投资理财、资金运作管理、大数据鉴别挖掘与财务分析能力的高素质复合型金融财务管理人才。

再比如，跟随电商行业的数字技术、应用场景和商业模式不断融合创新的脚步，学校

的电子商务专业在新增新媒体运营、商务数据分析等课程进行专业内涵转型的同时，探索移动端跨境电商的中高职贯通试点、“数据驱动”精准营销的新零售中本贯通试点。在直播生态体系逐渐健全时，电商专业将进一步与数媒、文创、物流等相关专业融合重塑，将专业的外延向数字化营销方向延展。

其他商贸类专业，如国际商务、物流等，也深刻理解数字化创新对本行业领域提质增效的影响，探索现代物流管理、关务与外贸服务等贯通专业试点，形成人才培养梯次，充分满足行业发展需求。

（二）呼应“数字产业化”——新兴专业群创新成链发展

数字产业化新业态新模式不断涌现、层出不穷，成为推动数字经济发展的重要驱动力。政府在发展壮大新一代信息技术等战略性新兴产业，加快推动数字产业化。学校也呼应产业布局转型，从原有的计算机、艺术专业开始，创新布局一批代表技术发展和产业升级方向的数字产业领域的新兴信息类与艺术类专业，逐步发展出“数字安全”“数字内容”有关的专业，再进一步考虑对比产业链，前伸夯实“数字基础”专业，后延发展“数字服务”“数字治理”专业，形成与数字产业化相关联的新兴专业群，发挥集群效应。

计算机网络技术（网络管理与维护）专业是学校最早设立的信息类专业，随着全球网络重构，细分组网布线、管理维护、攻防加固等专业内容；2020 年又将大数据、云计算等课程融入课程体系，以顺应技术发展；后续还将在该专业基础上打造新的“数字基础”专业——大数据技术应用专业。

随着现代网络信息技术的日趋复杂，网络与信息安全成为了数字产业化发展的关键，学校也非常重视该专业建设：2016 年，与行业协会合作开设计算机网络技术（网络与信息安全）专业；之后陆续开展中高、中本贯通试点；2021 年在新版专业目录颁布之际，学校该专业名称由专业方向改为“网络信息安全”专业，反映了这一关乎“数字安全”的专业的日趋成熟。近年来师生多次在国家级、市级技能大赛中屡获佳绩，并牵头上海市网络信息安全专业教学标准开发，其影响力不断扩大。

而学校“数字内容”方面的专业——数字媒体技术应用专业，则是在美术设计与制作等艺术类专业多年建设基础之上，结合日臻成熟的数字媒体技术，发展新建的。

后续，学校将继续探索“数字服务”领域的物联网技术应用专业和“数字治理”领域的区块链技术专业。此外，学校适时发展新专业，在航空・无人机 4S 科创中心、无人机学生社团建设基础上，根据新版专业目录进行无人机操控与维护专业新专业备案并获批，将学校的新兴专业群建设延伸到装备制造大类的航空装备类专业。

学校积极面对行业的瞬息万变，遵循学校专业建设发展思路，经过近几年的专业转型、布局调整，已取得一定成效。

2021 级专业群学生人数占比更加均衡合理。2016 级“财经”“商贸”“信息技术”三大专业群学生数占比分别为 68.20%、20.83%、10.97%，而 2021 级“财经”“商贸”“信息技术与艺术”三大专业群学生数占比分别为 45.02%、30.30%、24.68%。中高、中本贯通学生人数占比超过普通中专人数，已达 56.19%，更加适应财经商贸类专业对人才培养高规格的需求。同时，学校完善并推进现代学徒制、企业冠名班、“1+X”证书试点及“岗课赛证”等人才培养模式改革，推进三大专业群“品牌”建设，形成协调发展、相互支撑的专业集群体系。

随着学校转型发展，人才培养模式的丰富，社会吸引力提升，近几年招生人数逐年上升，与2018年比，2019年录取人数增长了25.54%，2020年录取人数增长了44%，2021年录取人数增长了48.63%。

三、财经商贸类中职校专业数字化转型的几点思考

（一）方向引领——立德树人与技能成才并举

职业教育作为一种"类型教育"，要求职业院校不仅需紧随行业变革进行专业转型升级，更要夯实立德树人的教育根基，培养全面发展的技术技能人才，培养更多的能工巧匠、大国工匠。而"匠"既指"匠艺"，包括传统技艺和目前数字化转型中要具备的设计、运营、操作、反馈等技术技能；更指专注、精益求精、持之以恒的"匠心"。

因此，学校必须坚持践行德技并修培育：一方面，优化学校专业布局，推动专业转型升级，保障技术技能人才培养为区域经济发展所需；另一方面，坚持德智体美劳"五育并举"，积极构建基础知识、专业技能、职业素质、职业精神全面均衡的课程体系，引导学生刻苦学习，精进技艺，开拓创新，全面发展。

（二）有效前行——前瞻探讨与稳步推进结合

职业教育的"职业"基因使得中职学校必须紧随甚至前瞻行业发展变化进行专业建设，增强职业教育的适应性；而其"教育"属性又要求学校科学、规范地进行教育活动，不可一蹴而就地进行专业体系的变动。因此，学校在进行数字化专业转型的过程中，秉持"理思路，打基础，稳步有效前行"的专业动态调整原则，明确专业转型的总体思路，一点点打下专业转型或新专业创设的基础，随时关注行业发展，不断修正专业转型道路，稳步有效地推进专业转型升级。

一方面，学校需时刻关注产业风口，进行前瞻探讨，深挖专业新发展需求，适时进行专业内涵升级改造和新兴专业创新拓展。比如，元宇宙、绿色金融、绿色电商、绿色数据中心等行业新赛道的出现，昭示我们未来对专业内涵的升级改造还需继续，以适应行业中更多应用场景、产品、模式的创新。

另一方面，学校规范、优化、创新高素质技术技能人才培养模式，大力发展适应新技术和产业变革需要的职业教育。坚持"政行企校"全方位产教融合、深度合作，构建中职、中高贯通、中本贯通有机衔接、梯度发展的人才培养体系，探索"岗课赛证"相互融合，着力三教改革的提质培优，推进现代学徒制、企业冠名班、"1+X"证书试点等人才培养模式改革，着力培养具有职业素养、数字技能、发展潜力的技术技能人才。

（三）双向奔赴——专业建设与群际融合同步

原来的各专业分界明晰，现在平台经济应用场景下的各专业或技能都在不断融合。财经商贸类专业随着数字化的转型升级，将会运用到更加丰富的数字应用场景，势必融入更多的数字媒体、美术动画等艺术类专业的内容；其业务对数据的分析与安全更加看

重,此内容又与大数据应用、网络安全等计算机类专业密不可分。而对于信息艺术类的学生来说,未来人人都是财务数据的提供者、使用者和管理者,他们也应该学习一些财经素养通识课程。

因此,学校要关注专业建设与群际融合的同步开展。一方面,学校应根据“适度超前、科学规划、协调发展”的原则,统筹优化专业布局结构,做强做优传统优势专业集群,继续巩固特色优势;以产业链串连的发展线索补充完善与数字产业紧密对接的新兴专业群。另一方面,分别代表产业数字化和数字产业化的传统优势专业群和新兴专业群需“双向奔赴”,融合重塑,以二课堂的微课通识课或一课堂的专业选修课等多种形式,融合各专业群的通识知识,使学校的专业群可以互为补充、互相借力,培养学生的数字化动手能力、数字财经素养等综合素养,形成具有学校专业特色的集群竞争力,提升服务区域经济社会发展的能力。

数字化转型给我们带来的不单单是全新的技术,更重要的是开放的思维,协同创新的理念及逐步改造升级的能力。未来,财经商贸类中职校应在“数字、融合、集群、品牌”的发展方针引领下,准确识变、主动求变、积极应变,以数字化转型为基点,在融合重塑中优布局,以专业集群联动为支持,在品牌建设中求创新,做好学校的专业转型及布局调整,加快释放专业发展新动能。

四、课程思政与校园文化建设

“三圈三层”中职德育模式的构建与实践

杨建兵　黄许燕　金　怡　苏晓锋①

一、成果简介

“立德树人”是教育的重要任务，解决“培养什么人”“怎样培养人”是关键。为进一步推动学校德育工作条理化、系统化，优化全员、全程、全方位育人格局，凸显德育中的学校特色与专业特点，完善德育保障条件，上海市材料工程学校不断加大德育工作改革力度，积极探索德育工作新思路，创新性地提出“三圈三层”德育新模式，以内圈课堂教育、中圈活动及文化、外圈社会资源为抓手，以天赋层、修炼层、应用层为导向，对应开发身心素质、行为规范和职业素养校本德育课程，并依托信息化技术手段，搭建学生德育评价与成长轨迹平台，始终坚持“寓德于教、以教促德”，力图实现学生个性化、全面化发展，以达到“品节材子”的育人目标，落实立德树人根本任务。上海市材料工程学校立足上海市首批中职教育改革发展特色示范校项目，依托《构建中职学生软技能内涵指标体系的实践研究》科研成果，以上海市朱慧群班主任工作室和章晓兰名师工作室为平台，进行诸多的尝试、突破与创新，打造颇具特色的德育模式，更好地服务和促进学生成才、教师成长和学校发展。

（一）架构立体化“三圈三层”德育新模式

上海市材料工程学校开创性地架构“三圈三层”立体化德育模式，即内、中、外“三圈”育人路径和天赋层、修炼层、应用层“三层”育人目标，以路径为支撑，以目标为导向，系统性地梳理学校德育工作的关键点，针对性地强化德育工作条线多且不成体系的薄弱点。

（二）构建特色化校本德育课程体系

上海市材料工程学校基于天赋层、修炼层、应用层“三层”育人目标，分别开发“情绪ABC”等身心素质课程、“行为规范养成教育”等行为规范课程和“提升职业素养”等职业素养课程，支撑三层育人目标实现，并配套数字化德育资源，以内、中、外“三圈”为实施载体，实施校本德育课程，服务学生发展。

---

①　杨建兵、黄许燕、金怡、苏晓锋，上海市材料工程学校。

（三）搭建实时反馈德育信息化评价平台

上海市材料工程学校依托信息技术，基于“三层”目标导向，搭建多方评价系统与学生成长轨迹为一体的平台，创新德育评价方式，有效激励学生自觉成长。

二、成果主要解决的教学问题及解决教学问题的方法

（一）成果主要解决的教学问题

1. 学校德育工作条线多而不成体系

学校德育工作中条线多且不成体系，主要体现在德育课程、专业课程、校园文化、网络课堂等育人活动内容重复交织，没有形成层级分明、可操作性强、系统化的德育模式。

2. 德育课程体系难以支撑学校“品节材子”育人目标

学校现有的德育课程体系主要培养学生共性的道德修养和职业素养，难以涵盖学校“慧才艺、慧担当、慧适应”的“品节材子”育人目标。

3. 学校德育评价系统不够完善

学校德育缺乏评价结果的记录、处理机制，难以及时掌握学生德育动态，难以实现学生德育发展情况的有效跟踪；评价主体较为单一，忽视学生实习实训、社区活动等德育评价。

（二）解决教学问题的方法

1. 架构立体化的“三圈三层”德育模式

上海市材料工程学校创新性地提出以“三圈”为载体、以“三层”为目标的德育新模式。第一，学校坚持“内圈”即课堂育人主渠道，充分发挥班会课和主题教育课作用，同时挖掘颇具专业特色的德育元素，如建材类专业质量第一、安全规范、环保节能等，将其融入专业课、公共基础课中，为专业课和公共基础课提质增效，使各类课程与思想政治理论课同向同行，协同育人；利用“中圈”即活动及文化育人空间，营造以“善群共融、智慧发展”为核心的“慧竹”校园文化氛围，树立“慧才艺、慧担当、慧适应”的“品节材子”育人目标，强化文化育人功能，并开发以微课、微电影、微班刊为代表的数字化德育资源，通过内容丰富、形式多样的校园活动厚植生德、强化生技；探索和开拓“外圈”即社会育人资源，借助家庭、社区、企业等育人力量，通过校外实习实践活动助力学生成长。第二，学校以系统分层、循序渐进的理念归纳育人目标的三个层面，即“天赋层”“修炼层”“应用层”，以促进学生的个性化和全面化发展，实现立德树人的根本任务。“天赋层”侧重学生个性发展，包括身体素质、心理素质、艺术修养等内容；“修炼层”关注学生共性发展，以责任心、成就动机、服务意识等作为主要内容；“应用层”聚焦学生职业发展，涵盖职业必需的沟通能力、人际能力等内容。

2. 构建特色化的校本德育课程体系

为更好落实“三圈三层”德育模式，第一，上海市材料工程学校基于天赋层、修炼层、应用层“三层”育人目标，分别开发“情绪 ABC”等身心素质课程、“行为规范养成教育”等

行为规范课程和“提升职业素养”等职业素养课程、“健康心理·阳光心态”等共90课时主题班会课程，配套数字化德育资源，开发“大国工匠”等9门网络德育课程、“就业指导”等21个德育微课及《龙狮小子在成长》等11部德育微电影，并以内、中、外“三圈”为实施载体，实施校本德育课程，服务学生发展。第二，为培育学生应用层职业素养，指导教师更好地将德育元素融入专业教学，上海市材料工程学校开发可操作性强的“课程思政”教学指南。指南重新梳理专业内涵，制定课程思政核心素养总体框架，提炼政治修养、职业素养、材校品节三个方面十大核心素养等共性要素，同时各专业补充凸显专业特点的个性要素，并以此为依据指导人才培养方案及课程标准的修订；指南指导三教实施，教师根据专业课特色，提炼思政要点，通过案例教学、参观工厂、劳动教育等途径进行实施，寓价值引领于知识传授和能力培养之中，切实达到育人实效。

3. 搭建集成化的德育评价信息化平台

为保障学校“三圈三层”德育模式的有效实施和评价校本德育课程质量，上海市材料工程学校专门搭建德育评价信息化系统平台。首先，平台依托大数据分析技术，以学校自主开发的软技能指标体系为支撑，实现指标体系管理和学生德育评价，能灵活调整德育指标细项和权重，能导入学生德育方面的情况数据，能进行自评、互评、师评，起到承载“三层”育人目标的功能。其次，平台具有反馈响应机制，能够精准服务到每一位学生，能够将德育评价结果以折线图的形式及时反馈给学生、教师，同时，学生和教师也能够根据反馈结果做出积极的响应，凸显评价的激励性、及时性、个性化和多样化，实现对每位学生德育发展的有效追踪。再次，平台还能够生成学生成长轨迹图，更加直观、清晰地展现每位学生的在校成长，未来发展趋势，便于学生更好地制定职业生规划。最后，平台集学校、家庭、社区、企业、高校五位一体的评价，实现评价主体的多元化。此外，平台还集成了德育点赞功能，所有教职员工都能通过手机为学生行为的闪光点进行点赞。基于平台，上海市材料工程学校还开发了校本德育大数据分析系统，实现了评价数据的收集与分析，有利于全面掌握学校的德育情况，也为学校教育教学改革、人才培养评估等工作提供依据，提升从数据到决策的能力。总之，该平台兼具记录、反馈和大数据分析功能，实现对学生增值性评价的效果，助推学生德技并修和成长发展。

三、成果的创新点

（一）育人模式创新——创建“三圈三层”立体化德育新模式

上海市材料工程学校聚焦学生成长的“关键点”，紧跟学生发展的“时间线”，紧盯学生发展的“各方面”，构建“三圈三层”中职德育新模式。新模式以“内圈、中圈、外圈”为基本载体，以“天赋层、修炼层、应用层”为基本架构和核心导向，破解了传统德育模式缺乏专业特色、德育工作条线多、忽视校园文化建设及德育途径单一的难题，实现学校德育工作一体贯通、联动衔接、循序渐进，探索出构建学校德育模式的新路径。

（二）课程体系创新——开发校本德育课程体系，实现德育课程特色化

上海市材料工程学校基于天赋层、修炼层、应用层“三层”目标和“慧才艺、慧担当、慧

适应”的“品节材子”育人总目标，构建了校本德育课程体系，开发了身心素质课程、行为规范课程和职业素养课程，支撑三层育人目标实现，并配套一系列网络课程、德育微课、微电影等数字化资源，凸显校本德育课程的特色化，支撑学校育人目标的实现。

（三）评价方式创新——搭建信息化平台，实现学生的可持续性、多样化发展

上海市材料工程学校依托信息化技术手段，搭建学生成长轨迹平台，服务学校德育管理工作的高效开展。平台集学校、家庭、社区、企业和高校五位一体评价，实现德育评价主体多元化。平台以数字化形式及时、直观、全面地记录、呈现和评价学生成长过程，通过大数据分析，实时监测学校德育工作现状，为学校德育工作决策提供依据。平台摒弃传统评价“以结果为导向、标准单一”的不足，重视学生的成长过程，不再只用一把“尺子”作为考量标准，从而实现学生持续发展和多样成才。

四、成果的推广应用效果

（一）服务学校

“三圈三层”中职德育模式在校内实现了全面推广和应用，上海市材料工程学校的育人质量显著提高。学生的职业能力和职业素养不断增强；教师的专业素养和育人能力得到明显提升。

1. 学生竞争力增强

四年来，学生就业与升学的专业对口率从64％提升至87％；获“文明风采”竞赛全国一等奖1次、二等奖3次，上海市一等奖7次、二等奖32次；“互联网＋”大学生创新创业大赛职教赛道，先后获得1个金奖、3个银奖、5个铜奖、30个优胜奖，累计1200余名学生参与；连续5年蝉联上海市学生龙文化全能赛龙狮比赛高中组一等奖，并获得特殊贡献奖和道德风尚奖。

2. 教师育人能力增强

四年来，7人荣获全国职业技能大赛优秀指导教师，2人分别获得上海市十佳班主任和优秀班主任，7人次分别荣获上海市中等职业学校班主任基本功大赛一二三等奖；1人荣获上海市黄炎培职业教育奖“杰出教师奖”；2个上海市教学成果奖一等奖；20人分别荣获全国和上海市“文明风采”优秀指导教师；2人获得上海市“互联网＋”大赛优秀指导教师。学校专业教师和德育教师共同申报8项德育研究课题，9篇相关论文在期刊杂志上公开发表。

3. 学校实力进一步巩固发展

上海市材料工程学校被评为上海市首批中职优质A＋学校、上海市教育信息化标杆校，教育部国防特色教育学校、上海市五四红旗团委、上海市中小学行为规范示范校、上海市文明校园、上海市家庭教育示范校。

（二）影响市内

“三圈三层”德育模式下的上海市材料工程学校“腾飞”龙狮队连续五年蝉联上海市

学生龙文化全能赛传统套路高中组一等奖，并多次受邀参加上海市、区、上级单位、兄弟学校的演出，受到了各方的好评和赞誉。上海工商外国语学校、上海市机械工业学校等十余家兄弟学校到校学习与交流"三圈三层"德育模式育人经验，校本德育课程体系和信息化评价系统等受到同行学校的高度赞赏。

上海市材料工程学校"三圈三层"德育模式受到本市中小学及职业教育同行的高度认可。自2017年来，学校每年精心推出的基于"三圈三层"德育模式的极具专业特色的职业体验项目，如"机电工程师的日常""做个雾霾检测员"等，累积接待来自上海市西南位育中学、上海市西南模范中学等25所初中近四千名学生开展劳技课活动，深受学生、家长和各个学校的欢迎。

上海市材料工程学校"三圈三层"德育模式多次在上海中职德育论坛、行业企业等平台进行交流和推广。2021年4月，党委书记金怡在上海市职业院校工作会上作题为"融合聚能建优质学校 强根铸魂育品节材子"交流发言，系统介绍了学校"三圈三层"德育模式，并得到了多家主流媒体的宣传报道。

（三）辐射全国

本成果在全国同类学校中得到广泛认可，并发挥引领示范作用。2017年、2018年、2021年云南省楚雄州共有四位职教管理干部来校挂职锻炼，学习借鉴"三圈三层"中职德育模式的实践经验。上海市材料工程学校与宁洱县人民政府签订乡村振兴项目合作框架协议，基于"三圈三层"德育模式，共育电商直播人才。

师资融合　场景拓展　实践养成　精准评价
——中职思政课培育职业精神的教学模式

乔蔓菁　俞　莉　冯志军　胡瑞平①

一、成果简介

中职思政课如何体现职教特征？中等职业教育肩负着培养多样化人才、传承技术技能、促进就业创业的重要职责。作为立德树人的关键课程，中职思政课在学科知识培养和价值观引导的基础上，也应体现服务学生职业发展的价值，但长期以来，中职思政教学基本参照普通高中思政课的教学模式，侧重学科理论知识，思政教师的教学方式高度“普通高中化”，职业教育特色不鲜明。

中职思政课体现职教特征的着力点是什么？为此，上海商业会计学校思政教学团队以问题为导向积极推进思政课教学改革，通过课题研究、教学实践找到了体现中职思政课职教特色、服务学生职业发展的着力点——职业精神的培育。

立足中职思政课，如何培育职业精神？2011年，“基于职业精神培育的中职思政教学研究”作为校级课题立项。2013年，在研究成果的基础上，形成《思政课培育职业精神的教学方案》，不断探索培育职业精神的实施路径，形成了以“师资融合、场景拓展、实践养成、精准评价”为特色的中职思政课培育职业精神的教学模式。成果内容主要为：①强化机制保障，打破专业壁垒，组建协同式教学团队；②开拓教学场景，突破时空限制，丰富立体化教学资源；③聚焦思政课堂，注重实践体验，打造“三导六步”教学范式；④明确评价标准，引导行为养成；形成诊断式教学评价。

本成果是思政课职业教育类型特色的体现，与2020年《中等职业学校思想政治课程标准》所要求的“职业精神”学科核心素养要求不谋而合，符合习近平总书记提出的大力弘扬劳模精神、劳动精神、工匠精神，激励更多劳动者特别是青年一代走技能成才、技能报国之路，培养更多高技能人才和大国工匠，为全面建设社会主义现代化国家提供有力人才保障的重要指示。

经过八年的教学实践，学生对职业精神的思考和感悟加深，认识更加具体，职业精神学科核心素养有了较大提升，受到用人单位的广泛好评；思政教学团队荣获国家级奖项4项、市级奖项26项，人均获市级以上奖项3项。开设市级公开课42节，向来自70余所兄弟学校的思政教师展示；教学成果向来自全国46所兄弟院校同行介绍交流，辐射受众达

① 乔蔓菁、俞莉、冯志军、胡瑞平，上海商业会计学校。

772人。成立了上海市首个中职思政名师培育工作室；教学成果中的部分内容编入国家统一规划教材《职业道德与法律教学参考书》中，在全国范围内推广应用。东方网、《文汇报》等媒体对本成果进行了18次宣传报道，社会反映良好。

二、成果解决的主要问题及路径

（一）解决的主要问题

本成果以培育职业精神作为中职思政课彰显职教特征的重要着力点之一，主要解决以下四个问题：①思政教师不适应。思政教师大多从“学校到学校”，对学生所学专业及相关职业缺乏了解。②教学资源不贴切。已有教学资源形式单一，且与学生的专业实际联系不密切，缺乏针对性。③课堂教学不落地。对职业精神的培育停留在理论层面，不贴近学生实际，实践性不强。④教学评价不精准。已有的教学评价多侧重知识考核，导向作用难以发挥，缺乏有效性。

（二）解决问题的具体路径

基于上述问题，本教学成果通过强化机制保障，打破专业壁垒，组建协同式教学团队；开拓教学场景，突破时空限制，丰富立体化教学资源；聚焦思政课堂，优化教学设计，打造“三导六步”教学范式；明确评价标准，注重行为养成，形成诊断式教学评价。形成了以“师资融合、场景拓展、实践养成、精准评价”为特色的中职思政课培育职业精神的教学模式。

1. 强化机制保障，打破专业壁垒，组建协同式教学团队

依据《公共基础课教师与专业教师的联合教研制度》《教师下企业实践培训实施办法》等，建立思政教师、专业教师、企业导师双向交流机制，打破专业壁垒，组建协同式教学团队，有效突破了思政教师对专业、职业不够了解的困境。

根据学校专业群设置，将思政教师分为若干教研小组，联合专业教师，集中学习所授专业的人才培养方案，了解该专业的培养目标、职业范围、职业能力、职业素养和职业发展路径等。将专业培养目标中的职业素养融于思政教学的目标、内容之中，制订彰显专业特色的授课计划。思政教师与专业教师“双走进”，每学期互相听课不少于8节，联合教研活动每月一次，共同探讨如何将职业精神的培育融入教学设计、教学实施、教学评价等全过程。

同时，思政教师团队借助学校搭建的校企合作平台，开展每学期不少于3次的走访企业教研活动。走访前，集体研讨，梳理日常授课中关于职业精神培育方面的问题，明确走访任务；走访中，通过与企业导师座谈、访谈等方式，了解企业文化、行业发展动态、企业对从业者的要求，收集课堂教学的相关素材，做好记录；走访后，再次集体研讨，如何将走访企业的收获与课堂教学相结合，使职业精神的培育和企业元素有机融合，促进思政教师深入了解企业、职业与专业。此外，学校定期开设“职业素养微论坛”，聘请企业导师走进课堂，开展职业生涯规划、工匠精神、企业文化等专题讲座，提高培育职业精神的精准度。

2. 开拓教学场景,突破时空限制,丰富立体化教学资源

为突破时空限制,丰富立体化教学资源,思政教师团队带学生走进企业,开拓“企业课堂”;借助网络学习平台,集聚职业精神培育系列资源,开拓“网络课堂”,构建了丰富、立体的教学资源库,有效解决了教学资源形式单一,与学生的专业实际联系不密切,针对性不强的问题。

带领学生开展走进企业实践活动,每学期至少一次,如走进瑞和财管公司、东方融媒体、阿尔卑斯物流公司等。活动前,布置实践活动的要求和观察点,如从业者的规范与纪律、生涯人物访谈提纲等,发放实践活动记录表。活动中,学生带着问题,通过观察、采访、调研、讲座等形式,了解行业企业发展史、行业企业的典型人物与事件、行业规范与纪律、企业文化等,完成实践活动记录与调研任务。活动后,学生讨论、分享走进企业的所观所感,将抽象的理论化为可观可感的具体行为,推动职业精神从“理性状态”走向“知行合一”。

开发了职业精神培育系列资源,完成70个微课、200余个典型案例、60个思政实践活动设计案例,逐步充实教学平台资源库,师生既是资源的使用者,也是资源的创建者,通过平台互动讨论,建立起教师与学生、学生与学生、网络与课堂之间的互动体系,打破了职业精神培育的时空限制。

3. 聚焦思政课堂,注重实践体验,打造“三导六步”教学范式

教学中,注重利用或设置职场情境,以“职业问题导学—职业价值导向—职业习惯导行”为基本教学思路,形成了“学—导—探—悟—践—省”的六步教学流程。课前,学生通过微课网课、企业调研等途径自主学习基础知识;借助网络学习平台,请学生学案例、观微课、做测试,完成基础知识自学自测。课中,以职场话题激趣导入新课,创设职场中的两难情境、设置“如何在劳动奉献中实现人生价值”“领导要求做假账该如何处理”“如何做到‘干一行、爱一行、钻一行’”“大国工匠是如何炼成的”等议题引导学生进行合作探究,在探究中厘清认识误区、感悟职业精神的重要意义、树立正确的价值取向,并结合职业与生活实际,将职业精神具体化、行为化。课后,结合“劳动值周”“志愿服务”“企业实习”等形式多样的实践活动,加深对职业的认知,养成良好的职业习惯。

4. 明确评价标准,引导行为养成,形成诊断式教学评价

在教学评价环节,梳理财经类、商贸类、信息技术类专业的职业精神的要求,提炼出其具体的行为表现,转化为职业精神培育的标准。以财经商贸类专业为例,思政教师联合专业教师、企业导师根据财经从业人员职业要求,从“劳动观念与劳动态度—职业理想与职业规划—职业习惯与职业品质—职业道德与工匠精神”4个方面,系统梳理出8条思政课要求、8条财经人员职业精神要求,16条具体行为表现,作为可感、可知、可操作的评价内容,充分发挥评价对学生良好职业行为习惯养成的导向作用,提升了评价的精准性。

借助中国职教学会商科委员会搭建的“三全德育”评价系统,打通思政课教学与专业课程的学科学习、顶岗实习、志愿活动、企业实践等环节的数据通道,采集获取来自专业课教师、企业导师等评价主体对于学生在团队合作、劳动态度、职业道德、工匠精神等方面的评价数据,形成职业精神养成的“雷达图”,开展诊断式评价,制定学生个性化培养方案,精准服务学生职业精神的养成。

三、研究成果的主要创新点

（一）理念创新——彰显职业教育的底色，促进德技并修

本成果充分体现中职思政课的职教特色，充分发挥思政课在培育学生职业精神中的主渠道作用，服务学生职业发展。强化机制保障，形成了思政教师与专业教师联合教研机制、学校教育与职场体验的联动机制，融集“共同教研、立体资源、实践教学、精准评价”等优势策略于一身，为促进“德技并修”搭好了“起落架”，找准了“着陆点”，彰显了职教特色，助力培养高素质劳动者和技术技能人才。

（二）手段创新——突出跨界联动的特色，促进协同育人

本成果立足中职思政课，突出了跨界联动的特色。思政教师联合专业教师、企业导师形成了“三师协同”的教学团队，职业精神的培育从“单兵作战”转向“集团作战”；立足思政理论课堂，开拓企业实践课堂、网络新课堂，打造了多场域联动的教学场景，形成了中职思政课培育职业精神教学模式。

（三）打造范式——立足思政育人的本色，形成教学范式

本成果基于职业教育的逻辑起点和根本目标，找到了思政课在培育职业精神中的具体路径。注重利用或设置职场情境，以“职业问题导学—职业价值导向—职业习惯导行”为基本教学思路，以“学—导—探—悟—践—省”为教学流程，首创了“三导六步”的教学范式，形成一批具有参考价值的典型性教学范例，可复制、可推广。

四、研究成果应用及社会效益

（一）学生职业精神意识初步形成

学生对职业精神的思考和感悟加深，认识更加具体，职业精神学科核心素养有了较大提升，“所知”逐渐内化于心、外化于行。

学生参加思政类比赛获奖率逐年攀升。参加上海市中学生时政大赛、全国“文明风采”职业生涯规划项目、上海市中学生法律知识竞赛的获奖率逐年提高。学生越来越重视职业规划，学会根据社会需求、职业要求和个人实际，制定职业生涯规划。

学生违规违纪率逐年下降，在顶岗实习、志愿服务和步入职场岗位后，体现出敬业、诚信等职业素养，得到用人单位的高度认可。

（二）教师培育职业精神的教学能力有提升

思政教师从关注学科理论到关注学生的职业成长，教学理念、教学能力均有较大提升。思政教学团队荣获国家级奖项 4 项、市级奖项 26 项，人均获市级以上奖项 3 项。

团队成员在 2016 年全国职业院校信息化教学设计大赛中获二等奖、2019 年全国职

业院校技能大赛教学能力比赛中获一等奖、全国中等职业学校德育课教师信息化教学设计和说课交流活动中获一等奖。同时，在上海市教学法评优活动、上海市中小学（中职校）心理健康活动课大赛、上海市时事课堂教学活动展示评优、上海市中职班主任基本功大赛等各项教学比赛中获屡获佳绩；成立了上海市首个中职思政名师培育工作室。

（三）社会影响力有提升

本教学成果形成了值得推广的典型经验。在上海乃至全国起到了良好的示范引领作用。

2013 年以来，开设市级公开课 42 节，向来自 70 余所兄弟学校的思政教师展示；教学成果向来自全国 46 所兄弟院校同行介绍交流，辐射受众达 772 人，发挥了良好示范作用；成立的上海市首个中职思政名师培育工作室，带动全市 5 所中职校一批思政骨干教师的教科研成长。

另外，思政教师参与拍摄市级“空中课堂”共计 42 节，供全市 5 万余名中职学生学习，成果溢出效应进一步彰显。教学成果中的部分内容编入国家统一规划教材《职业道德与法律教学参考书》中，在全国范围内推广应用。

与此同时，东方网、《文汇报》等媒体对本成果进行了 18 次宣传报道，社会反映良好。

中职校幸福德育活动浸润,激发学生潜能,助学强技的创新实践

沈汉达　袁晖江　钱旭华　秦　红[①]

一、成果背景

2015年,上海市经济管理学校开展"基于积极心理学的学校德育研究",在研究中发现,中职生对自己知识现状不满,但缺乏信心改变;他们有积极向上的想法,但找不到改变的原动力;他们渴望获得认可与关注。

对于中职生存在的问题与困惑,积极心理学主张从两个方面来看待,一是把问题的原因归结为可控制的、暂时的,二是从问题本身寻找积极的体验。中职生缺少的恰恰是积极体验。研究提出,在德育工作中借助积极心理学可以帮助中职生正确认识自我、改变负性情绪、重建自信、不断增强幸福体验,形成研究成果《上海市经济管理学校幸福德育实施方案》。

遵循"认知领悟—情感内化—行为实践"的教育规律,形成了幸福课教学、幸福德育活动、幸福德育评价的幸福浸润路径。编写出版"幸福课"校本教材,建成幸福德育校本资源库,分年级开设线上线下幸福课程;创设幸福德育活动体系,分年级开展十大主题月活动,开展幸福文化体验节等校内外幸福德育体验活动;构建充分体现正向激励的幸福德育指标体系,运用学生成长手册全记录,重视过程激励和宣传表彰。通过教学、活动、评价全程的幸福浸润,增强学生积极体验,激发学生潜能,激活学生幸福理解力、幸福实践力、幸福创造力,实现助学强技、德技并修。

二、成果主要解决的教学问题及解决教学问题的方法

(一)解决了德育工作实践中,激发学生积极行动的方法比较单一的问题

1. 开发幸福德育评价指标

学校将积极心理学理论有效应用于中职德育工作,研发幸福评价指标,构建幸福立规、幸福育德、幸福助学、幸福强技的评价维度,帮助学生形成积极情绪、积极力量、积极品质。通过正向激励与评价,增加学生正向情绪体验、激发潜能。

---

① 沈汉达、袁晖江、钱旭华、秦红,上海市经济管理学校。

2. 开展经管人成长手册全记录

学校为每一位新生颁发经管人成长手册，用于记录学生成长过程，囊括教师、班主任、班团干部、社区、家长、学生自我对学生个体的德育评价，作为评奖评优的重要依据。在经管人成长手册首页，校长亲切寄语每一学生——起跑“美丽转身”，目标“人生幸福”：“学校不是培养干活的机器，而是培养一个完整的人。中专生进入高校深造、中专生进入社会就业，都是‘美丽转身’。我热切地希望你——技能一身，我深深地祝福你——前途无量，我也衷心地期盼你——生活快乐。”

3. 重视激励和荣誉表彰

学校重视学生的荣誉及表彰，坚持做到入学仪式隆重、每月升旗仪式上台颁奖、每年在校庆日表彰幸福经管人。

许多新生在参加入学仪式后感到震撼、备受鼓舞。学生陈璘杰表示：“参加了入学仪式，强烈地感受到了自己作为学生被重视的幸福之感。”校庆日颁奖的幸福经管人更是备受关注，获奖者中有全国职业院校技能大赛一等奖第一名获得者，有环保项目专利持有者，还有全国最美中职生。

幸福经管人获奖者吴鑫淼学生，获得 2018 年度“全国最美中职生”称号，他在城市公交和吴语文化传播上大放异彩：组织成立了交运社团，用两年多时间乘遍上海 70％的公交线路，撰写的《上海市地面公交未来发展方向》在“未来杯”社会实践大赛中获得市级银奖；他加盟“苏白学堂”，在长三角推广吴语文化。他从中高职贯通日语专业毕业后升入本科院校继续学习，立志成为中日文化传播者。

（二）解决了德育实践中缺少符合学生特点、贴近学生需求、激发学生主观能动性的校本德育课程和资源的问题

1. 编写出版了幸福课程校本教材

2016 年至今，学校已出版《做幸福的人》《星移斗转》《赢在职场》3 本幸福课程教材。每册教材分 3 个专题，每个专题包含 6 个话题，共 18 课。选材从学生实际出发，内容表达符合学生心理。

2. 初步形成具有中职特色的幸福德育校本资源库

在实施过程中，学校不断以行动研究的策略不断完善教材，使其更符合学生的心理和发展需求。学校编写了《与幸福握手》等 24 册幸福德育读本，其中一年级侧重于“基本修养与幸福人文知识”，二年级侧重于“人文智慧与幸福职场适应”，三年级侧重于“艺术欣赏与哲学幸福领悟”。

在开发读本的同时，学校完成了幸福课程学习资源包的建设，包括课程标准、教学课件、教学素材、教学视频、练习题等，为增强体验性，专门开发了 10 个教学互动体验项目，既适合传统课堂授课使用，也适合利用手机、平板设备、网络等手段进行在线学习。学习资源包的开发满足了学生线上自主学习时对学习资源的需求，在学生学习过程中增加了趣味性和互动性。

3. 实施幸福德育“三纳入”

学校将幸福德育纳入学生专业学习、技能培养的各个环节，激发学生在学习和实操中理解幸福、体验幸福、追求幸福的能力。

一是将幸福德育纳入专业课教学环节。在专业课课堂设计要求中体现幸福德育内涵，在课堂导入环节、课堂讨论环节等启发学生思考，将对精神品质的追求与专业学习挂起钩来。

二是将幸福德育纳入实习实训环节。学生面临实习实训，时常会遇到新的挑战、新的压力，是学生提升实操技能、锤炼意志品质的重要环节。学校以幸福德育为主题开展“实习实训”教育，在实习实训教学设计要求中体现幸福德育内涵，将幸福感作为实习实训评价考察，把幸福德育嵌入岗课赛培训体系、融入相关系统设计。

三是将幸福德育纳入教师专项培训。教师作为教学的一线队伍，对于幸福德育的理解很大程度上决定了学校幸福德育工作能否有效开展。为贯彻“全员德育”“全程德育”的要求，学校定期组织全员教师作幸福德育专项培训，将幸福德育要素纳入教案评比，作为推行“全员导师制”的重要内容。

（三）解决了德育活动开展比较零散、缺乏系统设计的问题

遵照幸福德育评价的立规、育德、助学、强技脉络，学校设计开发了“幸福德育活动月”，十个主题活动月目的明确，形式丰富多样。

根据学生年级特点，在活动开展过程中，不同年级组织开展各自的活动。如三月为校风建设活动月，在“幸福故事赛”活动中，一年级以“入校半年，我理解了幸福”为主题，二年级以“学业过半，我看清了前路”为主题，三年级以“面对社会，我做好了准备”为主题。

通过主题月的各类实践活动，引导学生在活动中体验成功、感受成功。目前，学校“博雅”学生社团联合会形成了专业技能、传统文化、文学艺术、体育健身四大类社团活动体系，共四十多个学生社团，实行学生自主管理。同时，学校的非遗文化传承、高雅艺术进校园、法制学校、璀璨星光校园文化节等活动都深受学生欢迎。主题活动月的开展，陶冶了情操、启迪了心智，促进了学生的全面发展。

参加完 5 月的博雅文化节，学生姚嘉悦说：“自幼就喜爱唱歌的我继小学和初中后再次加入合唱团，将当年对放声歌唱的激情和热爱延续到校园。也正是因为这份从未淡去的热爱，才能使得我能够和队员们一同站上舞台，怀着前所未有的自信绽放光彩。”

三、成果的创新点

（一）理念创新：运用积极心理学的正向激励效应，创设幸福德育思想

相信学生有积极向上的意愿，由积极心理学理论创设具有中职校特色的幸福德育思想，形成从教学、实践到评价的幸福浸润路径，沿着幸福育德、立规、助学、强技的幸福浸润脉络，对学生的思想认知、行为习惯产生积极影响，形成人人都愿努力学习、人人尽展其才的良好氛围，努力让每个学生都有出彩的机会，达成激励向上的良好效果。

（二）路径创新：创新幸福德育浸润路径，丰富“三全育人”理论

丰富线上线下、校内校外德育路径，线上体验项目和课程为学生提供了学习便利，校

内幸福体验馆和校内外实践基地的建设，丰富了线上线下、校内校外幸福德育体验。实施幸福德育“三纳入”，将幸福德育纳入教师专项培训、专业课教学、实习实训，充分体现“三全育人”理念，形成自主化、全时空、全场域的育人路径。

（三）评价创新：构建幸福德育评价指标及其反馈机制，强化“扬长挖潜增善固美”激发学生学习强技

幸福德育评价指标充分体现了“扬长挖潜增善固美”，注重对学生积极表现的及时肯定，强化积极体验，学校坚持周考核、月评比，隆重表彰先进集体和个人，大力宣传优秀学生事迹，在全校形成积极向上的氛围。通过持续的正向激励，强化学生积极体验，使学生获得愉悦感、成就感，树立专业学习自信，成就幸福学习之路。

本成果的意义为：将积极心理学有效应用于德育工作，实现幸福浸润、激发潜能、助学强技，丰富了“三全育人”理论的实践应用。

四、成果的推广应用效果

幸福德育活动浸润使学生感受到幸福，激发了学生的发展潜能，激活了学校发展，学校立德树人成效显著，学校幸福德育广受赞誉，办学成果受到广泛认可。

（一）学生幸福感显著

在幸福德育浸润活动中，学生们从“幽默风趣的语文教师、和蔼可亲的数学教师、认真严谨的外部设备课教师、典雅风趣的硬件设备课教师”身上感受到幸福，从“这么点小事教师竟然如此看重”中获得“心中一暖”的幸福感，学生们还喜欢“进校门后就是几棵桂花树”，“给我一片宁静之地”的小池塘，被高高的栅栏所包围“好似一个小型的鸟巢”的运动场，“白白嫩嫩的面条浇上那么两勺香喷喷的酱汁，香气迸发”的炸酱面。2020 年，学校建校 35 周年，学生们深情地写下了《我是幸福经管人》：

> 学生朱群：每一个中职生仿佛都有一个没考上理想高中的遗憾，没错，我也一样。当我进入经管校后，我想，我要做自己的太阳！我看到每个人脸上都充满了笑容，这便是希望的源头。
>
> 学生朱铭晨：这是一个自由的地方，学校给了我们空间和时间去做自己感兴趣的事情。这也让我们变得更加独立自主，会主动解决问题提升思考能力。
>
> 学生朱俊伟：我的学校虽然不华丽，没有高楼大厦，但也一样拥有多姿多彩的风景和孩子们灿烂笑脸。
>
> 学生陈雯灿：经管校见证了我的成长，也证明了我的努力，我从不后悔来到经管校，事实证明经管校是我特别好的选择，我是最幸福的经管人！

（二）学生潜能激发，德技并修成效显著

通过激发幸福潜能，学生充满阳光，积极投入学习与实训，教学成效显著。五年来，

学生文化课合格率、专业技能合格率、就业率始终保持在98.5%以上，岗位稳定率逐年上升；学生各级各类竞赛参赛率达100%，社团参与率91.99%；学生在全国职业院校技能大赛中累计获得奖牌73枚，其中金牌29枚，学校保持着单次比赛7枚金牌的上海市记录，2021年获金牌数跃居全国第四；连续3届在上海市"星光计划"奖牌总数位列全市第一；获得2019年世界技能大赛上海市选拔赛商务软件解决方案项目金奖；在各类行业赛中获得多个奖项。

学生吴鑫森获评全国最美中职生、上海市职业教育十大新闻人物；张天竞等3人获全国"挑战杯"创新创业大赛比赛二等奖、上海市特等奖；学生在第七届中国国际"互联网+"大学生创新创业大赛上海赛区比赛中获得28个奖项；15009团支部获评全国五四红旗团支部，连续4年获易班工作站全部奖项。每年收到来自街道、阳光之家、青少年活动中心等表扬信十余封。

（三）教师发展成效显著

2016年9月至今，学校教师在各级各类比赛中获奖230余项，19人次在全国职业院校技能大赛中获优秀指导教师奖，在信息化教学大赛、教师教学法大赛中获得19个奖项，发表论文70余篇，立项课题20余个。教师具有高度的责任感和使命感，2018年刘雨寒教师克服家庭、身体困难，到西藏日喀则支教，为当地带去稀缺的数字媒体技术专业教学，获得藏、沪两地多个表彰。

（四）成果推广成效显著

学校编写出版幸福德育相关图书7册。学校幸福德育实践成果在2018年清华教育论坛、全国数字校园建设中期交流、全市名师工作室成果展示会、普陀区教育系统共青团改革推进会上交流，广受好评。日喀则第二中等职业技术学校、云南文山职业高中等近20所市内外学校采用上海市经济管理学校编写的幸福德育教材。宁波市鄞州职业教育中心学校、深圳市宝安职业技术学校等70多所学校到校交流幸福德育实践。

（五）形成国内影响力

近年来，学校幸福德育体验基地接待市内外、国外团体近万人。《文汇报》《新民晚报》《东方早报》、中国教育电视台、上海电视台、《中国职业技术教育》等媒体，分别从不同角度报道学校幸福德育实践成果。2020年《文汇报》整版报道学校办学成绩，评价学校"以立德树人为宗旨，以素质育人为指针，以文化立校为方略，以幸福德育浸润为路径，全面提升办学水平，成果丰硕"。

青藤励志　课程赋能——“双力”驱动中职学校文化育人模式的创新实践

毛　燕　方德明　刘丽娜　史德方[①]

一、成果背景

古有“传道授业解惑”的教育职责，今有“立德树人”的育人使命。2005 年上海工商信息学校启动文化建设和课程改革，出台《服务社会，面向市场，以人为本，和谐发展——教育现代化和综合改革行动纲要》，提出以“信心的有效建立、责任的有效养成、技能的有效生成、知识的有效建构”为育人目标。2013 年初步成形，创设了“平凡，但绝不平庸”的文化育人理念。2015 年依托“打造青藤文化，创新德育新模式”市级课题，实施德育校本化建设，将德育活动纳入课程体系。2018 年整合所有教育教学元素纳入学校文化育人课程体系，立项教育部职业院校文化教指委重点课题“以藤铸魂育匠心”，持续推进学校文化育人建设。

二、成果内容

（一）成果概述

本成果围绕“文化育人”这一主线，经过 15 年的探索实践，创设了“平凡，但绝不平庸”的文化育人理念，有效破解了学校文化育人中抽象与具象融合的关键问题，形成了“青藤励志、课程赋能、‘双力’驱动”的学校文化育人模式。

(1)文化激发内生力。以青藤旺盛的生命力和坚忍不拔的意志高度具象，凝练成“平凡，但绝不平庸”精神内核，形成以“青藤”命名的学校文化。通过“三阶段五抓手”的整体性构建，让文化载体具象，丰富文化育人方式，激发中职生内生力。

(2)课程赋能发展力。丰富主体课程，打造五育综合型课程，以“五类三式”纵横构建课程体系，实施“课内学、课外练、平台展”的循环式体悟教学法。引企入校、产教融合形成产学研一体化培养模式，助推学生有效发展。

(3)“双力”驱动强自信。建立师德师风、规范管理、考核评价的机制保障，推动教育教学一体化运行。在文化育人模式下，学生内生力和可持续发展力得到有效激发，以技能回馈社会，以自信面向未来，实现从“失落”到“出彩”的蜕变。

---

① 毛燕、方德明、刘丽娜、史德方，上海工商信息学校。

近五年，学生连续三年获评“全国最美中职生”，全国、市级奖项总计5083项。建成文化育人类校本课程358门，打造文化精品活动12项。学校在中英校长论坛、全国职业院校“文化育人”高端论坛上推广经验，2020年入选教育部职业院校文化建设案例50强，现被列入国家及上海市级师资培训重点基地主干课程。文化育人模式从职教辐射到普教，如上海市佳信学校的“葫芦文化”。

（二）成果解决的主要问题

（1）如何将学校文化内涵植入广大师生心脑并广泛认同。

（2）学校文化育人的抓手单一，不够系统和丰富，以传统课程为载体的实践缺少整体性设计。

（3）学校文化与教书育人的融合推进上缺少有效机制。

三、成果解决问题的方法

（一）关键做法：创建“双力”驱动文化育人模式

1. 藤作意象让学校文化形态变抽象为具象，激发学生内生力

打造青藤文化。藤，不起眼，不挑剔生长环境，也不受关注，但始终保持旺盛和顽强的生命力，不停地向前生长、向上攀越，最终形成蓬勃发展的态势，回馈自然。学校通过对中职校育人价值取向的审慎判断，以“青藤”作为学校文化根植的载体，迁移藤的植物品性，将其旺盛的生命力和坚韧不拔的意志具象化，打造以“平凡，但绝不平庸”为核心理念的青藤学校文化，引领师生树立精神追求。

建设青藤文化。依托“软硬与显隐交互”的建设思路，构建认知、行为、环境和家校社企共育为一体的文化育人体系。近年来，与云南德宏傣族自治州、新疆克拉玛依市等开展对口合作，形成文化育人共同体。

2. 优化课程结构，系统完善，赋能学生发展力

对国家规定的主体课程进行补充完善，建立德、智、体、美、劳五育综合课程，满足不同需求学生的发展愿望和潜能发展。

3. 创建“双力”驱动学校文化育人模式

以藤励志激发学生内生力，课程赋能学生发展力，呈台阶递进式驱动，在唤醒励志、磨砺增信、提升优能中助力学生出彩。

（二）具体做法：实施“双力”驱动文化育人的思路、策略与行动

1. 整体构架，呈现“阶段递进、五抓手并进”的学校文化育人方式，以藤励志激发学生内生力

（1）纵横架构，明晰“三阶段五抓手”的学校文化育人整体思路。依托课内课外、校内校外、家校社企多方联动，遵循中职学生的身心发展规律，通过主题教育、环境浸润、课堂教学、企业实践、家社协同的“五抓手”，明晰文化认知、践行和创新的“三阶段”，从而不断认识、感悟、迁移青藤品性，提高学生对文化价值及对家国情怀、民族认同、责任担当的理

解和认同。

(2)行动推进,实施“阶段递进、五抓手并进”的学校文化育人主策略。①文化认知:沉浸式共生教育。全覆盖地实践“一班一藤”班级文化项目,以“信心”“责任”为教学目标,构架以年级为特点的系列主题班会课程,形成一年级“认识自我”、二年级“改变自我”、三年级“强大自我”的25个主题课程模块和120个班会课资源包,开发《主题活动团队拓展》的配套读本。建设“藤色满园”环境文化育人工程。学唱校歌《青藤之歌》、开发《一班一藤绿植养护手册》、青藤十四景打卡、编写《青藤文化》校本读本和48篇文化导读。党总支领衔每月一讲的青藤思政大课堂覆盖全校师生。②文化践行:素养养成提升教育。2012年始连续10年,每年评选“青藤风尚青年”20人,有效形成榜样引领的氛围。同时制定并实施《行为规范奖惩实施细则》,并将职业规范与职业素养教育通过借鉴企业5S管理理念贯彻在班级管理及学科教学过程中,编撰《机械类学生职业素养》《课程育德指导手册》等读本。在素养养成实践中加强劳动教育,通过《劳动教育指导手册》与家、企协同育人。开发人人学周周跳的“校园礼仪操”“职业活力校园舞”。打造青藤活力团、青藤俱乐部等162个新型学生自主活动社团,近五千人注册加入。③文化创新:创新创业创美教育。创建青藤创业班,培育青藤创业一条街15个项目,培养的毕业生创办技能培训机构服务社会。2015年校企合作成立电子创新工作室。全校普及“技能比武”“校园工匠”“青藤杯”创新创业大赛,参与人次万次。科技社成果获国家专利128个。劳动实践课程创新开展“劳美共生”融合课,在唱田歌做陶艺中以美促劳、以劳育美。

2. 打造“五类三式”综合型课程,实施“课内学—课外练—平台展”的学习体悟法,赋能学生发展力

(1)以藤之品性优化课程结构,打造五育综合型课程。从藤的平凡表象品悟出德、智、毅、雅、仁的五种“品性”,与德智体美劳五育并举的育人要求有机融合,对碎片化的教育活动和个性发展课程优化重组,构建以“人格养成类、人文科学类、身心健康类、艺术创造类和劳技匠心类”为横向,以“综合学习、综合活动和综合赛事”为纵向的“五类三式”的五育综合型课程,形成特色课程图谱。

(2)实施“课内学—课外练—平台展”的“循环式”学习体悟法。

循环体悟,综合提升。五育综合型课程以教育质量的提升为关键,围绕学中思、练中悟、赛中比,将每类课程设计为综合学习、综合活动和综合赛事三大学习领域。学生从“课内”学知识到“课外”练本领,再到“赛事平台”展示能力风采,通过“循环式”体悟,持续不断地强化职业素养,发展学习能力。

校企合作,协同共育。首创“校企德育实训基地”,将工匠文化融入学校文化育人,开展劳模工匠进校园,聘请企业技术能手、优秀员工作为“匠心培育导师”“匠心讲师团”与班级结对,将主题班会开进企业车间、社区场馆。科技社团课程引企入校,通过创新工作室形成产学研一体化培养模式。

3. 建立长效机制,提升“双力”驱动学校文化育人效能

(1)教育教学,一体推进。行规、实习、劳动、生活等多个专职指导教师岗位组成强大教育力量,保障有序运行。

(2)教师发展,协同共长。坚持学科与德育“双师带教”、党员与班主任“双结对”、企业与学校“双指导”,推动教研组和德研组交叉互学的“双研模式”,搭建教学节、青藤讲坛

等实现党政工团、教育教学齐抓共管，促进教师有效发展。

(3)评价优化，正面导向。自编中职生文化素养手册《青藤志》作为学生成长引领、记录手册，发挥“自我激励和成长展示”的导向作用，自创“家庭喜报”和“问题告诫单”的奖惩效能，正向激励。

(4)阶段推进，持续完善。十五年来，课程建设紧跟国家意志，以助推学生发展为本，逐步递进式推进，呈现系统构架的纵深发展性。

四、成果创新

(一) 文化意象创新——创设鲜明的文化符号，提高了师生对学校文化的辨识度和认同度

创设了“平凡，但绝不平庸”的校本文化育人理念。学校文化根植和价值引领的载体变抽象为具象，形象化、有参照、易内化，“青藤”成为引领学校发展的文化内核，有效激发学生成长的内生力，增强学生发展力，助推中职生实现社会化、职业化和个性化成长。

(二) 文化育人实践创新——优化课程结构，以系统设计、阶段推进为策略，提供了可操作可推广的文化育人样板

构建了“基础知识、专业技能、人文素养一体化”的育人实施路径。从藤的平凡表象品悟出德、智、毅、雅、仁的五种“品性”，与德智体美劳五育并举的育人要求有机融合，将各类教育、教学活动纳入课程结构，以“三阶段五抓手并进”的实施策略及“课内学—课外练—平台展”的体悟式教学法，将工匠文化融入学校文化育人，以有活力、有张力的人文课堂、动感课堂、智慧课堂、企业课堂赋能学生自信、自律、自强和自主发展。

(三) 育人模式创新——以激发学生内生力与发展力为目标，构建了“双力”驱动的育人模式

文化育人从载体选择到系统构架再到课程重构，以藤励志激发学生内生力，课程赋能学生发展力，在学校文化浸润中不断激发学生文化自信，主体和综合课程体系赋予学生强大的能力，形成具有职业教育特色的学校文化，育人模式具有实际应用价值及辐射价值。

五、成果应用

(一) 文化增信，成就学生出彩

每年为高等职业院校输送人才，专业对口率达95%以上。学生各类获奖数量年均增幅30%以上，近五年，3人获评“全国最美中职生”，1人荣获全国“优秀共青团员”，200人获校“青藤风尚青年”称号，1302人获市级及国家奖学金；学生服务企业、开展技术攻关和咨询300余次，251件科技创新作品获国家专利，平均每年获市级以上学科与技能竞赛奖近400项、各类非专业技能(文明风采、科技类等)奖项981项，覆盖2000余人次。

(二) 文化载道，彰显教师风采

建成的358门文化育人课程、87本校本读本进课堂引用传播，受教学生累计10000

人次以上。9 人获全国、市级中职校班主任能力大赛特等奖、一、二等奖；1 人获首届市教书育人楷模；60 人获校“青藤园丁”称号。教科研成果有 156 个课题等。“数控电火花线切割加工”获“国家级职业教育课程思政示范项目”，成果被列入教育部职业教师资格培训课程。

（三）文化引领，助推学校辉煌

教育部文化育人重点课题“以藤铸魂育匠心”获评优秀。2019 年被上海市教委推送教育部入选全国优秀文化案例 50 强。2020 年挂牌教育部“全国职业院校课程思政研究中心”。“以‘青藤’为载体，构建学校核心文化”获上海市教育系统校园文化建设优秀项目（中职校唯一）；“青藤文化”项目入编《破解难题——上海市教育系统文明单位（和谐校园）创建新历程》。

（四）推广交流，辐射效应显著

受邀在英国“职业教育论坛”作经验分享，在教育部全国职业院校“文化育人”高端论坛中代表中职校做交流。作为教育部职业教师资格培训课程向山东、广东等 20 个省市辐射文化育人经验。宁夏、云南等地多所中职校借鉴或直接采用行规课程等研究成果，受教学生累计 16000 人次以上。文化建设理念在上海市佳信学校等普教学校得到复制、迁移，指导培育了“葫芦文化”等学校文化，惠及上万学生。

（五）社会关注，媒体广泛聚焦

成果得到教育部职业院校文化素质教指委、长三角一体化发展示范区执委会、华东师大职教研究所的专家学者高度肯定，被《解放日报》《文汇报》《中国教育报》等十余家媒体报道。上海教育电视台专题报道青藤文化新闻片、《中国教育报》刊登“课程队伍文化是学校常做常新的三部曲”、《文汇报》整版报道“再现文化效应多元课程改革”。

提升审美修养 浸润课程思政 创聚优势资源
——上海中职美育新途径探索实践

许彦杰[①] 石一萍[②] 黄 蕾[③] 徐本方[④]

一、成果简介

美育是党的教育方针中的重要组成部分。十九大以来,党中央高度重视美育工作,在《关于全面加强和改进新时代学校美育工作的意见》中明确提出:"职业教育强化艺术实践,培养具有审美修养的高素质技术技能人才。"美育是中职校培养高素质技术技能人才的重要路径。中职校开设的艺术课程在整个中职阶段课时有限,把美育等同于艺术教育是对美育内涵的理解不足,因此要突破美育即"艺术教育"的理念局限。在产业转型升级和智能化背景下,各行业对具有审美修养及设计能力的高素质技术技能人才需求紧迫,中职美育实施理念与途径亟待创新。为解决中职美育落地难、美育育德功能发挥不足、公共美育资源未充分利用、美育师资普遍不足等难题,通过创设中职美育四大课程板块、浸润课程思政元素、创聚美育优势资源,开拓基于艺术场馆的中职美育新途径,实现培养具备高审美修养的技术技能人才的育人目标。

(一)创设中职美育四大课程板块

破解传统中职美育以场馆参观为主的单一形式局限,将美育与各类中职课程破壁融合。基于艺术场馆不同的教育对象、课程性质,创设中职美育公共基础、美育专业、美育拓展、美育教师发展四大类课程板块,研发多类型、多层次美育课程,形成指导方案,创新艺术场馆美育课程教学,实现美育育人目标。

(二)创新美育育德的实践形式

以鲜活的场馆美育资源为美育育德新载体,包括党史重大事件发生地的展馆资源,在艺术中浸润课程思政,激发学生爱党爱国爱社会主义情感。中职生从传统思政教育中的"接受者"转变为美育育德的"传播者",引领多地馆校融合,多民族中职生走进文化艺术场馆,以短视频平台为载体自主拍摄"学党史说四史"微课,实现视频流量巨大跃升,美

---

① 许彦杰,上海市逸夫职业技术学校。
② 石一萍,上海商业会计学校。
③ 黄蕾,上海市教育委员会。
④ 徐本方,上海市商贸旅游学校。

育育德效果由中职学生拓展到普教学生乃至社会公众，实现中职美育成果的公共普惠。

（三）创聚中职美育多方优势资源

在美育资源上借助公共资源优势，将艺术场馆拓展为中职美育课堂新空间，挖掘作品、展品资源丰富课程内容；校际资源上整合中职及大专院校优质专业资源，实现校际互助；师资资源上组建一支包含教师、艺术家、公共教育专员和中职生的跨界多主体教学团队；媒体资源上聚集自媒体、云视频、纸媒、记者团等新闻媒体资源扩大学习与传播途径。

二、主要解决的教学问题及解决方法

（一）主要问题

中职美育活动难固化，缺乏整体性的设计落地。各中职校美育活动开展不均衡、难固化，缺乏整体性的设计落地，缺少成熟的运行机制，导致美育有效性不理想。美育课程育德功能发挥不足，思政元素尚待挖掘和浸润。美德融合缺少鲜活载体和浸润式实施途径，课程思政“润物细无声”育人效果难以达成。中职美育课程资源有限，公共美育资源未充分利用。中职美育常以参观艺术场馆的单一活动为主，上海公共美育资源十分丰富，但中职课程缺少和公共美育资源的有机融合。中职美育师资普遍不足，课程实施质量难以保障。当下中职美育课程师资普遍以音美教师为主，师资规模小、来源少，难以保障课程实施质量。

（二）解决方法

1. 总体规划、分段发展，创新基于艺术场馆的中职美育课程板块

分阶段推动中职美育课程落地实施，教学空间由单馆扩充至多馆，形成多地馆校联动，线下课堂同步线上云端。美育融入公共基础、专业必修等多类中职课程，前期对应开设美育公共基础类、美育专业类课程，后针对选修课程增设美育拓展类课程，同时为教师开设美育教师发展类课程，形成四大类美育课程板块。挖掘场馆资源，丰富美育课程内容，浸润思政元素，创新基于艺术场馆的中职美育课程实施途径。为贴合中职生学习偏好，借助新媒体平台，创新使用“短视频”为课程实施载体，形成线上＋线下两类美育课程实施手段。课程教学主体从教师、艺术家、公共教育专员扩展至中职生；受益群体惠及80％上海中职校，同时拓展至普通教育的中小学生及社会公众，助力普职融通实践，实现中职美育成果的社会普惠。

2. 浸润思政、德美融合，拓展美育育人功能

将馆藏资源和优质艺术作品展转化为美育课程资源，融入思政元素，发挥隐性育人效果，实现以美育德。以新中国成立70周年、抗击疫情、建党100周年等重大时事为课程主题切入点，举办“我画我的祖国”跨校联合艺术实践创作，中职学生通过观摩原作、研创新作，用原创作品直抒爱国情怀；制作“召唤”30集系列微课，师生与艺术家同频共振，传递坚定战胜疫情的信心与决心；“学党史说四史”以自媒体为载体，破解党史教育难点，在长三角地区、党史事件重要发生地，多民族中职学生走进场馆讲述作品，在与历史题材

画作对话中,加深对中国共产党初心与使命的感悟。

3. 搭建平台、创聚资源,形成中职美育实践合力

搭建起整合校内外资源的美育合作平台,汇聚多方优势资源助力中职美育实践。①美育资源合作平台:项目由上海市教育委员会、上海市文化和旅游局主办,为教育与文化搭建资源合作平台。②美育社会实践平台:上海市中职艺术教育专业委员会与中华艺术宫紧密结合,实施过程中聚合上海及全国 26 家文化艺术场馆,丰富中职美育实施的场馆资源。③美育校际互助平台:联合上海乃至全国 95 所中职学校及大专院校,集聚优势专业开展校际互助、对口支援、校企合作,拓展美育专业资源。④美育数字化平台:积极利用新媒体传播途径,整合上海职教在线、文化上海云和文明上海修身云等在线平台开辟课程专栏,借助星光记者团等新闻资源,美育成果辐射范围扩大。四大平台共建共享,汇集多方主体资源,实现多元主体之间的跨界、融合、重塑、传播,打造中职美育新生态。

4. 跨界合作、优势互补,打造多主体高水平美育师资队伍

成果凸显"文教"跨界多主体力量,为促进教师培养,激发内生动力,建立一套美育教师成长培养机制。通过自主申报、专家遴选、师资培训、教学实践、教师能级提升五步骤,打造中职美育师资团队。形成以 328 名职教教师、艺术家、公共教育专员和优秀中职学生为主体的教学团队。创新中职生美育课程自主实践形式,学生充分发挥专业优势,通过岗位实践、协同创作,倾力打造 100 集美育微课程;以上海市中职艺术教育专业委员会、市教委教研室中职各专业中心组、长三角中职美术教育联盟、上海市文化艺术界联合会的职教专家及艺术名家为核心的专家智库,确保中职美育课程品质。

5. 逐层把关、动态调整,建立课程实施质量保障机制

建立课程实施质量保障机制,课程实施流程明晰,指导全程跟进。申请阶段,通过课程申报、组内初审、专家评审,优选中职美育课程;准备阶段,通过教学备课、导师磨课、试讲环节,打磨中职美育课程;实施阶段,确保现场教辅人员、教学资源、设施设备等保障到位,结合新媒体教学手段,同步视频拍摄和新闻报道,确保课程实施有序、有效、有实;反馈阶段,通过教师总结反思、调查反馈、教学论文、定向回访等维度评估课程实施效果,进而调整改进,达成课程可持续发展。

三、成果的创新点

(一) 美育理念创新

拓展美育理念,创新中职协同融合育美。秉持以美育人的理念,突破美育即"艺术教育"的理念,将美育贯穿中职课程,关注新时代学生职业生涯成长与终身发展,不断拓展美育教学边界。以职业教育服务国家经济发展为使命,针对新工艺、新产品对审美价值的全新要求,聚焦提升中职生审美修养;在多元合作的机制下,挖掘多方社会资源丰富美育课程,凝聚多方主体力量,形成跨界多主体师资团队,架构跨界美育合作平台;将中职美育课程作为立德树人的重要载体,浸润课程思政元素,在美育实践中充分发挥协同育德功能。

（二）课程实践创新

加强顶层设计，构建一套完整的中职美育课程，推动美育落地实施。为实现中职美育顺利落地，创新基于艺术场馆的中职美育课程实践，构建中职美育实施新途径。在实施理念上，成果明确中职教育担负着技术技能型人才培养体系基础教育部分的重要使命，因此应加强与中职生未来职业成长的紧密联系，打造具有职业教育特点的中职美育课程。在课程板块设计上，突破艺术课程即美育课程的狭义概念，创设中职美育四大类课程板块，实现美育与多类课程的深度融合。学校可依据不同专业培养目标，设置相应课程，实现理想育人效果。在服务对象上，通盘考虑美育成果惠及中职师生，创设学生美育课程与教师美育发展课程，通过场馆志愿者课程及线上课程使成果惠及社会公众。在实施手段上，贴合中职生现阶段学习偏好，借助新媒体平台，实施线下线下混合式教学。在实施质量保障上，通过课程申请、准备、实施、反馈四阶段不断调整改进课程，保障美育课程高质量实施。

（三）教学方式创新

拓展中职美育教学新空间，形成线上线下相结合的混合式教学。打造无边界美育课堂，贴合新时代中职生网络信息化应用操作能力的优势和学习的特点，积极利用融媒体、自媒体多元传播，形成有主题、有设计的线上线下中职美育混合式教学。打破中职美育课堂边界，拓展中职生美育学习新空间；针对展馆限流、学校延期开学等美育课程实践难题，开设线上微课，在哔哩哔哩、抖音、快手等 11 个新媒体平台上线，职校教师带领“云端”信息技术走进中华艺术宫，突破了中职生体悟艺术的空间局限。如“红色文化传播的创新引领”课程通过线下参观红色展览、聆听艺术名家讲座，同步面向对口帮扶地区线上直播，当日参与人数突破 2 万。

（四）运行机制创新

以馆校为美育重镇，建立常态运行机制。以馆校双方互为支点，建立起一套涵盖课程实施质量保障、美育教师成长、新闻宣传等中职美育常态运行机制。在该机制作用下，课程主题不断更新，从推动艺术教育、弘扬传统文化，到秉承工匠精神、聚焦审美修养；课程内容不断丰富，从尝试探索艺术场馆课程实践，到非艺术专业学生走进艺术场馆，从推出常态课和志愿者课程拓宽受众面，到美育课程渗透课程思政理念；课程评估手段不断完善，从对课程参与对象进行问卷回访到采用信息化手段进行实时反馈，形成了高水平的课程群。

四、成果的推广应用效果

（一）致力服务职教师生，提高中职师生审美修养

实施至今产生了 265 门不同类型艺术场馆美育课程，线下覆盖上海 80％中职校，师生作品连续两届参加上海市“璀璨星光”校园文化节评比，获奖作品达 133 件，展陈在中

华艺术宫教育长廊;线上全国各地多民族中职生超 80 万人次参与课程学习。中职生代表通过参加艺术场馆美育课程,将审美修养融会贯通于技能大赛与生涯发展规划,作为正式代表出席第 27 次中华全国学生联合会,获得国家奖学金、上海市优秀共青团员等称号。近四年来,成果参与的教师专业成长显著,在全国职业技能大赛等各级各类比赛中取得 409 项优异成绩,获得“上海市五一劳动奖章”“上海市三为重点宣传典型”“上海市优秀美育活动指导教师”等 232 个荣誉称号,展现了上海职业教育的软实力。成果有效实现培养具有审美修养的高素质技术技能人才的课程目标。

(二)积极服务社会,提升职教社会美誉

中职美育课程同步向社会开放,吸引社会各界 150 万人次踊跃参与,为社会公众提供美育学习的职教新视角;随着成果不断发展和完善,通过课程开发、场馆开放、师资支持等措施,受益范围从中职学生扩展至普通教育类型的中小学生;为中小学提供职教特点的美育课程,在发挥职业教育资源优势的同时重塑中小学生对于职业教育的认知,成为推动普职融通的重要举措。中职学生通过场馆公益课程志愿服务社会,在推广美育、服务社会的同时,也为职业教育“正名”,有效提升了广大市民对中职教育的认可度。

(三)辐射范围扩大,成果可推广可复制

推广以上海为基点,辐射长三角,远播国内外。成果实施至今,中职生及社会各界人士超 230 万人次线上线下积极参与;《人民日报》、中国教育电视台、中国教育新闻网、学习强国等 44 家媒体展开 1508 次报道;在全国美术馆公共教育年会上作主题交流;上海职教在线、文化上海云等平台常年设立课程专栏,共享优质在线资源,课堂同步辐射北京、广东、江苏、浙江、山西、云南、贵州、新疆、青海等 20 余省市和地区。在国家高度重视美育之际,成果作为中职美育创新实践案例,配套相关运行机制和措施,形成可推广可复制的一套实践模式。

高职财经商贸类专业人才职业素养教育的探索与实践

陈剑峰 陈 敏 赵 宏 傅建东[①]

一、探索与实践背景

2016年至今，我国经济迈入了新时代，商贸服务业面临新挑战：商业消费升级、互联互通、大数据、云计算、人工智能、商业3.0升级……新产业、新业态、新模式不断涌现。商业发展变化速度快，技术含量倍增，岗位素质要求不断提升，传统高职财经商贸类专业人才职业素养教育已不能完全适应商贸服务行业人才岗位综合素养提升要求。

新时代商业业态快速变化，推动高职专业建设发展，在原有财经商贸类专业发展的基础上，在专业知识教授和技能培养方面，更加注重与其他学科的跨界融合，数字经济思维培养，工具方法的应用，商业技术与人文教育的深化融合，新商业思维的培养，新商业规则的掌握，以及学生的信息技术能力、创新创业能力锻炼。商业发展的更新迭代，专业内涵建设的提升，赋予了专业职业素养教育新的使命和愿景——坚持立德树人，坚持专业人才培养技能水平提高同职业素养提升并举，培养符合专业行业、企业发展需要的具备更高素质的专业技能人才。

2013年上海商学院承担并完成市教委专项课题"中国商业文化展示馆"，2014—2016年在大学生中开展了家乡商业文化寻访等专题活动，引发了商业文化如何同高校专业人才培养与教育相结合的思考与探索。

近现代上海区域经济特点造就了独特的"沪商文化"。包括海纳百川、兼容并蓄的经营气度；务实诚信、讲求规则的经营风格；实惠实效、不悖诚诺的经营守则；审时度势、求新求变的经营策略。这些呈现出上海城市特有的"沪商文化"的主要精神——爱国敬业、诚信理性、开放合作、锐意进取，并深深积淀在沪商企业精神或企业文化之中，对沪商企业培养、锻造员工职业岗位素养产生了重要影响。

党的十九大报告提出：中国特色社会主义文化是激励全党全国各族人民奋勇前进的强大精神力量；全国高校思想政治工作会议强调：坚持把立德树人作为中心环节，把思想政治工作贯穿教育教学全过程，实现"全程育人、全方位育人"。高职财经商贸类专业人才培养更应注重"以文化人、以文育人"。

然而，在财经商贸类高职专业人才培养中，虽然有职业道德、敬业精神等教育，包括

---

① 陈剑峰、陈敏、赵宏、傅建东，上海商学院。

职业认同感、责任感，一丝不苟的专注精神，严谨细致的工作态度，追求发展的工作理念，知行合一的实践精神，奋力拼搏的进取精神，精益求精的创新精神等，但缺乏系统性，未能将商业文化、“匠心精神”、爱国商人的创新创业、艰苦创业精神纳入专门的课程；缺少开展工匠精神教育教学的实体场所，亟需将职业素养教育纳入高职财经商贸类专业人才内涵建设中。

课题组将“匠心精神驱动发展，沪商文化素养育人”作为高职财经商贸类专业人才职业素养教育建设主线，积极搭建育人载体和平台，通过文化馆、思政课、实践课、文化节、技能赛等具体项目的实施，拓宽育人途径，丰富育人内容，提升育人成效，改变以往专业人才职业素养教育培养路径较为单一的状况，培养符合商业行业、企业发展革新需要的更高素质的财经商贸类专业人才，适应新时代发展需要的商贸服务行业岗位人才综合素养能级升级需求。

二、探索与实践过程及载体

以“匠心精神驱动发展，沪商文化素养育人”为建设主线，结合专业教学特点，探索财经商贸类专业人才职业素养教育的方法和路径，贯彻落实德技并修要求，推动专业人才职业素养内涵建设的创新和发展。

1. 发挥课程主渠道作用，打造专业职业素养教育第一课堂

将文化育人通识课程、创新创业课程、行业前沿课程融入专业人才培养方案。“中国商业文化史”“商业文化”“沪语与沪语文化”“商业伦理”作为通识课程，供专业学生选修。“创新创业”“行业前沿”课程作为专业选修课必开课程。累计建设 11 门专业行业前沿课程、4 门通识文化课、5 门专业创新创业课程。

学校与相关职业培训咨询公司合作，将德国优质职业教育模式引入专业实践环节，以商务模拟公司为载体，通过创设经济活动仿真模拟环境，为学生提供真实的工作场景，通过网上平台，学生可以与约 7500 家全球商务模拟公司进行贸易。邀请企业能工巧匠来校为学生授课，与学生面对面讲座，以创业教育为载体，加强对学生创新思维的锻炼。

持续组织学生开展“商业文化寻访”暑期社会实践，通过实践走访，感受企业文化，感受沪商文化。引导学生自觉培养创新意识、创造能力和创业精神，实现创新创业教育与职业素养教育的有机融合。

课程建设及实践教学课堂尝试性变革，既提升了专业学生专业认识和技能水平，又为引导专业学生树立正确的人生目标、价值取向上奠定了成功基础。学生通过专业学习体验，加深了对专业职业素养的感悟。

2. 校校联合共建校园文化，打造职业素养教育第二课堂

2017 年至今，校校联合开展四届“尚・商”文化节，围绕“传承、思辨、务实、求新”开展形式多样、健康向上、格调高雅的校园文化活动，润物无声传达正确的价值追求和理想信念，培养学生“公正，包容，诚信，责任”价值取向。举办了“百年商海，匠心永传——近代民族工商业品牌展”、“尚、书荟”读书报告会、“知名公司主管创业人生经验分享会”、“商辩群英会辩论”、“国际创意集市”、“与匠人的面对面”、“沪商之旅・匠心之路”、“与德国

和荷兰师生团面对面”、“创新创业政策解读沙龙”、“创新，改善生活读书节”等一系列校园文化活动。校园文化活动的开展培养了学生务实的商业精神、开放和理性的思考、大胆创新、不断奋进的精神，学生在传承“中华文化”中学会思辨，为使学生成为面向社会、面向未来，具有较高职业素养的专业技能人才奠定扎实基础。

3. 以赛育人，打造职业素养教育第三课堂

将职业技能大赛纳入人才培养方案中，全体学生参与各类大赛。每年开展校级“商之路”“明日商界之星”比赛；组织全体学生参加市“星光”大赛、“互联网＋”大赛，遴选优秀选手参与国家级职业技能大赛、世界技能大赛。不断打造“尚商”理念，拓展“财商”知识，弘扬“商匠”精神，实践“匠心”才干，在指导学生参赛的全过程中实现技能知识运用能力和专业职业素养教育深度融合，使学生认识到专业职业素养的重要性。

4. “1 室＋1 馆”建设，打造职业素养教育“特色”课堂

“1 室”指瓷清荷刻工作室。邀请非遗瓷刻大师来校建立“清荷瓷刻工作室”，组建清荷瓷刻工作室团队，由大师担任特邀专家，指导学生瓷刻活动，通过“瓷刻”呈现“匠心传承”，感受中华传统工艺体现出的“传承与创新”，体验精益求精的工作态度和思想境界，学生瓷刻作品多次展出，还成为与外国学生交流的桥梁。

“1 馆”为“沪商文化馆”，作为高职学生沪商文化素养教育与实践的基地，先后举办了“近代百年工商业品牌展”“商业文化展”等 6 次专题活动，开办珍品展多次，展品包括收藏家的藏品、上海造币厂铜钱币、上海印钞厂纪念币等，生动地再现了上海开埠以来民族工商业的发展。2016 年至今沪商文化馆举办了多场主题活动，吸引了校内外师生、街道工作人员、企事业单位人员、其他高校师生、外省市教师等近 5000 人次参观学习，加深了学生对“匠心精神”“沪商文化”直观感受和深度理解。2020—2021 年，开展“老商标里看四史”“小商标大见证——庆祝建党百年商标主题展”，开展职业素养教育红色主题展，赓续红色传承，激发学生爱国热情，树立不断努力的奋斗精神。学生走入上海教育博览会宣讲商标里的爱国故事、爱国工商企业家，受到了教博会主办方和参观者的高度关注。“沪商文化馆”的影响力辐射升级，吸引了人民网、上海教育电视台、青年报等 13 家社会主要媒体的关注和报道。

“1 室＋1 馆”的特色建设，实现了财经商贸类专业职业素养教育能级提升和辐射影响。

三、探索与实践路径

1. 纳入培养方案

将匠心精神、沪商文化素养相关课程纳入人才培养方案。以促进“专业人才培养全面发展”为指导，以“匠心精神驱动发展，沪商文化素养育人”为财经商贸类专业人才职业素养教育建设主线，在“坚定理想信念、厚植爱国主义情怀、提升品德修养、培育创新与奋斗精神、增强综合素养”方面拓宽育人途径，丰富育人内容，提升育人成效，适应商贸服务行业岗位人才综合素养内涵“升级”需求。

2. 搭建特色课堂

通过厘清思路，成果培育和实施，构建全方位，多元化的职业素养教育培养平台，解

决专业人才人文素养教育内容欠缺，实施路径较为单一的问题，通过课堂教学、实践教学、专业思政、人文素养培养的互通融合，搭建与完善财经商贸类专业人才职业素养教育“第一、第二、第三、特色”课堂，进一步落实职业教育“立德树人根本任务，德技并修，规范人才培养全过程”要求，培养符合商业企业行业发展需要的高素质、高技能人才。

3. 多错并举，强化实践体验

通过“专业课、实践课、文化节、技能赛、瓷刻室、文化馆”等具体项目的实施，进一步明确“高职财经商贸类专业人才职业素养教育的实施路径和方法”，解决以往专业人才职业素养教育理论研究多于实证研究，建设成效不突出、不明显的问题。

四、探索与实践创新点

1. “匠心精神”融入课程

将“匠心精神”融入课程建设，建立“专业教育＋创新创业教育＋人文素养教育”系列课程，引导学生树立社会主义核心价值观，提高学生专业学习能力、行业岗位适应能力，培养学生坚定理想信念，厚植爱国情操，爱岗敬业精神。“沪商文化”主要精神与专业人才职业素养培养教育相结合，丰富和充实了专业人才培养建设内涵。

2. 以赛育人，德技并修

通过组织学生参加校内外专业技能比赛和课堂实践，结合专业人才培养要求，打造“尚商”理念，拓展“财商”知识，弘扬“商匠”精神，实践“匠心”才干，拓宽专业人才职业素养教育的育人途径，进一步促进专业学生对“匠心精神”“沪商文化”所体现的职业素养内涵深层次的理解。

3. 营造场域，环境育人

发挥上海商学院与高职院区的优质资源，校校联合，聚焦高职财经商贸类专业人才培养，通过校园文化节、瓷刻工作室、沪商文化馆等建设，深化、挖掘“以文化人、以文育人”的校园文化建设特色，形成财经商贸类专业人才职业素养培育育人环境和氛围。

通过“1室＋1馆”特色建设，结合“四史”教育、党史学习教育和庆祝建党百年契机，开展红色文化商标主题展活动，透过商标讲述爱国工商企业家故事，激发学生爱国热情，树立学生的艰苦创业和不断奋斗精神。通过学生“瓷刻作品”、教博会专题宣传等多项活动，展现学生职业素养教育成效。

五、研究成果推广应用效果

1. 财经商贸类专业人才培养实显成效

培养了一批具有“匠心”精神和“沪商文化”底蕴的专业人才，受到企业欢迎，2016—2021年，首次就业率保持高位，平均就业率为98.96％。在2018—2021年毕业生就业报告中，用人单位对毕业生的人生乐观态度、积极努力、追求上进、包容精神、关注社会、乐于助人、参与公益、社会公德、学会感恩、遵纪守法等方面评价较高。特色建设吸引了校外企事业单位、社会媒体的广泛关注，获得了良好的社会反响，实现了专业人才职业素养教育的辐射影响。

2. 证赛参与率高、成绩好

学生对未来职业忠诚度提升，专业技能水平不断提高。在“十三五”期间，在校生的职业技能中级等级及以上证书通过率连年超过 80%。2020 年，首次开展“1+X”证书试点，会计高职专业“业财一体信息化应用（中级）”参考 27 人，合格人数 26 人，通过率 96.3%，2021 年第二批参考学生 30 人，100%高分通过。

学生通过参加各类技能比赛加强能力锻炼，提高了自身综合素养。在第七、八、九届上海市“星光计划”职业院校技能大赛中，获奖总数量持续保持本市职业院校领先。在全国职业院校技能竞赛等多个重要赛项中，学生荣获荣誉多项。2019—2021 年“互联网+”比赛，学生参赛积极性高，除了已毕业的学生外，在校学生全员组队参赛。

3. 社会辐射面广

成果的培育拓宽了“沪商文化馆”的育人获益面，促进了校园文化建设。老商标里看“四史”特展，人民网专题发文：一场特展用老商标讲述“四史”，推动商科人才核心素养发展。吸引了上海教育电视台、青年报、上海热线等多家媒体关注和报道，人民网、第一教育等 13 家媒体相继对特展作专题报道。本市高校师生、教育主管部门、市学生事务中心、街道党组织及浙江丽水 5 所中职校领导超 700 人前来参观，并给予高度评价。

“沪商文化”馆、瓷刻工作室育人成效逐渐显现，社会影响日益提升，辐射影响广泛，成为专业人才职业素养教育的特色平台。

本成果通过教育部重点建设职教师资培养培训（上海商学院）基地辐射到数百所职业院校。在长三角区域财经商贸类职业教育师资协同创新发展联盟成立暨 2021 年职业教育高质量发展论坛上，成果向 90 多所职业院校推广。

课程思政融入专业课程教学探索与实践
——以上海市精品在线开放课程“影视制作技术”为例

薛元昕[①]

教育部印发的《高等学校课程思政建设指导纲要》中指出，培养什么人、怎样培养人、为谁培养人是教育的根本问题，立德树人成效是检验高校一切工作的根本标准。全面推进课程思政建设，就是要寓价值观引导于知识传授和能力培养之中，帮助学生塑造正确的世界观、人生观、价值观，这是人才培养的应有之义，更是必备内容。

本文探索了现代职业教育课程思政建设的路径，分析了将价值塑造、知识传授和能力培养融为一体的必要性和可行性，研究将思政元素融入专业课教学的思路和手段，以上海市精品在线开放课程“影视制作技术”教学设计和实施为例，阐述在课程教学的不同阶段，结合课程的教学内容，因势利导，将世界观、人生观、价值观的塑造融入课程教学全过程的具体做法。

一、课程思政建设是专业课程建设的重要任务

唐代思想家韩愈在《师说》一文中，阐述了传道、授业、解惑是教师基本职责，韩愈指的“道”是孔孟之道，而当今传道的内涵就是宏扬社会主义核心价值观。虽然时代不同，内容不同，但教育的首要任务却没有改变。

1. 课程思政是影响大学生成长的关键

思政课程和课程思政是大学生成长过程中的“关键课”“必修课”。青少年时期是人生观、世界观、价值观逐渐形成的黄金时期，学校应依托思政课程和课程思政，通过灵活多样的形式和丰富鲜活的内容，教育青年学子树立远大理想，热爱伟大祖国，担当时代责任，帮助学生“扣好人生第一粒扣子”，提高他们的思想道德修养、人文素质、科学精神、宪法法治意识、国家安全意识和认知能力，培养良好的道德情操和爱党爱国情怀，提高抵制不良诱惑的能力。

2. 课程思政建设是专业课程建设的重要内容

高等学校人才培养是育人与育才相统一的过程，而专业课程教学是实现这一培养目标的方式与途径，培养目标的达成和教学过程的实施，离不开课程这个主战场和课堂这个主渠道。专业课程不但是知识和技能传授的载体，还是课程思政建设的载体，特别是对于职业教育而言，对受教育者进行思想政治教育和职业道德教育，培养劳模精神、工匠

---

① 薛元昕，上海第二工业大学。

精神，与传授科学文化知识和专业知识，培养技术技能同等重要。解决好专业教育和思政教育两张皮的问题，是当今专业课程建设的重要内容。所有高校、所有教师、所有课程都有责任守好一段渠、种好责任田，使各类课程与思政课程同向同行，构建全员、全程、全方位育人大格局。

二、课程思政融入专业课程建设的方法路径

课程思政建设是一个系统工程，不但需要教师和学生认识到思政入课堂的重要性，更需要学校层面结合自身发展定位和人才培养目标，制定课程思政建设的顶层规划和评价机制，学校、教师、学生三位一体，共同促进课程思政建设和实施。

1. 高等学校需要重视顶层设计，确保建设效果和落实

高等学校承担着为国家培养人才的重任，长期以来，高校的专业课程体系建设着重培养专业人才，重视专业知识和专业技能的传授和培养，对学生思想道德、政治觉悟方面的教育有待提高。课程思政融入专业课程建设，需要对专业课程体系进行系统化顶层设计，是一项长期的系统工程，需要在学校党委的统一领导下，形成各部门、各方面共同参与的工作格局，从政治上、组织上、思想上落实责任，划清职责，明确任务，出台相应的政策支持和资金支持，为广大专业课教师进行课程思政系统化建设提供条件和保障，确保课程思政建设落实落地。同时出台相应的评价机制，确保建设效果。

2. 专业课教师需要提高自身思政育人的意识和能力

课程思政如何更好地融入专业教育，对专业课教师提出了很高的要求。教师必须了解自己的专业特点和优势，明确本专业的人才培养目标，明确所授课程在专业课程体系中的作用，通过参加培训、集体研讨、现场观摩等活动，提升自身思想政治觉悟和道德水平，提高育人意识和能力。针对专业培养目标和课程特点，深挖其中所蕴含的思政元素和精神内涵，结合专业课教学，精心进行课程整体设计和单元设计，针对不同教学内容选取典型思政案例，采用灵活多样的教学方法和手段，将大国工匠精神、团队合作精神、爱国主义情怀和岗位职业素养等思政内容，融合在教学设计和课堂教学实施过程中，拓宽专业课程内容的广度，增加学生对专业认知的深度，培养学生求真求实、勇于创新、报效国家的责任感和使命感。

3. 主动提升自身思想道德水平

青年学子是祖国的未来和希望，应珍惜良好的学习环境，积极参加社会实践，端正学习态度、增强责任意识、提高道德修养，树立远大目标。通过思政课程和课程思政的学习，增强对党的创新理论的政治认同、思想认同、情感认同，坚定中国特色社会主义道路自信、理论自信、制度自信、文化自信。在学习专业知识和技术技能的同时，不断提高自己文化科学素养和社会实践能力，在思想上磨练自己，自觉抵制歪风邪气和各种不良信息，树立正确的人生观、价值观和世界观，主动接受思想教育，在学习实践和社会实践中，逐渐认识社会主义制度的优越性和中国共产党独特而强大的组织优势和行动能力，把个人成长融入国家发展，将实现中华民族伟大复兴的中国梦作为自己的奋斗目标。

三、以“影视制作技术”在线开放课程为例

2019年，“影视制作技术”课程被评为上海市高校课程思政专项建设项目，2020年被评为上海市精品在线开放课程。课程建设过程中，注重提高教师思政育人能力，深挖课程思政要素，将爱国情怀、公德意识、感恩素养、责任担当等思政元素融入教学设计，将企业工作岗位中所需要的职业素养、职业技能、工匠精神、团队精神等思政元素蕴含在项目制作中，努力做到内化于心、外化于行，提高育人成效。

1. 教师积极参加培训，提高思政育人能力

组织专业课教师参加全国职业院校课程思政建设及教师思政教学能力提升研学项目，聆听专家《关于高职专业课程思政的道法器术教学改革》《思政课程到课程思政，同向同行合力育人》等讲座。通过课程思政实践、举办典型经验交流、教学培训现场观摩等活动，了解课程思政在落地过程中的要点和难点，学习课程思政的多种融入方式，提高教师的思想政治水平和思政育人能力，越来越多的专业课教师积极主动投入课程思政的建设和实践中。

2. 深挖课程思政元素，全面修改教学大纲

将社会主义核心价值观及本专业所对应的职业岗位素养需求进行对照，对影视制作技术课程进行了全面剖析，重新修订了课程教学大纲，按照影视作品制作流程，在课程教学的构思创意、拍摄剪辑、合成输出等不同阶段，将工匠精神、企业文化等思政教育元素融入课程的整体设计和单元设计，根据每个教学项目的学习内容和项目特点，融入课程思政的重点内容和目标要求。

在课程构思创意环节，要求学生在作品设计时传播真善美，弘扬正能量，唱响主旋律，教导学生清楚什么是肯定的、赞美的，什么是否定的、批判的，将艺术为人民服务的理念贯穿项目设计制作全过程；在拍摄剪辑过程中，将工匠精神贯穿整个项目制作；在完成任务的过程中，培养学生职业道德和职业规范；在合成输出阶段，要求学生对自己的作品做反复修改，提高作品质量，引导学生树立良好的职业道德、敬业精神与创新意识，将交流沟通能力、服务意识和工程意识融入项目制作。

3. 利用课程综合实训，引领学生自我成长

注重课程综合项目的题材选择，准确把握社会主义核心价值体系，明确作品主题，做到价值观先行。在项目设计制作中引入热点话题，指导学生制作了以垃圾分类、抗击疫情、节约粮食、建党百年为主题的微电影作品；比如在以“抗击疫情”为主题的微电影项目制作中，通过收集资料、拍摄制作等环节，使学生深刻地感受到全国人民万众一心、同舟共济的守望相助精神；在以“光盘行动”为主题的微电影项目制作中，引入“反对铺张浪费、提倡勤俭节约”的宣传教育，培养学生节约粮食的美德；结合中国共产党建党百年，设计“电影中的百年党史”短视频制作项目；组织学生对身边的模范人物进行专访，使学生从身边的榜样中汲取力量，完成自我教育，自我成长。

4. 收集整理课程资源，丰富思政教育内容

依托“影视制作技术”在线课程网站，将多年教学过程中整理的思政阅读材料，按照类别进行整理，发送给学生，从工匠精神、敬业精神、职业道德、团队精神、艺术修养及其

他方面为学生提供阅读材料，拓宽学生的阅读领域；将红色影视文化作为课程网站拓展资源的一部分，介绍红色革命经典影视剧，传承红色基因，弘扬红色电影正义、勇敢的革命精神，充分发挥红色影视文化的育人功能，帮助学生树立正确的创作理念。

5. 主动对接思政教师，全面推进“专业思政”

专业课程教师在思政育人方面需要向专职思政课程教师学习，通过主动交流对接，了解思政课程的教学方法和教学手段，获取思政课堂上大量的思政教学资源，结合自己的课程内容进行选择，将思政课与专业相关的案例和资源有机融入专业课程教学内容。在推进课程思政的同时，还应结合专业人才培养目标，将“课程思政”扩大到“专业思政”，从专业人才培养的角度，对专业的思政教学进行顶层设计，专业中的每一门课程都应有自己的思政育人特色。通过定期组织专业教师课程思政研讨会，将思政育人贯穿专业课程、实习实践和专业文化等整个专业培养过程中，深入系统推进课程思政建设，实现立德树人的专业人才培养目标。

6. 建立健全评价机制，保障思政育人效果

在课程思政建设和实施过程中，学校逐渐建立健全思政课程育人效果的评价机制，完善学校对教师、教师对学生和学生自我评价等评价体系。评价体系的建立，对构建全员、全程、全方位的三全育人起到促进作用，确保课程思政建设落地落实。影视制作技术课程思政内容和教学实施受到同行和学生的好评，学生在学习影视制作技能的同时，能够将文艺作品传播真善美的属性融入到作品创作中，提高了作品的思想性和艺术性。目前，该课程已获评上海第二工业大学思政领航课程，申报了上海市课程思政示范课程，在课程思政建设方面起到引领和示范作用。

四、课程思政建设组织实施要点和保障

通过课程思政融入专业课教学的实践，在“课程思政”改革方面做了一些探索，归纳总结了在协同育人、课程设计、效果评价、保障机制等方面的实施要点和基本保障。

1. “三协同”实现全员全程全方位育人

学校党委落实责任、划清职责、明确任务，出台课程思政相应的政策支持和资金支持；专业课教师将课程思政育人作为自己义不容辞的职责，通过培训、研讨、观摩、实践等方式，不断提升自身课程思政意识和能力；大学生在学习实践中自我教育、自我成长，树立正确的人生观、价值观和世界观，自觉接受思想教育，形成三方协同的育人模式。

2. “三设计”充分融入课程思政元素

首先，设计思政元素，不同课程根据专业和课程特点，深挖专业知识体系中所蕴含的思政内容和精神内涵，设计成学生乐于接受的文字、图片、音视频等不同形式的多媒体思政元素；其次，进行课程整体设计和单元设计，结合专业课程教学内容，将思政元素有机融入课程教学内容；最后，设计教学过程，采用灵活多样的教学方法和手段，将思政元素融行之有效地入课堂教学实施过程。

3. “三评价”保障课程思政育人效果

学校出台思政育人评价机制，把教师参与课程思政建设情况和教学效果作为教师考核评价、岗位聘用、评优奖励、选拔培训的重要内容；教师将思政内容纳入课程考核成绩，

对学生的日常表现、学习态度、敬业精神、团队合作、职业素养等进行综合评价;学生对自己的日常行为规范、思想道德修养等进行自我评价,反躬自省,不断提升综合素质。通过构建学校、教师、学生多维立体的思政考核评价体系,保证课程思政的实施落实落细、行之有效。

五、结语

课程思政建设是高等学校人才培养的重组成部分,是实施三全育人的重要途径,是保证培养符合我国社会发展人才需求的重要手段,是落实立德树人根本任务的关键环节。高等学校、专业课教师和青年学生应齐心协力,各尽所能,从政策条件支持、课程思政建设、自我成长需求等方面多管齐下,充分利用专业课程教学这个主战场和主渠道,在培养学生专业技能的同时,将思政元素润物无声的融入其中,培养出德智体美劳全面发展的社会主义建设者和接班人。

基于思政教育引领高职学生核心培育的研究与实践

张学龙　皋玉蒂　韩天学[①]

从注重学生关键能力培养到全面重视必备品格与关键能力并重的完整的核心素养培育体系，是实施新时代党的教育方针、落实立德树人根本任务的重要举措。本文结合职业教育实际创建的高职学生核心素养培养框架的内涵，凸显高职学生核心素养的培育必须以政治教育为引领的重要性和必要性，有针对性地提出高职学生核心素养培育以思政教育为引领的校本化实施的路径方法，为高职院校以核心素养培育为载体，落实课程思政，推进实施全面育人提供理论依据和实践探索。

一、全面育人工作的需要和核心素养培育存在的问题

本研究旨在推进高职学生关键能力培养，坚持育全面发展的人，育不同特长的人，促进学生“能适应、可持续、助发展”。

根据《中国学生发展核心素养》，贯彻落实立德树人这一根本任务，针对高职学生的教育特点、专业特质、行业特征等，遵循构建核心素养体系的原则，创设四类要素，构成十四个基本要点，整体形成了注重必备品格 ＋ 关键能力的高职学生发展核心素养体系。2017 年，全国高校广泛推进课程思政教育，上海教育系统提出三圈三全十育人理念，落实全方位育人，构建校内校外合力育人格局，推动高校思想政治工作更上一层楼。

目前，高职院校人才培养普遍存在三大方面的主要问题：一是高职院校核心素养完整的内涵体系缺失，高职学生核心素养尚无完整框架体系，散见于部分教学过程之中。二是高职院校核心素养培育的路径方法失衡，重通用能力，轻必备品格；往往注重在通识课程和社团活动中培育核心素养，忽视在专业课程和实操训练中渗透。三是高职院校核心素养的价值目标引领不够，对核心素养的思政内涵和思政教育的主体作用、引领价值和地位认识不足；核心素养培育的价值目标在课程思政中没有得到体现，其效能没有得到充分发挥。

针对上述问题，必须紧紧抓住思想政治素养的核心内涵包括政治认同、科学精神、法治意识、公共参与，以及核心素养的思想政治内涵包括远大理想、坚定信念、社会责任、职业品质，坚持以思政教育为引领落实课程思政，以核心素养为载体，以核心素养培育为抓手，以专业教育为落地，实施全面育人。

---

① 张学龙、皋玉蒂、韩天学，上海思博职业技术学院。

二、高职学生核心素养培育的体系设计与路径方法

1. 高职学生核心素养培育的体系设计及其实施

从“必备品格”和“关键能力”两大维度出发，创设四类要素（理想信念、职业品质、社会能力、方法能力），构成十四个基本要点，整体形成了适合高职学生发展的核心素养培育体系（见表1）。各“要点”均有具体描述（三级）。

表1　适合我国高职学生发展的核心素养体系要素

维度	核心素养	基本要点
必备品格	理想信念	政治认同、文化自信、社会责任
	职业品质	敬业爱岗、诚实守信、积极主动
关键能力	社会能力	交流合作、探究创新、自我管理、国际理解
	方法能力	自主学习、理性思维、信息处理、身心健康

在此基础上，制定了《高职学生核心素养培育实施方案》《综合实践周活动方案（选题、指导、展示等）》《课程思政与核心素养培育教学管理补充规定》《基于核心素养培育的新一轮人才培养方案指导意见》，以及教学计划、教学标准、课程设计、课程教案等，形成了制度支撑的系列文件和方案。

2. 强化思想政治教育引领高职学生核心素养培育

一是在管理机制上，立足全方位育人，构建大思政教育。实施大思政教育模式的内涵包含“思想政治教育”和“课程思政教育”两大板块，具体涵盖思政理论课程教育和日常管理思政教育，以及课程思政教育和活动系列教育。二是在运行机制上，注重综合性特征，融入各环节培育。采用“渗透”的方式，通过思政教育引领，从各门课程和各项课外教育活动的具体环节入手，各有侧重地、有针对性地将核心素养的培养融入其中。三是在保障机制上，锻造系列化队伍，发挥引导者作用。

3. 聚焦专业特质、职业特征注重课程思政培育核心素养

高职学生核心素养的必备品格和关键能力是学生知识、能力和态度的综合体现。高职不同专业的学生有不同的核心素养内涵和不同的培育方式。因此，在做法上完全落脚到具体专业的人才培养方案和各项知识传授、技能训练及教育教学活动中。

高职教育最大的特点是强化技能训练约占比50%，习得具体的技能与形成关键的素养之间有着不可分割的联系。随着技能的提升，对工具的使用将从操作自如、熟练，到“人器（具）一体”，形成“肌肉记忆”，达到“机能提升”。其中技能提升所伴随的“静心”“专注”“向好”的心理品质、价值追求等情感态度得到升华，是我们在专业培养的实践中更加注重的。

4. 宏观“三维度”、中观“四层面”、微观“五步法”落地实施

高职学生核心素养培育立足于全面育人，整体路径采取思政引领、融进专业、渗透课程、嵌入活动，实行全方位渗透、全过程培育、全人员参与。

宏观“三维度”，即在管理机制、运行机制和保障机制上，做到全方位育人，大思政教

育;综合性设计,各环节培育;系列化队伍,引导者保障。

中观“四层面”包括制度层面、专业层面、课程层面和活动层面。制度层面包括计划方案、教研活动、培养举措;专业层面包括纳入培养目标、培养规格、课程体系、课程标准、考核评价五方面;课程层面包括不同功能课程、不同形态课程;活动层面包括专业实践和主题教育两类活动。

微观采用“五步法”落地:①构建核心素养培育的专业课程体系;②挖掘核心素养的内涵融入教育过程;③围绕核心素养的培育实施教学创新;④针对核心素养抽象性改革课堂教学;⑤各类活动渗透核心素养的养成教育。

最后的评价则根据核心素养的必备品格具有内隐性、关键能力具有外显性的特征,通过一定的关联性转化或间接性补充,使其可测量、可量化。所构建的核心素养考核评价体系,包括在线自测、行为记录和情景模拟,并充分利用现代信息技术,自主开发网络“积分卡”,将核心素养教育活动计入学分。

三、强化学生核心素养培育的实践探索和基本成效

根据不同行业职业的核心素养内涵特质,创造性地构建了宏观“三维度”、中观“四层面”、微观“五步法”的路径图谱,确定了课程思政融入、思想政治教育引领高职学生核心素养培育的顶层设计和专业渗透的路径举措,确保高职课程思政有载体、有目标、有内涵、有特色,能落地。

应用典型案例分析不同行业职业的核心素养内涵特质,具体以不同行业职业等相关专业为重点设计方案,将核心素养培养的内容融入教学和活动的各个环节,使教书与育人一体化、思政教育与素养培育一体化,从实践上创新了“思政引领、融进专业、渗透课程、嵌入活动”的路径方法,构建了与大数据紧密相连的高职学生核心素养培育的评价体系,确定了核心素养评价指标建构的原则和方式,系统地建立学生核心素养评价指标体系和保障措施。

1. 率先在高职领域创建了适合高职学生发展的核心素养体系并有实践

关于思想政治教育引领高职学生核心素养培育的案例,入选上海市民办教育党工委主编的《新时代上海民办高校党的建设和思想政治工作实录》。近年来,编撰素养类教材,同时开发核心素养在线课程1门,并在知名的课程资源网络平台智慧树推出上线,已被国内多所本专科院校作为网络选修认同的学分课程。

2. 形成了支撑核心素养培育的系列制度、方案及规范性文件,并建立机制

建立了由校领导挂帅的领导小组和工作小组,制定了《思政引领高职学生核心素养培育实施方案》《学生综合实践周活动方案(选题、指导、展示等)》《课程思政与核心素养培育教学管理补充规定》《基于思政引领核心素养培育的新一轮人才培养方案指导意见》,以及教学计划、教学标准、课程设计、课程教案等,形成了制度支撑的系列文件和方案。

3. 创建了支撑核心素养培育的专业课程体系、活动体系、评价体系

三大体系具有高职特色、本校特点、专业特质,诸如德育修身营、半军事化管理、目标马拉松、阅读成长和建工三字经等,所有专业群都开设与专业化教育相结合的“特色劳动

教育"。

活动体系构建同样立足于思想政治教育引领，举办的"建党百年百件红色经典珍藏文献特展"，校内及周边众多院校师生和社会团体预约观展，积极发挥特展作为党史学习教育的阵地作用。《人民日报》《文汇报》《新民晚报》等主流媒体以"青年学子的一堂生动的思政课"为题相继报道。

4. 强化思想政治教育引领落地核心素养培育成效明显

以护理专业为例，八大核心素养融入专业人才培养方案，构建循证护理、国际护理人文素质概论、多元文化护理等课程体系。坚持培育，成效明显，护理专业有 80 名毕业生(数量远超同类高职)奔赴医院等一线抗疫，其中刚毕业不久的就占 20%(近三年)。可见真正做到了核心素养和专业技能与毕业岗位无缝对接，使毕业生不足三年就能成为医院临床护理工作的骨干。

学校整体实力明显提升，各类成果占位在上海高职院校优势明显，在上海民办高职总体处于首位。在上海市人民政府教育督导分类评价、神针高教观察及武书连高职排名中均位于前列。第三方质量年报显示，连续六届学生毕业半年后工作匹配度 95.6%、半年离职率 9.76%、母校满意度 92.38%，主要指标远超全国高职院校平均水平。

5. 具有可推广可复制的良好广泛的辐射效应

2019 年，获得专家随机随堂全覆盖听课专家的好评；获上海市思政理论课精品课程 1 门，课程思政教育获上海高职战役课堂课程思政典型案例一、二、三等奖多项。

辐射多所高校，应邀作专题报告 13 场，受众覆盖 500 多所院校 3000 余人次。先后应邀参加首届 21 世纪大学生核心素养国际研讨会、长三角民办高校第一届教学发展学术年会、长三角高职院校学前教育联盟党建和思想政治工作研讨会上等，并在会上作主旨报告。应邀为教育部全国重点建设职业教育师资培训基地和山东、安徽等省市的职业技术学院等作在线报告，受众评价很高。上海教育电视台和中国高职高专网对成果做了全面介绍和采访报道。

四、高职学生核心素养探索和实践的结论与启示

高职院校必须明确培养学生思想政治素养的核心内涵和核心素养的思想政治内涵；高职学生核心素养的培育必须以思政教育为引领；高职学生核心素养的培育必须以课程思政为抓手。结合高职院校人才培养的实际，高职学生发展核心素养的校本化实施，需要通过以下 8 条路径予以落地：①思政教育是引领核心素养的价值导向；②课程体系是培育核心素养的四梁八柱；③课堂教学是落实核心素养的主要阵地；④教育活动是渗透核心素养的重要渠道；⑤课程资源是保障核心素养的条件基础；⑥校企合作是共育核心素养的高职特征；⑦课程文化是提升核心素养的精神土壤；⑧纳入考核是评价核心素养的学业要求。

经过不懈的理论研究和实践探索，基本形成了"思政教育引领核心素养培育，落地课程思政，实施全面育人"的教育模式，专业改革和建设不断深化，全面育人效果显著，培养质量和办学水平明显提高。我们将以此为契机，继续探索以核心素养为载体推进课程思政育人特色创新之路，为培养德智体美劳全面发展的高职人才作出更大贡献。

致谢:本工作得到中国高等教育学会2020年高职教育研究专项资助(基于思政引领的高职学生核心素养培育的实践探索,2020GZD16)。

高职院校思政课教学资源库共建共享实践研究——以“毛泽东思想和中国特色社会主义理论体系概论”课为例

王依娜[①]

当前，高职院校思政课教学资源库建设存在缺乏系统理论支撑、合理建设团队，与学科专业深入融合不足，质量标准和保障激励不健全等问题，亟需从现实出发，以问题为导向，形成协同效应。本文以上海高职院校“毛泽东思想和中国特色社会主义理论体系概论”课（以下简称“概论”课）教学资源库建设探索为例，从凝聚多元主体、加强顶层设计、体现职教特性、精选建设素材、搭建共享平台等维度论述，以期为高职院校思政课教学资源库建设提供新思路，为推动高职院校思政课高质量发展提供保障。

一、高职院校思政课教学资源库共建共享的必要性

基于共建共享理念，发挥合力育人功效，高职院校根据自身人才培养目标、师资结构和学生特点，整合思政课优势资源，打破思政课教师“单打独斗”困境，协同开展课程教学资源库建设模式创新，将思政课教学资源库运用于教师教学改革、教学质量提升及高职学生自学、辅学的全过程，对职业教育高质量发展、学生专业发展和思政核心素养提升具有重要意义。

2018版“概论”课修订增加了七章“习近平新时代中国特色社会主义思想”的新内容，2021年修订后的思政课教材又有较大改动，如何从教学实际出发，将本专科通用的教材体系转化为符合高等职业教育育人规律的教学体系，是广大高职院校思政课教师亟需解决的问题，这其中一个有效桥梁就是建设符合高职教育特点的教学资源库。但是，长期以来受高职院校师资队伍结构、思政建设力度和学生现状等各种因素影响，高职院校思政课教学资源库建设及其成效表明：无法靠教师个人“孤军奋战”来实现，唯有从现实出发，以问题为导向，共建共享，克服资源库建设中的瓶颈问题，才能最大化思政课资源库建设的整体效应。

二、高职院校思政课教学资源库共建共享的现状分析

（一）资源库建设缺乏系统理论支撑和合理建设团队

本科院校在思政课教学资源库建设过程中，往往有系统的学科理论支撑和较强的建

---

① 王依娜，上海科学技术职业学院。

设团队，高职院校在这些方面力量相对薄弱。相关调研表明，近年来，高职院校思政课教师队伍整体水平在不断提升，但是仍然存在配比不足、结构不合理、教学压力大、科研实力弱、身份认同低等状况，严重影响思政课教学资源库建设的水平和成效。

具体来说，思政课教师个体受主客观因素的制约，难以对教材体系进行深入系统研究，也难以以一己之力基于学段衔接、高职教育特点开发建设资源库，导致大多数资源库素材选取随意性大、东拼西凑明显，缺乏体系性；同时，缺少契合高职学生知识基础、思维特点、职业要求和专业高质量发展的素材挖掘和选择，表现出资源库建设的针对性不强。以“概论”课为例，本课程涉及多学科理论背景，教材内容14章，20多个专题，每个专题3—5个教学知识点，要将这些内容融汇于一个个素材库，是一项庞大的工程。

（二）资源库建设缺乏与学生学科专业的深入融合

根据我们的一项调研，大部分高职院校思政课教师都会有意无意地积累自己的教学素材，在教学中广泛使用案例、视频、图片等辅助资源，提高课堂的抬头率，但教师在关注学生的专业背景、提高专业育人力度方面存在明显不足。思政课是教育部面向高等学校所有专业学生开设的必修课，本专科层次不同、学科专业背景不同，大学生对课程素材的关注点也不尽相同。如关于“创新是引领发展的第一动力”这个知识点，会展策划和旅游管理等专业的高职学生对文化创新的内容更感兴趣，通信技术、汽车工程等专业的高职学生对技术创新的内容更有体会，但在资源库建设中，不分专业地泛泛收集、堆砌资料的情况十分常见，在使用资料库过程中，教师一般也缺少专业意识。目前，思政课建设和教学在专业化育人的深度上仍处在起步阶段，如何结合专业人才培养目标，从学生的专业背景出发分类分重点进行实践探索，是今后亟待加强的薄弱环节。

（三）资源库建设缺乏质量标准和保障激励

思政课教学资源库建设水平不仅取决于素材资源的内容设计，而且取决于技术团队的制作效果，“保障教学资源库的正常运行和维护，是实现专业教学资源共享与交流的基础和保障”，只有各个环节严要求、高标准，才能打造精品教学资源库。而且，教学资源库建设周期较长，在前期设计、中期制作、后期录制等各个环节，都需要一丝不苟、精益求精，这对资源库建设的团队协同提出了更高要求，不仅如此，质量保障和监控体系也要随时“在线”，加强对教学资源库建设的自我审查和外部监控，从而保证资源库建设质量“不掉线”。同时，教师在建设、应用和更新教学资源库的过程中，付出了大量的时间和精力，怎样公平合理地给予认可和支持，使教师有信心、有能力、有动力把工作持续推进下去，这都是提升资源库建设效能的重要所在。

三、高职院校思政课教学资源库共建共享的实践策略

高职院校思政课优质教学资源库建设，能够提升教学信息化水平，带动教育理念、教学方法和学习方式变革，增强职业教育服务社会能力。共建共享符合当前热点的协同育人理念，能够发挥各类资源优势，创新思政教育教学改革。以教育部公布的职业教育专业教学资源库建设工作手册(2019)、职业教育专业教学资源库运行平台技术要求等标准

文件为理论依据，以上海高职院校资源库建设实践为经验参考，基于资源库建设的现状，针对资源库建设过程中出现的问题，提出相应的实践策略。

（一）凝聚思政课教学资源库共建共享的多元主体

如何打破校际壁垒和各类资源无法调动的僵局，凝聚共建共享的多元主体，共同打造协同合作机制，是保证思政课教学资源库建设顺利开展的前提。第一，思政课教学资源库建设的项目负责人由思政课教师团队担任，他们在资源库建设中处于主体地位，对教学资源库的功能定位、建设思路、设计重点、建设模块等进行整体把握和实施实践。第二，为了实现资源库的便捷智能功能，便于教师“辅教”，帮助学生“能学”，同时聘请专业平台技术人员参与设计和提供技术支撑。第三，在学段贯通理念指导下，积极探索大中小学思政课一体化建设，邀请各学段思政教师，开展集体备课、教学展示，加强交流合作；通过调查问卷、教材梳理，了解前一学段思政课教学内容，学生当前相关知识储备，避免资料库建设内容重复。第四，学校党委、马克思主义学院在聘请专家指导、内容审核、经费支持、校际联盟等方面提供帮助和支持。

（二）深入调研，明确职业院校思政课教学资源库建设的特色

通过开展“上海高职院校学生思政相关知识背景”“00后大学生思维特点和认知”“用人单位视角的大学生核心素养”等调研，了解职业院校思政课教学资源库建设特征，并将这些调研成果反馈给资源库建设主体。首先，高职学生普遍在政治、哲学、近现代史等方面知识储备不足，不同专业差异较大，而思政课的理论性较强，非常需要相关知识铺垫。针对上述状况，以“概论”课为例，建设中注重增加必要的哲学原理、近现代史知识、马克思主义政治经济学等资源。其次，高职学生普遍抽象理论思维能力较弱，具象思维、操作能力较强，建设中避免过度理论性、抽象性素材的堆积，更多地提供红色故事、经典案例、当下热点等素材。最后，契合职业教育人才培养目标，注重学生职业素养和专业发展的塑造。一份针对多个主流招聘网站的招聘信息进行的大数据分析发现，用人单位对高职学生核心素养排前几位的期望分别是：企业忠诚度、责任心、执行力、积极适应、主动学习、创新能力、沟通交流、团队合作能力。由此，需要在建设中将关键核心素养的培养考虑进去，增加相关素材的选取和迁移运用。比如在“中国特色大国外交”中，选取中国在国际舞台上的担当与责任，积极推动构建人类命运共同体的案例，以此培养学生的责任担当意识；再如，通过选取近些年中国的创新发明、国之重器的典型案例，培养学生的创新思维和工匠精神。

（三）加强顶层设计，确保思政课教学资源库建设的匹配性、便捷性

匹配性要求所选取的素材要匹配教学专题、重点内容和时代精神；便捷性要求教学资源库的素材具有颗粒性、结构性、系统性、可查找性等特征。基于上述理念，以“概论”课为例，根据教育部高等学校思想政治理论课教学指导委员会发布的专题教学指南，确立了资源库建设的24个专题，然后以24个教学专题为主线，以每一教学专题中的教学内容为颗粒点，逐个建设。在确保整体知识价值能力体系一体化的前提下，力求素材资源覆盖课程的知识目标、能力目标和价值目标，通过教学设计整合和素材提取，创建微教

学单元。同时,不断提高资源库平台的智能化水平,为资源库功能由“辅学”到“能学”的转变提供技术支撑。此外,融入时代元素,对于后八章的教材内容,注重结合学生现有的生活环境和时代精神,避免案例陈旧。

(四)精选素材,统筹推进思政课资源库建设

坚持政治性、标准性、动态性标准,把握好意识形态阵地,确保内容政治正确,所有音视频、图片、文本等均按照规范标准选取。内容设计上,既利于“辅教”,也考虑“能学”。

从建设模块来看,针对每个知识点,开展基础资源、拓展资源和其他资源三大模块建设,每一模块资源包括教学支持服务模块、学习支持服务模块、资源中心模块、讨论区模块、在线考试模块、系统管理模块、用户登录模块等,素材采用音视频、文本和图片等形式。同时,充分利用上海丰富的红色文化资源,突出地域素材的选取,结合职业教育人才培养目标,选取适合高职师生使用的素材。此外,通过专家评审反馈、师生使用测试,检验资源库素材选取是否合理,资源库功效是否明显,并不断反思总结,从而使资源库的建设更加精准贴近师生理论、知识、认知状况和专业行业人才需求。

(五)搭建思政课教学资源库共享平台

本着共建共享原则,借助上海高职高专思政联盟这个平台,思政课资源库建设汇集了上海各高职院校优秀思政教师参与,避免了教师个人单打独斗、重复建设问题,实现了区域内的院校联合及团队开发建设的突破。在资源库使用上,坚持成果共同享用,遵循局部试用、循序推广原则,逐步扩大教学资源库的使用范围。一方面,将思政课资源库作为推动思政课改革的有力抓手。长期以来,教学过程评价往往缺少有力抓手,教学资源库可以对学生的课前自主学习情况、课堂参与情况、课后延伸学习情况的进行客观评价,综合各个环节的过程性考核来评定学生成绩。这种过程性考核具有重要的导向功能,有利于学生转变学习态度,树立自主学习意识,强化学习的主动性。另一方面,思政课教师通过积极引导学生在课前预习、课后复习、自学等环节使用资源库,深入思考,及时提出问题,表达自己的看法,交流学习体会,反馈对资源库建设的意见建议,从而让资源库成为线下教学的有益补充和延伸。

四、结语

思政课教学资源库是高职院校思政课提升信息化水平的重要支撑,优质教学资源共建共享是促进思政课教学改革、提高教学质量、落实立德树人的重要抓手。当前,高职院校受师资队伍结构、思政建设力度、学生现状等各种因素影响,教学资源库建设及其成效无法靠“单打独斗”得以实现,需要形成协同效应,最大化共建共享。现阶段的思政课教学资源库建设仍处在初步探索阶段,今后需要在规范建设、专业融合上深入挖掘,加强与长三角高校的协同建设,进一步匹配职业教育高质量发展、长三角地域资源优势,实现思政课资源库建设优化升级。

以校园文化建设推进职业院校劳动育人实践

陈奕帆[①]

劳动与人密不可分，劳动是光荣的，劳动教育是在立德树人目标下的重要育人环节。校园文化建设是高校劳动育人的重要环节，体现着文化自信和学校的独有特色，它可以提升学生的综合素质，提高学生劳动的主观能动性，培养学生养成积极向上的劳动精神。

一、职业院校劳动教育与校园文化建设的内在涵义与逻辑关系

（一）职业院校劳动教育的内在涵义

马克思主义认为，劳动是人类最基本和最重要的社会实践，是人的本质活动。劳动关系是最基本的社会关系，是生产力发展水平和社会进步主要的表现形式，人因劳动而创造幸福生活，同时也因为劳动改变着社会的发展进程，推动着世界的进步。习近平总书记说过要通过劳动教育培养孩子们的创造力，让他们在劳动中种下目标，收获果实，同时也磨练意志，锻炼吃苦耐劳的精神。

随着我国产业发展的转型升级和综合实力的进一步增强，职业院校承担着为社会培养大量职业类、专业性人才的功能。当今时代，职业院校要在党和政府的带领下，教育学生热爱劳动、积极劳动，不断完善教育政策，开展好劳动教育活动，培养学生全面发展，懂得“劳动值得尊敬，劳动创造美好”的内涵。

（二）校园文化建设的内在含义

校园文化是学校群体成员在教育教学活动和管理实践中逐渐积累和共同创造生成的价值观、思维模式、行动方式及其活动结果。校园文化建设是学校实施素质教育和精神文明建设的重要组成部分，是青年学生成长成才的内在需要。校园文化建设是一所学校文化氛围的集中体现方式之一，它深刻影响着学生的发展，塑造着学生的人格，陶冶当代大学生的情操，提升其综合素质。

（三）职业院校劳动教育与校园文化建设的逻辑关系

1. 职业院校劳动教育为校园文化建设提供正确的指引方向

由于文化具有导向作用，校园文化是职业院校培养人、塑造人的主要途径和方式之

① 陈奕帆，上海民航职业技术学院。

一，因而劳动教育的目标就成为职业院校文化建设的指引方向之一。职业院校劳动教育不仅能指导学生的行为规范，提高其道德品质，也能促进校园文化的发展，让学生在文化活动中得到教育，实现劳动育人的目标。比如，通过学习中国共产党党史，可以让学生从新中国成立70多年的伟大成就中明白中国的光辉成就与全体人民的劳动是分不开的；改革开放后的社会主义建设依托着劳动者的劳动和智慧，让我国实现了全面小康和社会主义建设的新历程。因而，文化具有培养人、塑造人、启迪人的智慧与作用，通过劳动育人的指引可以让学生树立正确的价值观念，既让学生体会到劳动可以推动社会的进步与发展，也能让学生明白今天幸福生活的来之不易，从而珍惜当下，努力学习，不断奋斗。

2. 校园文化建设促使劳动教育开展得更为深入

《中国教育现代化2035》提出推进教育现代化，培养德智体美劳全面发展的社会主义建设者和接班人，推动教育领域的新发展，建设教育强国，使教育为人民服务。劳动是培养一个人形成良好品德的重要途径，通过开展弘扬民族精神的校园文化建设，提高大学生的爱国主义精神，让劳动教育更为深入；通过开展学习“长征精神”的校园文化建设，可以使学生在劳动中养成吃苦耐劳、不怕困难的精神，磨炼学生的意志，让学生在劳动中勇于接受挑战，坚持不懈地劳动；通过开展社会主义核心价值观的校园文化建设，让学生懂得爱岗敬业的意义所在，感悟诚信是立身之本，也是构建“诚信社会”的关键所在。通过开展丰富多彩的校园文化活动可以使职业院校劳动教育的形式更为丰富和广阔，实现校园文化与劳动育人相结合、科学文化和劳动实践相结合、人文素养与劳动规范相结合的成果，促使劳动育人实施得更为深入、全面。

二、校园文化建设对于劳动育人的意义

（一）校园文化建设可以提高学生劳动的主动性、创造性

在职业院校劳动教育中，不仅要提高学生的劳动技术技能，还要着眼于学生创新素质和创造力的培养。马克思主义认为，劳动创造历史，劳动创造人本身。要能够让学生感觉到自己的本质力量，理解劳动不仅可以成就自我价值，也可以服务社会，而不要让劳动异化，变成一种惩罚措施，降低了学生对劳动的自我体认和自我认同；或者是劳动教育仅从学会生存的角度来确立其价值导向，遮蔽了劳动教育的生活价值，这也与百年树人的事业和立德树人的教育根本任务不相符合。劳动教育不仅仅是职业院校解决学生谋生就业的手段，让学生懂得奋斗的意义所在，还培养学生养成良好的劳动品质，让他们受益终身，创造幸福生活，这也是劳动教育的意义所在。

（二）校园文化建设可以培养学生形成正确的劳动观

职业院校可以在校园文化活动中激发学生的劳动热情，挖掘其潜能，提高学生的思想修养，增强综合素质，锻炼强健体格，弘扬劳动精神。例如，学生在参与“飞机模型制作”这样的职业文化活动时，一方面，当学生有了确定的模型形态，便应朝着这一目标不断努力直到将其制作完成，这可以锤炼他们坚持不懈的品格；另一方面，模型制作可以让学生学会在交流中合作，在探讨中学习。同时，学生在文化活动中相互学习，相互借鉴和

交流,促使他们不断完善自己、提高自己。因此校园文化建设有助于在劳动育人的实施过程中提高学生的实践能力,使他们学会在交流合作中彼此学习与发展。

(三)校园文化建设有助于激发学生积极向上的劳动精神

职业院校应在劳动育人基本方针的指导下组织学生参加各种职业文化活动,包括志愿者活动、职业公共服务等,让学生通过活动学会更好地劳动,培养其树立坚韧不拔的意志,学会为他人服务。通过开展志愿者服务,让学生主动学习身边的榜样,培养他们的创造奉献精神及乐观勇敢、锐意进取的生活态度,将理论知识与劳动实践相结合,乐观面对挑战,努力奋斗,为他们今后的职业生涯打下基础。

三、在校园文化建设中推行劳动育人发展应坚持的原则

(一)坚持导向性原则

校园文化建设蕴含着丰富的价值内涵和价值体系,它对于大学生的成长和发展起着不可忽视的作用。随着网络技术的兴起和社会价值取向多元化的趋势,一些不良思潮正在影响着大学生的身心健康。在对大学生进行劳动教育的过程当中,应该坚持以习近平重要思想为根本遵循,坚持传播与发扬社会主义核心价值观,培养学生形成良好的价值观,教育学生德智体美劳全面发展。

职业院校通过组织学生走出教室、走出象牙塔、走进生活,利用志愿服务活动等契机开展专题劳动活动,建立劳动育人实践基地,既弘扬了社会主义核心价值观,也对学生加强了中华优秀传统美德和民族文化的熏陶。通过动手劳动,培养学生主动劳动的观念,懂得辛勤劳动的可贵之处,在劳动中学习和成长;同时通过树立先进典型,加强正面引导,使学生主动接受劳动、热爱劳动、崇尚劳动精神,逐渐固化形成良好风气,推动劳动规范的完善与发展,助力社会文明的前进和发展。

(二)坚持主体性原则

校园文化建设的主体是当代大学生,这是根本出发点,一切的校园文化活动都应该以学生为培养对象,结合当代大学生特点来开展活动。当代大学生具有活泼好动的特点,他们的思想也比较前卫,因此我们在开展活动的时候,要结合主流价值观和贴合大学生发展特点的形式开展相应的校园文化活动。在进行劳动教育的过程中,要通过开展校园文化建设这样的途径来提高他们的积极性,避免采用说教式的教育方式,这样不仅是枯燥的,也无法达到劳动育人的目标。在校园文化建设中,应坚持以学生为主体,注重学生之间、学生与老师间的关系,使得学生在参与活动的过程中对劳动教育有所学、有所获,促进学生成长成才。

(三)坚持创新性原则

英国职业学校把教育的自然适应性作为劳动教育的主要原则,在教育中通常采用"社会参与性学习"的模式,重点在于让学生走入现实生活中,到行业中去学习、探索与实

践，充分体会不同的地理环境、文化习俗和社会氛围下的职业发展。日本职业学校提出了“人格培养与发展”“将职业教育引入生活实践”“尊重劳动”等教育目标，并且在各个教育阶段实施不同形式的劳动育人方案，培养学生的创新精神和劳动能力，使其养成不怕困难的坚定意志，形成科学的劳动观，为今后更好地服务社会打牢基础。

创新是社会发展的源泉，我国大力推行科教兴国战略，科技力量和创造力也是衡量一国综合实力的重要指标。在校园文化建设方面，可以举办具有创新色彩的职业文化活动，以此吸引学生，让他们以更饱满的热情和更浓烈的兴趣参与校园文化建设过程，以此促进他们的思想品质的提高与发展。在这个过程中，学生的创新思维也会得以激发，这对于增强其创造力、提高其综合素质，使其日后成为具有创新意识的劳动者具有深远的影响。

四、职业院校利用校园文化建设开展劳动教育的途径

（一）开展好马克思主义和社会主义核心价值观建设

习近平总书记指出，加强马克思主义宣传教育，是现代社会培育下一代、建设具有世界影响力的文化大国的基础之一。坚持以马克思主义为理论遵循，不仅体现了中国特色，也是民族复兴和民族自强的希望所在。1943 年，毛泽东同志在延安写下“自己动手，丰衣足食”，为克服抗日民主根据地严重经济困难而发出号召。中国共产党发展的历史表明，劳动是一切财富、价值的源泉，劳动者是国家的主人，一切劳动和劳动者都应该得到鼓励和尊重；中国共产党倡导通过诚实劳动创造美好生活、实现人类美好的梦想，反对一切不劳而获、崇尚暴富、贪图享乐的错误思想。

落实校园文化建设，要增强社会主义核心价值观的教育，使学生理解社会主义制度的优越性，理解劳动创造美好生活的意义所在，并愿意为创造美好生活矢志不渝地奋斗。当前社会诚信的重要性不言而喻，在劳动教育中培养诚信观念，对于提高大学生的品德修养，构筑诚信社会具有十分重要的意义；在开展社会主义核心价值观建设的过程中，培养学生遵纪守法的劳动意识，共同维护法治社会的建设。

（二）在劳动教育中弘扬传统文化，提升文化建设层次

中国拥有五千年历史，是四大文明古国之一，具有丰富灿烂和璀璨辉煌的传统文化。中华优秀传统文化是历史的产物，是中华文明的命脉所在。作为当代大学生，应该批判继承并发展好传统文化。

例如，先贤们创立了丰富的教育理念，这是中国教育的独特之处，也是中华文化的瑰宝。职业院校可以通过各种各样的校园文化活动，加强学生的劳动意识，培养他们的爱国热情，引导他们树立正确的三观，增强文化自信。在职业院校校园文化建设的过程中，要将优秀传统文化融入校园活动，在传统节日到来时可以开展传承优秀文化活动。例如，端午节可以组织学生开展以纪念屈原为主题的特色手工活动，一方面宣扬了优秀传统文化，继承和发扬了非遗手工艺技能；另一方面也增强了劳动教育的趣味性和实践性，激发了学生劳动的热情，使他们在活动中感受到劳动可以继承和发扬优秀传统文化，在

劳动中与古代先贤“对话”，增强民族自信心，丰富文化素养，抚慰心灵，进一步开拓了学生的眼界。

（三）开展好职业性生产和服务性劳动教育

职业教育是高等教育的重要组成部分，2022 年 5 月颁行的《中华人民共和国职业教育法》明确了职业教育是与普通教育具有同等重要地位的教育类型，是国民教育体系和人力资源开发的重要组成部分。劳动教育可以提升学生的劳动素养，促进其全面发展。要让学生参与真实的生产劳动和服务性劳动，增强职业认同感和劳动自豪感，提升创意物化能力，培育不断探索、精益求精、追求卓越的工匠精神和爱岗敬业的劳动态度。在坚持立德树人的目标下，坚持面向市场、面向实践，培育其劳模精神、工匠精神等。

职业院校要在劳动教育中坚持理论和实践相结合，培养学生的劳动技能。在课程方面，开设劳动类理论和实践课程，使学生掌握相关的劳动知识，并学会实践；在组织活动方面，可以通过开展“劳动模范进校园”活动引导学生向各行各业的先进劳动模范学习，增强职业兴趣，转变劳动观念，提升劳动技能；在交流和协作方面，职业院校可以组织学生到工厂里实践，建立协作型学习服务团体，大大增加劳动实践的机会；在培养方案方面，可以加强服务性劳动文化教育的比重，因为服务性劳动适应我国当前第三产业占比较大的发展现状，所以更适应大学生未来职业的发展需求。

校园文化建设是职业院校劳动育人的重要环节，只有坚持导向性、主体性和创新性原则，才能把握好劳动育人的发展方向。职业院校通过马克思主义和核心价值观建设做好思想引领，进一步弘扬传统文化，并开展好职业性生产和服务性劳动教育，培养学生主动劳动、热爱劳动的意识，提高学生的综合素养，以劳动教育推动教育的新发展与“人才强国”的建设，让青年一代实现“中国梦”。

五、教学设计与教学能力提升

尚德守法　学思践行　铸魂育人
——《崇尚职业道德　弘扬法治精神》教学实施报告

冯志军　胡瑞平　龚如彦　杨海慧[①]

参赛作品《崇尚职业道德　弘扬法治精神》选自中职“职业道德与法律”课，系国规教材第四至第八课，共12课时。授课对象为会计专业学生。课程坚持“以学生发展为本”的教育理念，以“职业道德”“法治精神”为教学内容，旨在培养“品规一致，尚德守法”的高素质会计从业人员，按照教育部《职业道德与法律教学大纲》的要求和建议组织教学。

一、整体教学设计

（一）教学理念

在“尚德守法、学思践行、铸魂育人”理念的引领下，围绕会计专业人才培养方案，以学生为中心，以“学—思—用”为主线，以解决学生“学而不信，信而不行”的困惑为目标，组织实施教学。

（二）教学内容

所选内容为“职业道德”和“法治精神”，该部分内容与会计专业结合紧密。会计职业具有国际公认的道德与法规要求，随着“大智移云”财务共享服务平台的运行，更需要从“德”“法”的维度为学生终身发展强基固本，应对新技术对传统会计行业的影响。

（三）教学目标

思政课有自身肩负的价值与使命：政治认同、职业精神、法治意识、健全人格、公共参与。其内核是“育德”，关键要落实在行动上。而“知而不信、信而不行”却是我们面临的困惑，为此，我们在知识目标、情感目标的基础上，重点聚焦“运用”目标，为教学搭好“起落架”，找准“着陆点”。

“崇尚职业道德 弘扬法治精神”的教学目标为：认同职业道德基本规范，增强敬业爱岗精神和诚信、公道、服务、奉献等职业道德意识，逐步养成良好的职业行为习惯；理解依法治国方略，崇尚社会主义法治理念，维护宪法和法律权威，学会用法定程序维护自己的权益。

---

① 冯志军、胡瑞平、龚如彦、杨海慧，上海商业会计学校。

（四）教学策略

授课对象为2018级会计专业0561801班学生，学情如下：

（1）知识基础：学生对个人品德、社会公德及简单的法律常识有一定的知识储备，但对职业道德与行业法律法规还缺乏了解。

（2）认知水平：学生思维方式以感性为主，想象力丰富，但逻辑思维不强，易受不良因素的影响，对规范规则的理解易存在偏差，对职业道德和法律重要性的认知亟待提高。

（3）学习能力：学生思维活跃，动手能力强，善于运用信息手段学习，但自控能力偏弱，思维深度不够。

基于此，我们以学为中心，以"学—思—用"为主线，以"学—导—探—行—评—升" 教学"六步曲"为手段，依托教学平台，注重线上和线下混合学习，解决学生学习中的"知难信""信难行"问题。教学"六步曲"环环相扣，教师构课价值逻辑化，学生学习体验渐进化，流畅地完成了"知信行"的认知循环，符合学生的认知规律和教学规律。（见图4所示）

（1）学：课前学习。课前通过合作企业、实践基地等多维度体验拓展学习，明晰概念。

（2）导：案例激趣。课上通过创境激趣导入新课。

（3）探：引思明理。在案例分析、合作学习中引思明理，澄清观点，探讨新知。

（4）行：体验导行。紧密贴合生活实际和职场情景，通过职场模拟、规范动作的模拟学习等，引导学生体验。

（5）评：学习评价。在学生自评、互评等学习评价中提升自信，让学生爱上学习。

（6）升：情感升华。在情感升华中巩固认知，体验情感，引发更高层次的思考，达到认知驱动、情感触发、思考延伸的目的。

二、教学实施与成效

（一）教学实施

思政课不止于40分钟，不限于三尺讲台。学生带着问题，走出教室，走进社会，走入职场，或参观体验、动手实践，将理论知识与社会实践相结合，在社会大课堂中激发自我认知，增加了对思政课的兴趣。学生又带着实践中产生的新问题走进教室。在思政课教师与专业课教师跨界融合的教学实施中，通过教学"六步曲"，答疑解惑，认同职业道德基本规范、增强法治意识。

（二）教学成效

经过12课时整体系统化教学，学生对职业道德与法治精神，逐步内化于心，外化于行，取得了"乐学、笃信、践行"的学习效果，达成教学目标。

1. 学习兴趣浓，课堂活跃

教学实施前、后的调研数据对比，发现在课堂参与率、课程受欢迎度、教师测评满意度等方面均有较大提升。课堂参与率由原来的67%上升至92%，课程受欢迎程度由原来的63%上升至96%，学生对教师的测评满意率由原来的79%上升至92%。

2.“知信行”合一，成效显著

学生“所知”逐渐内化于心、外化于行，实现了“知信行”的统一学生职业道德与法律意识明显提升，如对信息失真严重性与自觉遵守“会计准则”必要性的认识有所澄清。24名学生中，4名被评为“魅力中职生”，班级在校法律知识竞赛中获团体一等奖。2名学生获省级时政大赛一、二等奖。上学期18名学生获各类奖项，获奖人数达75%在全校名列前茅。学生在志愿服务、在跟岗实习中，得到实践基地、企业的称赞，实习优秀率达83.3%，“遵规守纪”的行为习惯逐渐养成。

3. 教学科研相长，双向提升

仅2019年上半年，获省级教学能力比赛特等奖1项；开设省级公开课3节，来自25所兄弟学校的思政教师观摩，发挥了良好的示范作用；完成省级课题2项、发表科研论文3篇；指导学生参加省级时政大赛获“优秀组织奖”。

三、成果与反思

（一）特色与创新

1. 跨界融合，服务学生的发展

思政课教师与专业课教师跨界融合，着眼于培育学生的学习能力、职业精神和法治素养。结合会计专业特色，从学生专业、岗位入手设计教学活动，挖掘专业课程中的思政资源，促进思政课与专业课的相向同行。

(1)双向互动，形成结构化教学团队。思政课教师与专业课教师双向互动，形成了联合教研的机制。在思政教学实践中，教师的教学设计能力、课堂实施能力、科研能力等综合素质不断提升，初步形成了高水平、结构化的教学团队。

(2)应知应会，渗透融通的教学设计。学生将“崇尚职业道德　弘扬法治精神”所学应用在“企业经营沙盘模拟”等专业实训课程，又将在专业实训课程岗位模拟中的真实体会在“崇尚职业道德　弘扬法治精神”中分享提升，在实践中逐步养成“学思践行”的自觉。

(3)师生协同，不断丰富教学资源。教学实施中，师生不断整理贴合会计专业的视频资源、教学案例，极大地丰富了教学资源。

2. 系统设计，教学过程“六步曲”

“学　导—探—行—评—升”“六步曲”教学环环相扣，教师课程设计逻辑化，学生学习体验渐进化，流畅地完成了“知—信—行”的认知循环，符合学生的认知规律和教学规律。围绕学生的需求，采取以学为中心的教学“六步曲”一体化实施教学，努力解决学生“知难信”“信难行”的问题。12个课时从通识到专业、从知识到运用、从教学到管理进行结构化整体设计，体现“学—思—用”的整体教学主线。学生逐步形成遵守职业道德与法律的行动自觉，从“所知”化为“所信”“所行”，提高了学生的兴趣、认知价值与行为自觉。

3.“多元一体”，构建思政大课堂

开展课堂内外、校园内外、线上线下多场域融合的实践教学。形成了理论主课堂、实践大课堂、网络新课堂“多元一体”的大思政课堂。

职业道德与法治精神的教学价值最能体现在课堂与社会的融合中，在体验教学中促发展。在教学宪法、程序正义等知识的过程中，通过走进地方人民代表大会常务委员会的现场教学，帮助学生形成社会责任感和公民参与意识，使学生有了更现实、真切的内化与认同。同时，以信息技术为依托，运用“清荷”教学平台，线上线下课堂有机结合，教学过程落地有痕。

（二）不足与改进

教学典型案例有待进一步梳理并形成范式，发挥更大的辐射作用。未来将借助省级名师培育工作室，加大省市间的教学交流与合作。

系统设计有待加强，如课堂教学与校园文化、社会实践相融合的制度保障、教学效果的多元主体评价机制等，这是课程系统化实施的改进方向。

《复调钢琴作品中的“声部对话”》教学实施报告

张幸怡　张诗晗　李趫屹　孙伟嫱[①]

根据《2019年中国音乐产业年度总报告》《2020年中国音乐产业发展和音乐市场分析报告》中音乐产业发展趋势的分析，现代音乐行业需要兼具表演与创作能力的复合型人才，以适应器乐演奏与音乐制作等多个岗位的职业需求。

《钢琴基础训练》课程是音乐专业的核心课程，以中等职业学校音乐专业教学标准（部颁）为基础，基于职业发展需求，扩大了课程内容，增加创作与鉴赏等教学板块，引导学生主动运用乐理、计算机音乐制作、音乐赏析等学科知识，掌握一定的钢琴演奏能力，提升创作能力与审美能力。

本课程使用“十二五”国家规划教材《钢琴基础训练》，依据专业发展需求，将原有课程内容整合为六个主题模块，开设时间为一年级至二年级，四学期，共计142学时。本次参赛内容为主题模块四《复调钢琴作品中的“声部对话”》，共16课时，分为四个任务进行，授课对象为2018级2班学生。

一、整体教学设计

（一）“三元一中心”理念，培育现代音乐人

以弘扬民族文化自信为中心，促进“演奏—创作—审美”的循环提升，形成“三元一中心”教学理念。通过计算机音乐制作、音乐赏析、乐理等课程内容的有机渗透，丰富与拓展钢琴基础训练课程的内涵与外延，夯实演奏实践能力，激发创意表达能力，增强艺术审美能力，培养学生成为德智体美劳全面发展的现代音乐专业人才。

（二）弘扬民族音乐文化，优化教学内容

依据教学理念、专业特色与学生认知规律，对国规教材内容进行优化，将国规教材内中国钢琴作品的比例从20%调整至50%，形成中西方钢琴作品的单元比较学习，从而培养学生对民族音乐作品的认同感，激发民族文化自信。

在主题模块四复调钢琴作品中的声部“对话”中，增加由人民音乐家贺绿汀创作的中国民族风格复调钢琴作品《牧童短笛》，形成东西方复调钢琴作品的比较学习。在教学

---

① 张幸怡、张诗晗、李趫屹、孙伟嫱，上海市现代音乐职业学校。

中，以音乐审美文化为主线，从演奏技能切入，逐步转向音乐创作技巧，循序渐进地加深对音乐情感的理解与表达，最终上升到对本民族音乐文化的认同。

（三）教学策略

1. 基于专业能力发展，构建“三练”模式

根据学生的年龄特点与认知规律，为促进“演奏—创作—审美”三种专业能力的循环提升与发展，构建“课前赏练—课中精练—课后拓练”的“三练”教学模式。

课前：鉴赏经典范例、师生作品，形成初步审美体验，建立对作品演奏与创作手法的基础认知。

课中：对教学内容进行精细化的指导与提炼，在审美贯穿的基础上，理解音乐风格，夯实演奏技巧，提升创作手法。

课后：学生依据学习任务与课堂学习内容，进行演奏与创作的拓展实践，形成对音乐作品更全面的认知，并能拓展迁移至其他风格作品的演奏、创作与理解。

2. 突破传统教学瓶颈，活用信息技术

运用手部实时投影、学习通平台、Logic 可视化图谱与 Cubase 音乐工程软件，突破传统钢琴集体课堂教学在示范、互动、评价等方面的瓶颈。

手部实时投影能将手部示范动作局部放大，便于学生课堂观摩学习；学习通平台通过任务发布、信息收集、数据汇总等增强课堂互动性；Logic 软件将演奏转化为可视化图谱，提升学生自我纠错能力；Cubase 软件可即时调整音响、音色类型，直观呈现抽象音乐效果。

3. 基于学生核心素养，创设五维评价

根据艺术感知、审美判断、创意表达、文化理解等中职学生艺术核心素养要求，结合专业培养目标，构建审美情趣、演奏表达、创作思维、价值观念与学习态度五个维度的评价体系，形成即时评价、过程性评价和总结性评价相结合的评价方式。

二、教学实施过程与学习效果

根据教学内容设计演奏和创作两种课型，演奏课型包含“导—析—践—演—结”五个环节，创作课型包含“导—析—创—享—结”五个环节，在本模块 16 课时 8 课次的教学实施中，形成演奏（演奏＋演奏）、创作（创作＋创作）与综合（演奏＋创作）三类课型组合。

学习效果如下：

1. 巧用信息技术，演奏能力进步明显

课堂教学中，通过手部动作投影技术，学生能清晰看到教师的演奏示范细节，解决传统课堂集体教学示范难的瓶颈，提升了课堂效能。学生通过配重键盘练习，即时录入 Logic 软件生成可视化图谱，从单一听觉辨识转向与视觉纠错相结合，将演奏基础要求从主观评价转向客观评价，形成了针对基础演奏实践的客观评价依据，突破了传统器乐学习以听感等主观感受为主的评价方式，促进学生的自我纠错与自学能力。可视化图谱经学习平台大数据分析，能让教师即时了解所有学生的学习进度，有针对性的调整教学策略，提升教学效果。

通过课程学习，学生钢琴演奏能力均有明显进步，甚至入校钢琴演奏零基础的学生，在二年级结束时，92%的学生能提前达到人才培养的教学目标，并获得相关技能证书，而具有一定钢琴演奏基础的学生，则能在各类钢琴演奏赛事中取得优异的成绩。

2. 融合音乐制作，创作能力提升显著

引入学校特色课程计算机音乐制作的相关知识技能，强化演奏、创作与审美的综合能力。教学中，使用 Cubase 软件，突破了传统课堂教学音响、音色、音效资源的限制，通过音乐工程搭建，将抽象的音乐色彩、音乐风格与演奏效果在课堂中具象呈现，学生豁然开朗，激发了创作热情，提升了创作能力。

2018 级多位学生的原创作品在各类赛事与活动中脱颖而出，荣获省市级原创音乐大赛一二等奖。作品《未来》荣获省级文化创意作品展示活动一等奖，《在春天里》被选为省级童声合唱大赛主题歌，并获多家新闻媒体报道。

3. 立足审美体验，民族文化自信厚植

以经典作品为载体，让学生对东西方同类音乐体裁或风格进行比较学习，感受东西方音乐文化的不同特征，深入理解中国民族钢琴作品的文化价值，增强对中华民族音乐文化的认同与自信。

“钢琴 E+艺——智慧教与学”在省级校长培训活动中进行交流，广受好评。

三、反思与改进

1. 课后练习效率低，需进一步引入信息技术

可视化图谱的使用提升了课堂练习效果，但由于尚不能实现自动纠错，因而在课后学生自主练习中，对练习准确性的提升效果有限。近期，相关音乐企业已成功开发具有 AI 音高识别纠错功能的软件。学校应主动跨前一步，与企业开展深度校企合作，对软件进行二次开发，定制适合钢琴基础训练课程的应用纠错功能，帮助学生课后进行有效的自主学习，全方位提升学生的学习效果。

2. 学生基础差异大，需进一步实施分层教学

由于学生的器乐演奏种类不同，存在钢琴基础参差不齐的情况。在教学中虽已关注到此现象，并在练习指导上加以区分，但由于教学目标需要照顾到绝大多数学生的实际情况，限制了部分基础较好的学生知识与技能的发展。后阶段，将进一步细化分层教学目标，在教学中实施更有针对性的分层教学指导，让学有余力的学生获得更个性化的学习空间。

3. 线上教学难指导，需进一步优化教学资源

虽然本单元教学没有受到新冠肺炎疫情的影响，但在“互联网+”时代，线上线下的混合式教学将成为未来职业教育的发展趋势。针对线上钢琴教学始终存在指导落实难的情况，我们将展开积极探索，优化教学资源，运用现代信息技术手段将教学难点进一步细化，制作不同侧重点的微课，改进教学组织模式，推进形成适合学生线上学习的教学模块。

《空间站模型塑料成型模具的设计》教学实施报告

潘　娇　庄　瑜　任　强　万　明[①]

塑料成型模具制造综合实训课程是中职模具制造技术专业的一门专业（技能）方向课程，授课对象为三年级学生，共计150课时。基于岗位能力需求，对接世赛考核内容，融入模具工考证要求，选用“十三五”规划教材《塑料成型模具制造综合实训》，辅以校企合作共同制定的工作页等资料，将原有的课程内容优化为难度递进的两个项目，分别包含设计、加工、修配、注塑四个模块，本次教学内容为空间站模型塑料成型模具的设计。

一、整体教学设计

（一）对接岗课赛证、训练思维能力，培养“厚德、精技、善思、笃行”的模具匠人

基于模具设计工程技术人员职业岗位要求，对接世界技能大赛“塑料模具工程”赛项的最新技术要求，融入模具工中级工考证相关内容，深度产教融合，在完成源于企业真实案例及设计流程的项目过程中，运用基于EDIPT五阶段设计思维模型的“两层级双循环”式教学，训练学生能规范、巧应用、善平衡的设计能力，树立遵循规范、追求质量、控制成本和统筹全局的意识，将标准化思维、分析性思维、整体性思维的训练提升有机融入学习任务，培养学生成为“厚德、精技、善思、笃行”的模具专业人才。

（二）基于真实设计流程，以设计思维养成为线索，优化教学内容

1. 精准分析学习情况

学生已具备读图及软件绘图的能力，掌握模具钳工、机床操作等零件加工的基本技能，了解塑料成型模具的基本结构；学生的动手能力较强，但自主探究与知识迁移的能力稍显薄弱。

2. 精确制定教学目标

基于四年制模具专业人才培养方案及学生学情，确定教学目标为：掌握注塑模具设计流程及设计要点，并能按规范选择合适的标准件完成二板式塑料成型模具的设计。其中，教学重点为注塑模的设计流程与规范，教学难点为能平衡各部件功能，优化模具设计。

---

① 潘娇、庄瑜、任强、万明，上海市工业技术学校。

3. 精心优化教学内容

为达成以上教学目标，以学生喜爱的空间站模型为载体，根据企业真实的模具设计流程，将教学内容转化为 8 个学习任务，任务 1—4 培养遵循规范设计的标准化思维，任务 5—6 培养根据功能要求完成模具各部分结构设计的分析性思维，任务 7—8 进一步培养平衡各部分结构取得模具整体最优方案的整体性思维。教学内容按设计流程展开，设计思维逐层提升，职业能力逐步递进。

（三）引入设计思维模型，运用信息技术，制定教学策略

1. EDIPT 设计思维模型，“两层级双循环”教学策略

为提升学生的思维能力，教学借鉴 EDIPT 五阶段设计思维模型，将“同理心（E）、定义（D）、创想（I）、原型（P）、测试（T）”五个环节融入课堂，形成两层级双循环教学流程。第一次循环完成教师给定的基础型、共性任务，掌握设计流程；第二次循环完成各组自己的应用型、个性任务突破设计难点、积累设计经验。学生将第一次循环中学到的技能与思维迁移至第二次循环中，学生不仅掌握了所需的设计技能，还提升了思维能力。

2. 运用信息技术，制定教学技术策略

针对课堂内外师生互动少、数据记录繁琐的教学困惑，运用职教云平台。师生随时交流互动，平台的发布、统计功能方便学生完成课前预习与课后巩固，客观、准确、高效记录学习行为数据，解决互动少、课外缺、记录繁的问题。

针对学生初学模具缺乏设计经验的现状，建立模具设计经验库。学生可以借鉴来自企业和学长的真实模具案例，查阅设计思路、结构方案、问题与解决措施等，帮助自己创建或改进设计，解决案例少、经验缺、传承难的问题。

针对实践成果难及时得到验证的教学困惑，开发了注塑虚拟仿真软件。即时得到仿真注塑结果，验证模具结构的合理性，思考改进方案。通过仿真呈现结果，既无需加工成本，又能同屏实时呈现，解决看不到、成本高和评价难的问题。

（四）引入世赛评分标准，评价数据可视化，建构全面的评价模型

根据模具企业对职业能力及职业素养的需求，结合世界技能大赛及模具工考证中的评价标准，从职业能力、职业素养两方面，通过 7 个一级指标和 24 个二级指标打造课程评价模型。教师、学生、企业多元主体参与评价，通过平台统计数据、仿真模拟结果、评价表填写等多种手段进行评价，确保评价结果的全面性、精准性与增值性。

二、教学实施

针对每一课次，采用任务驱动法，以“两层级双循环”为教学环节，具体流程如下：

1. 课前

观（相关预习）——学生通过职教云平台学习资源包中的相关材料，了解任务背景、工作场景、常见问题等，为后续学习中的“创—建—验”循环训练做准备。

习（线上检测）——针对预习内容，借助职教云平台完成线上习题，教师获取学情数据。

2. 课中1(层级一)

研(交流研讨)——引导学生交流讨论,消化吸收课前预习内容,并布置基础型的共性任务:全班完成范例模具相关模块的设计。

创(构思方案)——学生两人一组,交流讨论,借助工作页及模具设计经验库构思设计方案。

建(构建模型)——学生参照工作页的设计规范,使用模具标准件库调用标准件,借助三维软件完成模具设计。教师巡视指导,并引导学生交流分享,展示方案,分析讨论。

验(仿真验证)——学生使用仿真软件验证设计方案,并根据仿真结果,借助模具设计经验库改进方案,优化模型,上传平台。教师根据巡回指导及仿真结果集中讲解共性问题,帮助学生答疑解惑。

循环——学生根据教师的解惑再次改进方案、优化模型并仿真验证,直至验证成功,并填写工作页。

3. 课中2(层级二)

析(分析难点)——教师首先总结在基础型共性任务的实施过程中遇到的难点与重点,再布置各小组的应用型个性任务。

创(再创方案)——学生将上一课时中完成基础型的共性任务时掌握的技能、方法与思维迁移运用,并借助模具设计经验库,为各自组的模具构思相对应的设计方案,完成各自组的应用型个性任务。

建(再建模型)——各组学生分别参照工作页,借助软件及标准件库完成各自组的设计与造型。

验(自主验证)——各组学生分别通过仿真验证结果优化方案。穿插教师对难点问题进行集中性讲解,结合学生的自主练习与调整优化,突破难点。

循环——各组学生根据教师的解惑再次改进方案、构建模型并仿真验证,直至验证成功,并填写工作页。

结(反思总结)——教师组织学生交流分享,并归纳总结。

4. 课后

固(巩固强化)——学生使用职教云平台完成课后巩固练习,并将各自设计过程中遇到的问题、诀窍、感悟等设计经验记录到模具设计经验库中。

拓(拓展提升)——学生使用职教云平台观看精密模具加工视频等拓展延伸内容,拓宽视野,积累经验。

三、学习成效

(一)以空间站模型为载体,自主选择积木塑件,提升学生学习兴趣

整个项目以学生感兴趣的空间站模型拼装积木作为载体,学生自主选择空间站模型中的一块积木作为本项目最终加工成型的塑件,每组的任务各不相同。通过16课时,学生设计出了积木对应的模具,完成模具设计,收获成就,大大提高了学习兴趣。

（三）借助设计经验库，设计能力稳步提升

缺乏经验是模具设计初学者的一大难点。当学生在构思设计方案遇到瓶颈时，或在各小组仿真后出现模具无法打开、产品出现缺陷等各种问题后，通过搜索关键词等方式，查询经验库中类似案例以解决实际问题，并借助经验库中提供的问题分析，借鉴设计思路，积累设计经验。通过各组设计成果及仿真结果反馈，学生随着任务的进行，设计能力得到明显提升。

（四）虚拟仿真，实时反馈，思维能力螺旋上升

在以往的教学中，学生完成模具设计后，无法及时得到反馈，需要教师在课后逐一检查并修改指导，效率低下，设计周期长，练习时间短。通过虚拟仿真软件，即设计完成后可实时查看仿真效果并验证，学生根据验证结果，思考设计中存在的问题、原因及改进方案，及时修改模具造型，思维能力提升显著。

（五）工作页引导标准与规范，仿真软件反馈质量与成本，职业素养润物无声

工作页包含项目任务要求、设计流程和规范、标准件规格、知识与技能的考核等一系列内容。注塑虚拟仿真软件通过结果反馈引导学生反复修改模具造型，追求精益求精的模具品质，平衡模具寿命、模具可靠性与模具成本，通过各组任务实施过程及仿真结果反馈，学生的规范意识、质量意识、成本意识及整体意识逐渐形成，职业素养逐步习得。

四、特色亮点

（一）两层级双循环，设计思维螺旋上升

学生在第一层级完成基础型的共性任务，学会知识与技能，初步训练思维能力，并将思维与技能迁移运用至第二层级，完成每组各自的应用型个性任务，在突破课程难点的过程中学会应用知识与技能。

在每一个层级中分别涵盖一次完整的EDIPT思维训练，在每一个循环中，学生通过构思、建模、仿真、改进的过程不断思考，随着项目的展开，结合所设计的模具结构特点，训练标准化思维、分析性思维与整体性思维。

（二）产教深度融合，共同培养企业准员工

通过与校企合作企业的深入合作，根据模具企业实际岗位需求及学生学情，共同确定了课程教学内容及评价标准。引入企业管理机制，开发教学视频、工作页等教学资源，充实了模具设计经验库，制作了系列化的塑料模具，并运用于课程教学中。

通过汇集学生、教师、企业三方，共同构建模具设计的经验库，不仅储存了数量众多、类型齐全的模具模型数据，更记录了设计者完成模具设计的过程及期间遇到的问题、解决的方法。通过查询经验库中的案例和经验，帮助作为初学者的学生在设计模具时应对困惑，锻炼了学生自主探究、解决问题的能力。来自往届学生的案例，反映学生的认知规

律;来自企业的诸多案例,使人才的培养更贴近企业实际,校企共同培养准员工。

(三)激发爱国情怀,培育工匠精神

与航天制造企业建立产教融合基地,以中国空间站模型作为项目产品,通过来自航天制造一线学长的榜样作用等,激发学生的爱国情怀。

源于企业真实案例的教学内容,追求高精度、高质量的模具品质,双循环五环节的教学流程,融入企业规范与世赛标准的教学资源及教学评价,劳动模范等优秀学长的言传身教,全方位全过程融入工匠精神,打造精益求精的态度与品质,激发了学生的行业自豪感与认同感。

五、反思改进

(一)整体性思维养成度不够,需在后续项目中增设专项训练

通过各项目成果及仿真结果反馈,学生根据不同产品的特点,能够规范选择合适的标准件,完成模具各部分结构的设计,标准化思维、分析型思维的养成度较好。但是对于各个模具结构之间的平衡与取舍有所欠缺,整体性思维能力养成度不够,存在结构干涉等问题,需要在本项目后续加工、修配、注塑子项目中增设专项训练。

(二)塑料产品与模具之间的关联度建立不够,需在注塑子项目中强化训练

模具设计的最终目的是注塑生产出最终的塑料产品,因此,产品与模具之间存在逆向的紧密联系。通过评价结果反馈,学生在根据产品设计模具的过程中完成度较好,但是在产品产生缺陷,需要根据缺陷调整模具结构的过程中遇到较多的困难,需要在本项目后续的注塑子项目中针对性地强化训练,进一步建立产品与模具之间的联系。

《模拟结构件的气体保护焊》教学实施报告

沈小毓　朱一迪　周　强　马　波[①]

根据《中国汽车工业发展报告(2020)》新业态、新模式下的汽车维修行业企业需要更多安全操作意识强、能运用先进技术对各类品牌汽车进行车身修复的德智体美劳全面发展的技术技能人才。

汽车钣金工艺课程是汽车车身修复一门专业核心课，开设时间是二年级第一学期，共108学时。授课对象为该专业2018级3班学生。结合国家规划教材《汽车钣金工艺》，引入世界技能大赛车身修理项目的最新技术要求，将课程原内容优化为八个项目，本次教学内容为项目五模拟结构件的气体保护焊。

一、整体教学设计

（一）基于德艺专融合理念，进行教学设计

融合学校育人特色，将德育、艺术和专业融为一体，在课堂实训中融入课程思政、劳动教育，重视专业技能的训练，要求学生不仅要焊成产品，更要焊成艺术品。把培养安全意识、规范意识、质量意识和客户意识贯穿于课堂教学全过程，从细节入手践行匠心匠艺，五育并举，全员、全程、全方位锻造车身焊接匠人。

（二）基于企业工作任务，优化教学内容

依据课程标准，基于学情分析，确定三维目标，优化教学内容。

对接企业岗位需求，以模拟门槛板、模拟轮罩加强件、模拟B柱等部件的焊接修复为工作任务，从不同的焊接位置，用不同的焊接方法，涵盖气体保护焊的技术技能要求，由易到难、循序渐进优化教学内容。

（三）基于深度产教融合，制定教学策略

1. 对接工作流程，形成“五环节”教学流程

本次教学对接企业真实工作流程，采用任务驱动法，形成“损伤评估—焊前准备—焊接修复—焊后整理—质量检测”教学流程。

① 沈小毓、朱一迪、周强、马波，上海市杨浦职业技术学校。

2. 运用信息技术,助力“模评练”实训教学

运用校企共同开发的 VR 模拟焊机、实训评价系统和学习互动平台。课前发布任务、记录学习情况;课中运用 VR 模拟焊机反复训练,实时评价,精准纠错,强化专项训练;课后拓展训练,解决焊接训练效率低、过程评价不精准、课外自学受限制的问题,促进焊接技能快速掌握,助力“模评练”实训教学。

(四) 基于世赛评价标准,优化教学评价

引入世界技能大赛中的评价标准,从 HSE(健康、安全、环境)、焊接过程、焊接质量 3 个维度,通过 7 个二级指标和 31 个三级指标优化教学评价。教学评价注重健康、安全、环境的防护,关注诊断、准备、焊接的全过程,对焊接质量的评定更是精确到毫米级,使评价更加全面精准。

二、教学实施

本次 16 课时教学分为 8 课次,每课次 2 课时。设计两种课型:课型一是第一课次,即以试焊为主的焊接准备课;课型二是第二至第八课次,即围绕气体保护焊的不同焊接方法而展开的焊接训练课。

(一) 焊接准备课的教学实施

第一课次的课题是气体保护焊试焊,根据教学流程,设计了如下教学环节。

(1)课前预习新知。学生在学习互动平台接收工作任务,通过观看微课视频完成习题检测,做好课前学习准备。

(2)课中。教学按如下流程展开:①在识气保焊环节,教师先请学生分享课前预习成果,然后组织学生观看气体保护焊介绍视频并讨论气保焊的特性,最后进行归纳总结。②在调整参数环节,通过在学习互动平台上查找焊接参数设置的国家标准,学生在 VR 模拟焊机上进行试焊,验证不同厚度板件的焊接参数设置的合理性。③在梳理流程环节,教师在学习互动平台发布试焊流程配对练习任务,学生分组讨论并分享学习成果,教师归纳总结气体保护焊的试焊流程。④在安全防护环节,教师讲解 HSE 及规范穿戴安全防护用品的要求,学生按照要求做好安全防护,为后续焊接实操做好准备。在这一环节,通过实训评价系统对每位学生的 HSE 评分项进行打分,找出问题,改正不足。⑤在焊接准备环节,学生在教师的示范下,检查焊机电源、气瓶压力、焊枪出丝情况、焊机参数设置等,做好焊前工具和耗材准备,树立安全意识和规范意识。⑥在板件试焊环节,学生分组分角色进行试焊操作,每组 2 人,互为操作员和安全员。操作员按照试焊流程与要求进行操作练习,安全员根据评价表进行打分。通过反复多次练习,大部分学生能正确设置焊机参数,能进行 50mm 试焊,做到焊缝背透不间断。在此环节,教师根据操作规范及要点提炼出口诀,辅助学生试焊练习,培养学生的规范意识、安全意识和质量意识。⑦在清理工位环节,试焊结束后,学生规范摆放工具、整理工位和清洁环境,落实劳动教育,养成良好职业习惯。⑧在试焊总结环节,学生通过实训评价系统中的试焊实训报告,从 HSE、试焊过程及试焊质量三方面交流经验,总结不足。

(3)课后“强化训练”。学生继续试焊练习,克服对焊接火花的恐惧心理,为后续实训打好基础。

(二) 焊接训练课的教学实施

第二至第八课次的教学以模拟门槛板、模拟轮罩加强件、模拟B柱等部件为载体,分别练习连续点焊—平焊和立焊、连续焊—横焊和仰焊、填孔焊和组合焊接。在教学实施过程中,根据教学流程,每次课设计若干个教学环节。

以第四课次“模拟轮罩加强件的连续焊—横焊”为例,教学实施情况如下:

(1)课前“习新知”。学生在学习互动平台接收本次课的工作任务“模拟轮罩加强件的连续焊—横焊”,通过观看微课视频完成习题检测,做好课前学习准备。

(2)课中第一课时。①在“定方案”环节,教师通过车辆碰撞案例引出本次课的工作任务,组织学生讨论并总结得出修复方案,培养学生自主探究能力。②在初体验、析要点、练焊法环节。学生先在模拟焊机上尝试连续焊—横焊操作,教师通过分析实训报告,让学生初步理解焊接距离、移动角度、操作角度和焊接速度对焊接质量的影响;教师讲解示范,让学生明确连续焊—横焊的操作要领;通过反复训练及考核测试,学生逐步掌握焊接方法,避免虚焊。在这三个环节中,通过VR模拟焊机和实训评价系统,实时生成个人历次和班级整体数据分析,从HSE、焊接过程和焊接质量三方面对学生实操进行评价,并提出有针对性的训练建议,助力学生职业能力的提升。此外,通过欣赏世赛冠军模拟焊接操作视频,增加学生职业感悟,提升职业自信。③在做准备环节,学生明确工作步骤,做好焊前设备、工具和耗材准备,树立安全意识和规范意识。④在试焊接、悟技巧、固技艺环节,学生在真实焊机上进行操作体验。通过查找体验过程中出现的问题,强调HSE防护要求,分析影响焊接质量的原因;教师再进行示范,并提炼为口诀,帮助学生记忆操作要领;在反复实操训练时,通过锯齿形走枪方法,学生逐步领悟并掌握连续焊—横焊的焊接技巧,提升焊缝宽度。在这三个环节中,师生在HSE、焊接过程、焊接质量三方面进行评分,通过实训评价系统及时生成实训数据分析,发现问题,反复训练,提升焊接技能。⑤在清工位环节,实训结束后,根据5S操作要求,学生规范摆放工具、整理工位和清洁环境,落实劳动教育,养成良好职业习惯。⑥在验质量环节,按照企业标准检验学生焊接作品,激励学生加强训练,将焊接产品当成艺术品来完成,强调职业素养及职业能力。

(3)课后再强化。学生继续进行连续焊—横焊训练,巩固提升焊接技能。

三、学习效果

(一) 借助学习互动平台,自学能力快速提升

通过在线学习互动平台,学生随时随地学习教师发布的任务,反复查看活页式工作手册、实训任务工单、示范操作视频等在线学习资源,通过课前预习、课中学习和课后复习,真正实现学生主动学,自主学习能力得以提升。

（二）运用训练技术方法，焊接技能精准达标

1. 借助虚拟仿真技术，做到“会焊”

进行焊接练习时，学生借助 VR 模拟焊机训练焊机参数设置、焊接角度把握、焊枪速度控制等基本操作技能。通过虚拟仿真技术，让学生练习气体保护焊的各种焊接方法，做到人人参与、反复训练。在课堂上，人均训练次数可达 20 次以上，有效缩短焊接正确姿势的定型时间，做到会焊。

2. 运用实训评价系统，做到能焊

运用校企共同开发的实训评价系统，学生能查看每一次焊接实训回放视频和实训分析报告，了解自己在焊机参数设置、焊接距离、移动速度、移动角度、操作角度、焊缝直度、焊缝宽度 7 个技术指标的达成度，并根据实训报告中提出的建议，进行有针对性的专项训练，做到能焊。

3. 采用世赛训练方法，做到焊好

在焊接实训时，采用世界技能大赛专项训练方法，通过手绑沙袋锻炼焊接稳定性，提高焊缝直线度；利用焊帽上固定强光灯，解决焊接过程中看不清焊缝的难点，避免偏离焊缝，提高焊接精度，做到焊好。

（三）感悟“德艺专融合”，职业素养全面养成

了解世赛冠军成长成才的故事，激发职业自信、爱国情怀和民族自豪感。欣赏世赛选手的训练视频，感受焊接作品中的艺术之美；执行 HSE 标准，训练职业习惯；规范工具摆放、工位整理、环境清洁，培养劳动习惯；采用世赛训练方法，精炼焊接技能，锻造匠心匠艺，职业素养全面养成。

四、特色创新

（一）引入世赛评分标准，评价更实时全面客观

引入世赛评分标准，改变原有重技能轻素养、重结果轻过程的评价方法，从 HSE、焊接过程、焊接质量等三方面优化教学评价。引入 HSE 评价体系，针对气体保护焊细化评价要素，注重健康、安全、环境三方面的全面评价；对接世赛焊接过程评价方案，从诊断、准备、焊接三方面客观评价；调整世赛焊接质量评价指标，从起弧、背透、完全度等多维度评判焊接质量。通过校企合作，教师开发了实训评价系统，使评价更实时全面客观。

（二）产教融合深度合作，共同培养企业准员工

校企合作企业是世界技能大赛的参与者，为世赛提供技术支持。充分依托企业优势资源，在职业素养培育、教学内容优化、工作流程转化、模拟焊机研发、训练方法创新、评价方案对接等方面深度合作，实现教学目标和岗位要求的零距离对接。本课程的教学内容来源于企业，融入世赛元素，工作任务即为教学任务，将工作流程优化为教学流程。同时，针对世赛的内容和要求，校企共同研发 VR 模拟焊机，运用信息技术手段创新技能训

练方法，培养一批技术技能精湛、能直接上岗、受企业欢迎的准员工。正如校企合作企业人力资源总监所说："只要是你们学校汽车专业毕业生，我们照单全收。"

（三）教学实践研究深入，赋能教师高水平发展

在教学中，教师不断研究教学方法，进行教学实践，精心开展教学研究，在实践中反思，在反思中进步，在进步中成长。团队成员与校企合作企业共同研发VR模拟焊机，目前该焊机已成为世界技能大赛全国选拔赛的比赛用设备。此外，团队成员与企业共同开发活页式工作手册、实训任务工单、示范操作视频等课程资源，运用于课程教学中。

五、反思与改进

（一）职业习惯难固化，需进一步抓实工匠精神培育

在教学实施过程中，往往会忽视一些细节问题，如安全防护措施不到位等，这些细节在真实工作中会导致事故的发生。为此，从职业习惯养成入手，关注细节，抓实工匠精神的培育。

（二）焊接技能难精致，需进一步拓展课外实操训练

虽然学生经过反复训练，焊接技能达到一定的水平，但是，焊接产品的合格率不稳定。为此，引导学生加强技能训练，使部分学生的焊接技能接近或达到世界技能水平。

（三）线上实操难解决，需进一步探索线上教学方式

为了顺应"互联网＋"背景下教学模式的改革，积极探索线上线下混合式教学，研发适合学生在家训练的微应用模块，实现线上线下教学与训练的有机融合。

《庆典花艺设计制作》教学实施报告

林明晖　翟晓宇　马　波　魏万亮[①]

插花与花艺设计课程是园林绿化专业的一门专业技能方向课，开设时间是二年级第二学期，共计72学时。结合《插花与花艺设计》教材，重构优化为五个模块，本次教学内容选自模块二：庆典花艺设计制作。

一、教学整体设计

（一）践行岗课赛证育人模式，以庆典花艺为载体，培育新花艺人

践行岗课赛证、技能培养和评价方法借鉴世赛标准，课程教学内容贴近工作岗位，对接插花艺术专项职业能力证书要求，岗课赛证深度融合，以庆典花艺为载体，运用"练设计—练技法—练应用—练品鉴"四步教学策略，开展沉浸式学习，夯实庆典花艺设计制作实践能力，激发创意表达能力，增强艺术审美能力。同时，把培养学生的尊重生命、环保节约、客户服务、质量意识、规范意识和文化自信等素养贯穿于课堂教学全过程，凝聚匠心匠艺，培养有技能、有素养的新花艺人。

（二）以个性化定制为基点，基于学情分析与目标设定，优化教学内容

习近平总书记提出"要不断满足人民日益增长的美好生活需要"，随着人们对审美需求的不断提高，花艺行业个性化定制的新需求和新理念不断出新；依据课程标准，基于学情分析，确定三维目标，优化教学内容。对接企业岗位需求，以胸花、物件装饰、花篮、花束、花环、庆典桌花艺设计制作为工作任务，对接世赛标准，从不同的用途、制作方法、技术技能要求、客户需求，由易到难、循序渐进优化教学内容。

（三）融入世赛训练方法，创设工作情境，制定教学策略

1. 融入世赛训练方法，设计四步教学策略

专项技能实训采用任务驱动教学法，每个教学任务运用"练设计—练技法—练应用—练品鉴"四步教学策略。每一步融入世赛的训练方法，即训练—激发—再训练，每一个循环结束后必须进行校正、评估，掌握后再进入下一个更高梯度的循环。循环往复，形

① 林明晖、翟晓宇、马波、魏万亮，上海市城市建设工程学校（上海市园林学校）。

成“会技法—能插花—活应用—品花艺”职业能力的阶梯式提升。

2. 创设工作情境，制定沉浸体验式教学策略

以建党百年花艺党课场景装饰为项目任务，创设工作情境，营造不同空间特性，制定沉浸体验式教学策略。学生沉浸式体验设计者和生产者的工作内容，根据环境内的不同空间特性进行花艺装饰作品的创作实践。

3. 应用花艺课程信息化教学系统，突破教学瓶颈

花艺素材资源库解决了学生学习兴趣低、视野不开阔等问题；插花与花艺设计学习平台、实时录播系统和评分系统解决了教师无法记录制作过程、难以开展个性化指导、评分指标不明确等问题；花艺设计软件解决了学生不善于设计的问题；花艺仿真软件解决了学生材料浪费、制作效率低下等问题。

（四）引入世赛评分标准，收集教学行为数据，刻画六维能力画像

借鉴世界技能大赛花艺项目的评价标准，分析岗位与艺术插花专项职业能力资格要求，从设计、技法、创意、生命、环保、客服六个维度优化教学评价。注重生命、环保、客服等素养的全面提升，关注花艺设计制作的技术标准，六维能力画像对作品的评价更具体清晰、客观全面。

二、教学实施

本次16课时教学分为8课次，每课次2课时。设计了两种课型：课型一，专项技能实训课，共6个任务；课型二，综合实训课，共1个项目。

（一）课型一：专项技能实训课——按照四步教学策略实施教学

1. 课前

课前研习。明确工作任务，学生查阅自学庆典花艺作品的相关资料，完成课前任务，培养自主学习的能力。

2. 课中

(1)反馈课前任务，导入新课内容。练设计，发布课中任务，学生分小组讨论分析客户需求，制定设计方案，指导学生使用花艺设计软件绘制并优化设计草图，使用花艺仿真软件进行仿真作品效果图制作。组织学生讨论，通过系统评价进行仿真作品分析，提炼设计要点。

(2)练技法。学生试做作品，教师通过实时录播系统进行巡视和个别指导，通过学习平台评价分析学生作品。教师针对制作中出现的共性问题选取典型作品进行示范操作。学生对试做作品进行整改优化，拍照上传至课程平台并完成评价。教师梳理总结制作的技术要点。

(3)练应用。学生根据仿真效果图，进行作品制作，拍摄照片上传至教学平台并进行自评互评，教师组织学生对作品进行评析，优化整改再次拍照上传并完成评价。

(4)练品鉴。学生对作品进行意境阐释，教师组织评价，对学生六维能力画像进行总结。

(5)课程小结,总结庆典花艺作品的设计要点,梳理制作技法要点。

3. 课后

课后拓展。学生利用花艺实训基地,课后巩固庆典花艺作品的知识及技法,并尝试制作不同类型的花艺作品,对知识技能举一反三。

(二)课型二:综合实训课——多岗体验,开展沉浸式教学

采用项目教学法,引入建党百年花艺党课会场场景布置项目,将工作流程转化为教学流程。

1. 课前

项目准备,学生接受项目进行项目分析,对客户需求、场景状况、材料价格等进行项目分析。

2. 课中

(1)方案设计。学生分组成立设计部,根据项目分析开展讨论,进行设计构思,利用设计软件进行方案初步设计,制定设计方案。

(2)设计优化。根据方案设计利用仿真软件完成作品的仿真制作,教师组织方案竞标,学生对中标的方案进行优化改进完成方案验收。

(3)作品制作。学生以小组为单位成立生产部,明确制作任务,按照中标方案完成作品制作,并优化整改。

(4)项目验收。学生对作品进行意境阐释,教师组织开展客户评价。学生根据客户意见进行作品的整改提升,完成作品交付。

(5)项目总结。总结评价项目中的问题,查看六维能力画像图,分析学生学习过程中的薄弱点,查缺补漏有抓手。

3. 课后

巩固拓展。学生撰写实训总结报告,固化训练成果,同时,提升学生的书面表达及归纳总结能力。

三、学习效果

(一)学生运用花艺信息化教学系统,提升了职业能力

1. 运用花艺素材资源库,学习能力显著提升

学生依托花艺项目中国集训基地资源建设的花艺素材资源库,查看国内外优秀作品,开拓视野,根据需要进行课前预习、课中学习和课后反思,打破了学习空间和时间的局限,自主学习能力全面提升。

2. 运用花艺仿真软件,插花技能有效提升

利用花艺仿真软件,学生先仿真再实操,节省花材和时间,真正做到人人参与、反复训练。仿真软件使设计效果更直观、修改优化更高效,学生课均插花作品完成度100%,花材用量减少30%,插花技能得到有效提升。

3. 运用实时录播系统，学习效能得以提升

利用花艺实时录播系统及时记录操作过程，利于教师的个性化指导。利用回看功能，学生反复观看教师示范，找出自身差距，不断改进提升，提高学习效能。

4. 运用花艺设计软件，设计能力全面提升

利用花艺设计软件快速制作花艺方案设计图，降低了设计表现难度，为学生留出更多时间在色彩、构图、造型等方面进行设计优化和创意构思，提高设计能力。

四个提升有效提高了学习效果，花艺工匠不断涌现。学生的制作速度提升近 10%，整体约 5—10 分。学生考取艺术插花专项职业能力证书的比例达 100%。学生在世赛上先后夺得两块金牌，在全国技能大赛、省(市)“星光计划”、省(市)“四大品牌”等技能竞赛中先后获得 16 个一等奖。

（二）生命(环保(客服，全程育人，职业素养全面养成

根据课程特点，紧扣生命、环保、客服三个要素，细化三要素内涵，并融入教学全过程，实现全程育人，职业素养全面提升。

1. 关注植物与人身，养成尊重生命意识

全过程培养尊重植物、重视人身安全的尊重生命意识。在实操过程中，引导学生不要片面把植物材料当成制作材料，尊重植物的生命，充分挖掘植物的生长特性，不能相互挤压，最大限度地展现自然生长状态和自然美。同时，更注重人身安全，在作品中不能留有枝刺、残余辅助材料等，如易损伤人体的铁丝头等，从细节入手强化了尊重生命的职业素养。

2. 废弃材料再利用，形成环保节约意识

花材是消耗品，每次训练都会造成材料损失与浪费。践行“绿水青山”的绿色环保理念，借鉴世赛的做法，引导学生多角度思考，充分挖掘花材的应用潜质，善于利用废弃的植物材料进行不断创新、重复利用、避免浪费，在突显花艺作品生活情趣的过程中，形成环保节约意识。

3. 分析客户显性需求，挖掘客户隐性特质，增强客户服务意识

分析不同客户需求(显性需求)，挖掘客户的身心特点(隐性特质)，尊重客户体验，了解客户作品要求和用途，确定主题；分析客户喜好和身心特点，更注重客户的使用体验；设计花语，诠释花艺作品意境，在个性化订制中，不断提升客户的满意度，从而增强客户服务意识。

四、特色创新

（一）引入世赛标准和评分系统，评价更全面直观

由于审美差异，对花艺作品的评价通常具有较强主观性。在传统课堂教学中，有评价体系不完善、指标不明确、判断主观性强等缺点，评价不及时、不客观，因此，引入世赛标准，围绕生命、环保、客服、技法、设计、创意六个维度，优化了评分指标，对学生进行职业素养和职业能力的精准评价。例如，花束传统评价造型的评价细则只是填充花不宜过

高，没有清晰的界定，全靠经验和个人审美。借鉴了世赛标准，这一项有了清晰的质量标准，填充花高度应在5cm左右。将部分主观评价客观化，同时制定符合学情和岗位需求，量化可行的质量规范标准。运用评分系统，实时反馈学生的学习掌握情况，精准推送个性化指导，组织学生进行自评、互评、师评突显操作规范性、创意的灵活性，全面、客观、及时的评判让学生查漏补缺有抓手，能力提升有方法，让教师实时跟踪，调整教学策略有依据。

（二）四步教学策略循环递进，技能与素养双提升

练设计，重点培养学生的对设计要点的掌握；练技法，固化庆典花艺作品的操作流程与制作规范，学生能够独立制作完成庆典花艺作品；练应用，培养学生的创意设计和对方案的总体把控，花艺制作技能的熟练程度反映精益求精、追求卓越的工匠精神；练品鉴，运用评分系统让创意主观评价可测可评，强化专业用语和情感表达，培养审美情趣。四步教学策略循环递进，技能与素养紧密结合，在反复练习的过程中，培育积极向上的劳动精神和认真负责的劳动态度，培育有技能、有素养的新花艺人。

五、反思改进

（一）缺乏真实案例，需校企共同开发案例库

目前花艺素材资源库中汇集了大量国内外优秀作品，但来自与真实工作反映不同客户需求的案例较少，无法全面模拟不同客户对设计方案的真实反应，学生临场应变能力的训练还有提高空间。因此，需深化校企合作，不断搜集企业真实案例，形成更为丰富的案例资源库。

（二）活运用、品花艺的教学目标达成度较低，需加强课外实践

学生应实现会插花、能插花、活运用、品花艺的能力提升。学生都能达到会插花、能插花的教学目标，但在活运用、品花艺的达成度上还有差距，只有66%的学生能达成。需通过课后小组互助、社团辅助练习、企业实践，锻炼沟通能力，反复加强训练，逐步提升设计与制作水平。

《散文阅读与写作》教学实施报告

朱　颖　李玉凤　刘　佳　杨　璐[1]

中等职业学校语文课程是各专业学生必修的公共基础课程，旨在以引导学生提高运用祖国语言文字能力为基础，落实语言、思维、审美、文化四方面语文核心素养，为学生成为全面发展的高素质劳动者和技术技能人才奠定基础。

我校语文课程开设时间为第1—3学期，每学期72课时，共计216课时，选用教材为《中等职业教育课程改革国家规划新教材 语文》（高等教育出版社）。依据《中等职业学校语文课程标准》（2020年版）和学生专业发展需求，将原有课程内容整合为每学期六个教学单元。参赛作品《散文阅读与写作》是第一学期第二个教学单元。

该教学单元共12课时，包含散文阅读与欣赏（隶属于基础模块2）、写景抒情类微写作（隶属于职业模块3），执教对象为2020级旅游管理1班。

一、整体教学设计

（一）立足新时代旅游人才人文素养的要求，助力职场表达，培养学生的“三文”能力

依据课标，基于语文核心素养及专题学习要求，以新时代旅游人才的语文能力为导向，以感受、品味散文中的形象美、意境美、语言美为基础，设计读写紧密结合的结构化、强关联任务，有序推进散文的综合性学习，引导学生在日常生活和职场语境下，发掘散文阅读与写作的学习价值，逐步培育其作为新时代旅游人才应具备的文学欣赏、文学表达和文化传承能力。

（二）融通散文特质与职场表达，整合基础、职业模块，设计从篇到类、以读促写的任务，明确能力序列，优化教学内容

本单元融合基础、职业模块，对原有内容进行整合优化，旨在以“自然与人文”为主题，统摄写景抒情类散文的阅读与写作，立足语用层面，导向人文层面，提升学生的阅读品质、人文观察和文学表达能力。同时，有机融入思政点，培养文化自信，厚植家国情怀。

1. 精准分析学生现有的散文读写能力及学习的核心困难

基于单元要求，对学生当前的知识基础、认知能力、学习特点和专业特性进行分析，

[1] 朱颖、李玉凤、刘佳、杨璐，上海市商贸旅游学校。

精准诊断其优势及核心困难。

(1) 能力优势。①能理解语言表层信息，对鲜明的景物特征、情感倾向有较好的整体感知能力。②对眼前景有一定的观察能力，能客观清晰介绍景物、叙述事件，并通过直抒胸臆来表达体验。

(2) 核心困难。①对深层语意理解不精准，在脉络梳理、逻辑分析方面有困难。②对含蓄深沉的语言表达形式缺乏美学共鸣。③缺乏借助景、物、事的描写、刻画、描述来抒发情感的策略。

2. 针对散文特质和学情特点，制定适切教学目标

单元学习目标确立为：①把握景物特征，理解景情关系，掌握阅读路径和赏析方法；②理解作者的独特视角和情思，学习其运思方式和语言形式；③提升对自然美、人文美的感受力和表达力，树立文化自信，厚植家国情怀。

其中，重点为：①品读景语，把握景物特征，读出审美特质，理解独特情思。②以序列化微写作为抓手，掌握情景交融的基本表达策略。

难点为：①在多文本、关联性阅读中，梳理景情关系，追溯情思之源，产生审美共鸣，提高深度阅读能力。②在云导览创作、优化的综合性学习中，提升对自然美、人文美的感受力和表达力，树立文化自信，厚植家国情怀。

3. 综合基础、职业模块要求，基于单元目标，设计单元总任务，逆推关键能力，优化教学内容

本单元综合了基础模块专题 2 和职业模块专题 2 的要求，内容包含“散文阅读与欣赏”“微写作”两类组元。其中，选文四篇(荷塘月色、世间最美的坟墓、洛阳诗韵、画里阴晴)，均选自现有国规教材散文单元，具有文思独特、文情浓郁、文笔优美的特点。微写作任务三个，顺次为写景、抒情及文学性表达的专项能力训练。

为达成单元目标，围绕“自然与人文”的单元主题，设计了服务云旅游，提升红色景点云导览言语品质的总任务，逆推完成总任务所需的关键能力，将 12 课时的单元内容有序架构为“观景绘象—悟情品美—共情入境”三个学习阶段，每个阶段包括散文阅读(单篇+组篇)和微写作，读写紧密关联，从语言层面到人文层面，有机融入民族审美、家国情怀、政治认同、文化自信等思政点，优化单元教学内容。

(三) 突破散文教学瓶颈，制定读写教学策略

1. 为解决深度阅读难推进的问题，制定从篇到类教学策略

从单篇精读到组篇联读，在享读社区发布阅读任务，引导学生在多文本、关联性的比较阅读和多维思考中，梳理阅读路径，掌握赏析方法，提高自主阅读效率，有效推进经典作品的深度阅读，落实学习重点。

2. 为解决言语品质难提升的问题，制定以读促写教学策略

以微写作任务，聚焦专项能力，引导学生因表达需求而回读经典，细品语言，以写作视角提炼、迁移散文经典中的表达策略，丰富言语形式，解决写景、抒情难交融的困惑，突破学习难点。

3. 为突破读写生成难观测的瓶颈，借助学习平台，即评即纠

依托“汉语应用能力训练”平台的“享阅社区”“写作模块”，动态观测学生标记、批注

的变化痕迹;借助全网查重、高频统计、师生互评等功能,全面了解、精准分析学生参与写作、修改习作的态度和学习成效。

(四)针对学生的学习行为、语用能力和人文素养,构建教、学、评一体化的评价体系

依据语言、思维、审美、文化四方面核心素养要求,基于中职生语文学业水平质量描述,构建教、学、评一体化的评价体系,动态观测、精准评估学生的学习行为、语用能力和人文素养,促使学生自我评价,反思、改进学习态度和学习方式。

1. 量表前置,以评导学

围绕专项能力,一课一表,细化基准量规,引导学生理解学习目标、任务要求,参与评价过程,自评、互评读写能力。

2. 实时诊断,以评促学

综合运用平台记录留痕、数据反馈、点赞激励、在线互评等多种功能,对学习成效进行动态观测、实时诊断,促进学生提高读写效率。

3. 描述精准,以评拓学

依据评价要素和平台数据,精准描述个人学习达成情况,引导学生反思学习态度及方法,拓展学习空间和形态,进一步优化学习结果。

二、教学实施过程

依据12学时内容的三阶段实施架构,设计单篇阅读、组篇阅读、写作训练、综合实践四种课型。各类课型具体实施流程如下:

(一)单篇阅读课(应用于第2、第5、第8课次)

基于问题教学法,引导学生疏通文意,熟悉单篇作品的内容。

课前:在平台发布自读任务,要求学生阅读留痕,完成标记、批注,提交阅读疑问。

课中:以学生的普遍困惑为起点,设置教学问题,以问导读,引导学生疏通文意、整体感知,熟悉作品的写景内容和情感思想。

课后:推荐相关联的阅读篇目,拓展阅读视野,引导多维思考,激发学生进一步探究的学习愿望。

(二)组篇阅读课(应用于第3、第6、第9课次)

基于比较阅读法,引导学生进行多文本的关联性阅读和思考,形成系统性认知,提升阅读品质。

课前:选点组篇,在平台发布阅读及在线讨论任务

课中:交流自读感受,引出问题,发布比较阅读的任务,引导学生运用比较阅读法,进行多文本的关联性阅读和对比赏析。通过平台的阅读痕迹及数据,观测学生读写行为和思维品质的变化过程,有序推进阅读深度。

课后:推荐相关阅读篇目,引导学生引导遵循路径,分析异同,理解文本特质,持续提升阅读品质。

（三）写作训练课（应用于第4、第7、第10课次）

基于任务引领，突破写景、抒情专项能力，提升职场表达的言语品质。

课前：依托平台发布情境真实的微写作任务及评价量表，要求学生初创作品，并对照量表自评、互评。

课中：分析、评改习作样例，在习练、评改、优化的过程中，牵引学生以写作视角不断回读经典散文，丰富语言形式，优化写景、抒情的表达效果。

课后：要求学生运用课堂梳理的写作策略，继续优化习作，上传至平台。平台统计提交数量及修改篇幅，教师批阅、回复。

（四）综合实践课（应用于第1、第11、第12课次）

以“服务云旅游，提升红色景点云导览言语品质”为项目引领，立足言语实践，开展语文综合性学习。

课前：线上发布任务——服务云旅游，提升红色景点云导览言语品质。

课中：①具体解读任务的意义、目的，明确进度安排，分析相关阅读与写作能力要求，指导小组间分享创作素材；②引导学生分享作品、梳理策略，提升“云导览”言语品质。

课后：引导学生运用课堂所学，优化导览词表达效果，并进行线上互评。

三、学习成效

（一）在多文本阅读、个性化表达的学习中，发展思维能力，提升阅读品质

学生借助“享读社区”，进行阅读、标记、批注，留下了多维思考和多元解读的痕迹，人均聆听范读12句，完成批注、交流7条；人均圈画8句，点评5句，点赞、互动16次。

在从单篇到组篇的阅读学习中，学生从获取表层信息，到理解深层语义，进行了多重想象、多维思考，对景物描写、情感投射及景情关系的呈现方式形成系统性认知，发展了形象思维和逻辑思维能力，整体提高了自主阅读效率，提升了深度阅读能力。

（二）在丰富、有效的综合性学习经历中，提高“三文”能力

围绕“服务云旅游，提升红色景点云导览言语品质”这一单元总任务，为学生创设了丰富、有效的学习经历。学生写作任务完成率100%。

在充分的言语实践中，学生逐步深化了对文本的理解，丰富了表达策略和文化储备，有效提高了自身的文学欣赏能力、文学表达能力和文化传承能力（“三文”能力），不再是景点的过客、讲解资料的复读机，而是成为景观文化的传递者。

（三）基于职场语境，深层认知散文学习价值，端正经典阅读态度，激发自身家国情怀

在真实的职场语境中，基于云导览的表达需求，学生对散文中蕴藏的人文思想、优美语言的学习价值有了深层认知，端正了散文经典的阅读态度，在解读景观特点及历史文脉时，流露出浓浓的家国情怀。

四、特色创新

（一）选点组篇，从篇到类的整合设计，促进深度阅读

基于单元特质，选点组篇，整合设计，有效避免单篇教学各自为政、散文知识零打碎敲、静态堆积的情况，引导学生沉浸文本、比较阅读，进行多重想象、多维思考、多元解读，从而发现文本的共性特征，从读懂一篇到会读一类。

（二）以深阅读促进微写作，提升言语品质，助力职场表达

以微写作聚焦语用，引导学生以写作视角回读经典，从学习散文的语言形式出发，进行深度阅读，再深阅读滋养微写作，促使学生储备语言形式、积淀人文思想，丰富审美体验，将高品质的阅读输入有效转化为高品质的言语输出，助力其职场表达。

（三）充分发掘学科育人的价值，有效强化课程思政

以职业情境为外壳，以言语实践为内瓤，融红色资源、专业元素于写作情境，有机融入思政点，引导学生综合运用散文的读写策略，参与红色文化的传承与创作，抒发家国情怀，达成“红色耕种，思想滴灌”的目标。

五、反思改进

（一）审美共鸣不足，需进一步引导学生体悟共性中的个性

学生能把握写景抒情类散文的共性特征，掌握了基本阅读路径，但对散文审美意蕴层面的理解还有欠缺，还需进一步引导其体悟文本特质及作者个性色彩。

（二）支架型资源不足，需进一步开发辅助阅读的多元化素材

在后续的诗歌、小说、戏剧单元教学中，将开发更丰富的文本素材与音像资源来辅助阅读，以拉近学生与经典文学的距离，增强其与作者之间的审美共鸣。

《医药健康话题》教学实施报告

朱葛军　朱柳柳　田　莉　纪冰仑[①]

中等职业学校英语课程是九年制义务教育阶段英语学习的巩固与拓展，是一门公共基础课程，兼具人文性和实践性。

学校英语课程开设时间为第一至第三学期，每学期 72 课时，共 216 课时，选用国家规划教材《英语》。以话题为主导，在每册 10 个教学单元基础上，选择拓展模块和职业模块 2 个单元，优化为 6 个话题，每个话题 2 单元，每单元 6 课时。

本次教学内容为基础模块第二册第五、第六单元，共计 12 课时。

一、整体教学设计

（一）设计理念

以话题为主导，以提升语言运用能力为核心，以服务专业学习为导向，设计教学。贴近学生日常生活，创建职业场景，融入专业元素，强化语用能力，助力学生"日常生活交际、职场语言沟通、思维差异感知、跨文化理解和自主学习"等核心素养的全面发展。

（二）教学内容

教学对象为 2019 级药剂专业学生，他们已具备基础医药卫生知识，但缺乏职场环境下用英语沟通、解决实际问题的能力，语言应用能力差异较大。

依据《中等职业学校英语教学大纲》，根据语言学习规律，基于学情分析，结合学生专业需求和特色确定教学目标。

以"医药健康"话题为主线，优化第五、第六单元教学内容，结合核心素养和语用能力，以先易后难、强化听说、突出应用为原则，设计健康生活与疾病防治两个相互关联、承接递进的子话题。根据其专业与时事热点，融合医药销售（职业模块），拓展疫情防控（拓展模块）等教学内容，提升学生职场沟通能力。每节课设置真实语言应用情境，加入人物主角（康康），植入故事主线，将原来较为松散的教学内容通过情节关联和语言递进整体串联起来，从主人公"康康"的视角和经历推动情节发展，帮助学生在故事情境中，体验沉浸式语言学习，提高学生思维差异感知和跨文化交际能力。

---

① 朱葛军、朱柳柳、田莉、纪冰仑，上海市医药学校。

（三）策略

1. 植入故事主线，加强内容关联

围绕话题，重新梳理优化原关联性不强、枯燥的教学内容，植入故事主线，创设人物主角，以情节串联，突出教学内容之间的内在联系，使语言知识结构化、系统化。同时，多样化的故事情境具象、生动地呈现，激发学生的学习兴趣，使其在愉悦中主动参与语言实践。

2. 创设职场情境，训练语言技能

创设药品销售、疫情防控等职场情境，将以往机械式语言操练置于模拟语境中，架构基于应用语言解决职场实际问题的语言学习模式，提升职场沟通能力。

3. 利用信息技术，增加输出频次

合理运用语音识别、人机对话、批改网等信息技术，丰富语言输出形式，解决原课堂评价不客观、不及时问题。即时高效的评价，快速定位易错点，增强语言训练针对性及语言输出频次，强化职场用语规范性训练。

4. 关注学生差异，动态调整任务

通过语音识别、关键词提取等技术，在课堂任务设置中充分考虑学生个体差异，满足学生个性化学习需求，实时跟踪、评价学生学习进度和课堂表现，动态调整学习任务难度。

5. 利用信息差，激活交际需求

在语言应用环节，通过随机配对、随机分配任务、利用交际信息差，让学生在事先不知道对方信息的情况下进行交际活动，激活交际需求，激发更为真实的交际沟通。

（四）评价方式

1. 评价方式多样化，评价主体多元化

过程性评价和终结性评价相结合，用多元评价方式全程追踪学生学习情况、评定学生语言素养，逐步建立综合评价体系，促进教与学相互激励和根本转变。

2. 评价维度精细化，评价手段数据化

表1　评价维度、评价内容与评价手段

评价维度	评价内容	原评价手段	现评价手段	备注
基础语言	词汇	人评	机评	
	句型	人评	机评	
	语法	人评	机评	
	语篇	人评	机评	
语用能力	句意理解正确率	人评	机评	
	意义表达准确度	人评	机评	
	语言交互流畅度	人评	机评	
职场规范（非语言）	服务态度	人评	人评＋机评	语气部分可机评
	眼神交流	人评	人评	
	社交距离	人评	人评	

从基础语言、语用能力、职场规范三个维度展开评价，充分利用人评、机评等手段，基于学科核心素养，细化评价指标，应用语音识别、关键词提取等技术，全面提取数据，准确把握学生学习进度和掌握情况，更为精细、客观评价学生语言准确应用、词汇句型语法掌握、职场规范习得等因素，降低主观因素干扰（见表1）。

二、教学实施

每单元四种课型、六个课时。

（一）听说课

课前，学生在平台自主完成听说任务，教师根据平台数据反馈，形成课中知识切入点，开展精准指导。

课中，学生首先梳理知识点和易错点，完成人机模拟对话，巩固旧知。教师根据数据统计，了解学生对已学词汇和句型掌握情况，强调句型使用的多样性。其次，完成头脑风暴和句子重写等多层次读写任务，拓展新句型，引出难点；随后学生在线反复读练，熟悉新句型。教师通过实时数据反馈，同步纠错、个性化指导。再次，结合句型表达与语言技巧（如语气、连读等），完成人机口语任务。教师通过亲身示范、案例展示和总结讲解，拓展学生语音知识，增强学生结合语境选择恰当语言的意识。平台通过智能评星，反馈学生进步情况。最后，学生完成角色扮演和组间互评，攻克重难点。角色扮演展现学生合作学习精神、综合应用能力和职业素养；组间互评整合学习与评价，实现做中学、评中学。该环节结合平台正确率统计、学生互评点赞和教师点评总结等形成综合性评价。

课后，教师布置新的口语训练任务，激励学生继续探究。学生将知识点迁移、拓展至新职场情境，进一步提高职场综合应用能力。

（二）阅读课

课前教师发布相关视频资料，学生完成书面和口头练习。学习平台反馈预习结果，通过可视化结果，学生知晓自我学习过程中的不足，教师掌握学情，调整策略。

课中阅读分为快速阅读和精细阅读。在语言输入过程中构建思维导图，既对文本语言梳理归纳，又为语言输出提供支撑。

课中复述从思维导图完整信息到细节信息消失，学生借助脚手架，通过尝试复述—发现问题—解决问题—再次复述，顺利复述、深度理解文本。采用情境交流活动，创设真实语境，触发语言交互，解构文本思维导图，深度理解文本信息，体味语言思维和文化差异，坚定文化自信。

课后依据课堂生成学习报告，推送不同难度阅读文章，学生得到提升。拓展阅读实现分层阅读、主题阅读和增量阅读相结合。

（三）写作课

课前教师通过一课 e 练教学互动平台发布任务，学生利用移动设备完成单词学习、练习和测试任务，平台自动评分。学生根据情景写作任务，在批改网完成第一稿，系统自动评阅。教师从平台和系统数据了解学生自学情况，制定课堂教学策略。

课中分为六个环节：

（1）反馈导入。教师根据课前学习情况，讲解共性错误，引出新任务——修改作文。

（2）梳理格式。教师展示正确和错误的作文格式，学生小组讨论明确正确格式，并修改格式。

（3）明晰结构。教师展示范文、指出中英思维差异，学生利用思维导图探究内容要点，明确内容结构，修改正文结构。

（4）语句连贯。学生微课学习逻辑连接词，完成“一课 e 练”进阶训练任务。系统自动评判，推送相关习题，巩固知识点。学生修改任务，使用连接词提升句子连贯度，解决教学重点。

（5）有效交际。根据批改网统计，展示学生作文中使用不当句型。以范文学习交际场景恰当用语，在“一课 e 练”中操练。系统即时生成数据，教师帮助查漏补缺，夯实恰当表达。学生修改关键句型，攻克教学难点。

（6）小结评价。总结本课要点，重温写作过程。

课后，教师网上批阅学生最后一稿，推荐范文；学生阅读范文，巩固本节课要点。教师推送建议信，要求学生从格式、结构、连贯度和正式性四个角度进行评价，在上一条作业基础上修改建议信（选做）。

（四）综合课

课前，教师发布任务，学生通过在线学习平台，回顾和复习本单元主要语言点，写出新冠病毒可能产生的症状的英语单词，为上课做铺垫。

课中的主要环节为：

（1）情境引入。以情境导入为铺垫，新知联系旧知，拓展新的语言点。

（2）语言学习。呈现教学重点，引导学生分析总结正确防疫筛查步骤及防疫筛查用语。

（3）语言操练。进行人机对话语言操练，练习难度逐步提升，平台通过语音识别和关键词提取技术评分，为下一环节分层任务提供依据。

（4）综合应用。突破教学重点。根据学生层次，分配不同难度任务。根据角色和任务，学生随机配对，演练防疫筛查。录像记录学生演练过程，通过语音识别和关键词评判学生表现。

（5）评价提升。突破教学难点。结合人评和机评，引导学生发现问题，解决问题，指导学生“活学活用”，灵活应用防疫用语处理不同状况。

（6）总结提炼。提炼中国抗疫精神意义，升华主题。

课后，学生通过防疫筛查手册，回顾、巩固学习内容。

三、学习效果

1. 语言结合职业，提升职场沟通能力

通过模拟和创设职业场景，帮助学生提高职场沟通能力和解决实际问题能力。例如，在药品销售场景，将课堂移入模拟药房实训室，增强情境真实性、体验真实感。在问病荐药任务中，学生作为药师和患有四种不同病症的顾客交际对话，药师询问病情，顾客描述病情；药师分析症状，推荐用药。在职场情境训练过程中，提升学生感知语言思维差异能力，培养学生职场英语沟通能力，提高学生职场规范用语意识。

本课学习结束，学生能听懂、理解病情询问和症状分析，其中62.5%的学生能够询问病情、分析症状，正确推荐用药。

2. 技术助力教学，提高语言输出准确率

使用人机对话技术，丰富语言输出方式，打破教学环境时空限制，学生得到更多基于模拟场景的语言技能操练，增加语言输出频次。例如在第五单元听说课“健康建议”中，学生人均进行4次人机对话练习，提升了语用能力。

使用语音识别、关键词提取等技术，快速锁定学生易错点，针对性突破学生薄弱环节和重难点，提升语言应用准确性。学生在词汇、句型、语法和语篇等方面的正确率、准确性、完整性等有了质的提升，总体词汇正确率从23%升至92%，发音准确性从28%升至88%，使用规范语言准确率从31%升至85%。

使用批改网，提升评价效率和频次，提高学生语言输出规范性。数据显示，平均每节写作课中，学生互评2次，教师指导点评2次，系统评阅4次，学生前后修改4次，课内作文练习由1次/篇提高到平均5次/篇，最多达11次，学生语言输出准确率大幅提高。

3. 情境融合时事，深化思政教育内涵

教学内容反映全国上下团结一心、在抗击新冠肺炎疫情斗争中取得重大战略成果，体现中国特色社会主义制度优越性，提升学生民族自豪感和国家认同感。

四、特色创新

（一）创设故事式语言环境，带动整体语言学习

以话题为核心，重构教学内容，设计相互衔接、层次递进情境，把语言技能学习融入“故事式”情境中，保证学生始终沉浸在整体关联“情节”中，提高学生学习兴趣，逐步提升听、说、读、写及综合应用能力。

（二）营造真实职场情境，突出语言交际实用性

结合学生专业背景、紧贴时事，将药房职业情境和社区疫情防控作为任务具体场景，融合问病荐药、健康宣传、防疫调查等职业性实用性强、身临其境的活动，突破传统课堂中学生语言操练机械单一、脱离真实语境的困境，真正提升学生语言交际能力。

（三）利用信息差，激活语言交际真实性

打破传统教学按照“剧本—排练—表演”进行“低信息差”角色扮演模式，通过交际对象随机配对、任务随机分配，突破学生“安全感”，迫使学生走出“舒适区”，以“信息差”激活真实语言交际需求，通过分析、研判具体情境、综合运用所学语言技能完成真实语言交际。

（四）应用差异化理念，满足个性化学习需求

根据学生个体差异，通过平台针对性推送个性化听、说、读、写等多层次任务，依据学生表现动态调整学习任务难易度，以动态分层方式，让每一个学生始终处在自己最近发展区内，并取得实质性突破。

五、反思与改进

机评的精度、智能方面尚有提升空间，还需较多人工干预。教学辅助工具设计和开发需要更充分利用人工智能、大数据分析等先进技术，围绕教学实际需求，更精准有效融合技术手段，提高教学效率，优化教学流程，提升教学质量。

虽然在听说、阅读和综合课部分环节实现了差异化教学，但在其他环节和课型中、在任务分工、评价手段、作业方式上仍需深挖和扩大空间，借助更多信息技术手段，更精准全面实施差异化教学。

《泄压阀——简单零件加工》教学实施报告

刘文刚　金继荣　张　宏[①]

数控车削技术训练课程是数控技术应用专业数控车工方向的一门专业(技能)方向课,开设时间是三年级第二学期,共计180学时。本次教学内容选自国家规划教材《数控车削技术训练》项目三——简单零件加工。

一、整体教学设计

(一)以职业能力为线索,重构教学内容

以"学会方法、能完成加工、能熟练加工简单零件"的三个职业能力层次为线索,将原定48学时的项目三"简单零件加工"重构为三个16学时的子项目,用三个不同的企业产品为载体,设计了若干个学习任务,涵盖了阶梯轴加工、圆弧轴加工、切槽与切断加工、内孔与内锥加工、螺纹轴加工等原有的教学内容。三个项目贯穿全课程,教学设计由易到难,递进排列,学习内容完整,目标明确,符合学生认知规律,突出职业岗位能力培养。选定子项目一为参赛内容,共16学时,采用校企合作企业泄压阀产品为项目载体实施教学。

根据零件的实际使用要求和加工工艺要求,依据由简到繁、先粗后精、先直线轮廓后曲线轮廓的加工顺序,结合简单零件加工的知识点和技能点,环环相扣、层层递进的进行内容及要求的调整和课次的安排(见表1)。

表1　教学内容分配

职业能力	学习任务	知识与技能学习要求	参考学时
学会简单零件加工的方法	阶梯轴的加工	1. 知道阶梯轴的加工参数选择和加工顺序的确定; 2. 会用G01、G00指令编辑阶梯轴的指令; 3. 能进行阶梯轴加工程序的调试与加工; 4. 能通过摩耗控制零件加工精度。	2

① 刘文刚、金继荣、张宏,上海电机学院附属科技学校。

（续表）

<table>
<tr><th>职业能力</th><th>学习任务</th><th>知识与技能学习要求</th><th>参考学时</th></tr>
<tr><td rowspan="8">学会简单零件加工的方法</td><td>切槽加工</td><td>1. 知道切槽的加工参数选择；
2. 知道切槽走刀路线选择；
3. 会用 G04 指令编程控制槽底精度；
4. 能通过刀具宽度控制槽宽尺寸。</td><td>2</td></tr>
<tr><td>紧固螺纹加工</td><td rowspan="2">1. 知道螺纹轴的加工切削参数的选择；
2. 会使用 G92 指令编辑紧固螺纹加工程序；
3. 会使用 G76 指令编辑精密螺纹加工程序；
4. 能通过递减方式进行螺纹轴加工；
5. 能通过磨耗修改控制螺纹轴加工精度。</td><td>2</td></tr>
<tr><td>精密螺纹加工</td><td>2</td></tr>
<tr><td>内孔加工</td><td rowspan="2">1. 知道内孔与内锥的切削参数选择；
2. 会正确选择内孔与内锥的测量工具进行测量；
3. 会用 G71、G70 指令编辑内孔程序进行加工；
4. 会用 G94 指令编辑内锥程序进行加工；
5. 能通过修改程序和磨耗控制内孔和内锥的加工精度。</td><td>2</td></tr>
<tr><td>内锥加工</td><td>2</td></tr>
<tr><td>圆弧加工</td><td>1. 知道简单圆弧轴的加工工艺知识；
2. 能正确判断顺逆圆弧；
3. 能用 G02、G03 指令编辑圆弧加工程序；
4. 能进行圆弧程序调试，完成零件加工；
5. 能通过修改程序控制圆弧加工精度。</td><td>2</td></tr>
<tr><td>实训小结</td><td>1. 能根据之前课程内容总结出各个零件加工时注意要点；
2. 能灵活合理应用所学指令进行程序编制；
3. 会对零件加工参数进行、加工顺序进行优化；
4. 能熟练操作机床独立进行零件加工与检测。</td><td>2</td></tr>
</table>

（二）以立德树人为根本，突出素养目标

以立德树人为根本，以素质教育为核心，基于学生学情，结合七个实际加工任务，从安全穿戴、方案制定、决策优化、零件加工、精度检测、物料损耗等方面培养数控车削加工过程中标准规范的职业习惯、精益求精的质量意识、不断追求的效率意识、厉行节约的环保意识。

（三）以工作任务为载体，组织实训教学

1. 任务驱动法

以泄压阀简单零件加工为工作任务，利用 TCMP 实训过程管理云平台和数控加工仿真软件，学生在教师的引导下，自主探究、虚实结合、反复操练，学会简单零件的工艺方案

制定、程序编制和零件加工，初步具备规范意识、标准意识和质量意识。

2. 教学流程

子项目一“泄压阀零部件加工”中每个任务采用一课次 2 学时来完成，共设计 8 个环节。加工实训课：课前“习”明确工作任务，培养自主学习的能力；课中第一学时“析”“仿”“试”制定并验证工艺方案，初步尝试加工，锻炼学生分析、解决问题的能力；课中第二学时“悟”“练”“评”不断优方案化，不断改进方法，并完成工作任务；课后“拓”对知识技能举一反三，锻炼学生的创新能力；培养学生的规范意识、标准意识和质量意识，达成教学目标。

实训小结课以“习”“析”“仿”“测”“评”“拓”“结”“补”为流程开展教学。

（四）以新技术为手段，优化教学评价

应用 TCMP 实训过程管理云平台和数控加工仿真软件，记录学生实训学习全过程及车间运行管理数据，通过大数据分析计算形成分析报告，优化教学评价。用客观的数据记录自学检测、工艺卡填制、程序编写、加工时间、加工精度、原材料使用量、刀具损耗量、工件达标量等评价指标，考核安全规范、工艺制定、程序编制、操作加工，团队协作等学习情况，构建了个人能力、专业能力、方法能力、社会能力四个维度的职业综合能力评价体系。

二、实施及成效

（一）活页式车削加工学习包，直观呈现，提高自主探究的学习能力

通过大量简单零件加工的视频、三维交互动画和图片等资源，辅以常用指令和加工方法说明，开发制作活页式教学资源，清晰展示了装夹、对刀、粗精加工等环节。学生可随时查看学习包，进行课前预习、课中学习、课后反思。打破了学习时间和空间的局限，让学生能够根据自身需要自主学习。

（二）弈课堂学习平台，掌握学习情况，便于调整教学策略

学习平台能实现教师端学习任务的发布，记录学习情况并做智能测评统计。帮助教师掌握学生的预习情况，助力教师提前预判教学重、难点，并根据学习情况做个性指导，学习平台翻转传统课堂，将传统的“教”变主动的“学”。

（三）实时录播模块，记录操作过程，提供诊改依据

即时呈现教师示范和学生操作视频，大大提高了教师示教的有效性。教师可监测所有学生实时操作情况，及时为学生纠偏，借助学生求助功能，可及时回应进行现场指导。回看功能，为师生提供了诊断与改进的依据。

（四）数控仿真软件，验证加工程序，规避安全风险

借助加工操作前一道重要的“防护墙”，学生利用仿真软件校验加工程序的正确性，快速模拟轨迹，熟悉加工操作流程，人人参与，先仿真再实操，提高了机床操作的安全性。

（五）智能测评系统，实时评价，增强质量意识

师生应用智能测评系统实现对零件尺寸的精准测量，借助及时呈现的测量结果及质量分析，针对误差寻求提高加工质量的解决方案，不断强化质量意识，实现多元化、多维度的全过程教学评价。

（六）TCMP 平台，对标企业管理模式，体验数字化管理

在实训过程中学生可在 TCMP 实训车间云管理平台进行在线工艺卡片填制，借助平台生成的物料清单及设备管理智能化流程，体验数字化工厂管理模式。

三、反思与诊改

（一）特色创新

1. 产品驱动环环相扣，质效兼顾多维提升

对接岗位能力和职业标准，以企业典型产品为驱动，知识环环相扣，内容层层递进。通过多个加工任务，借助信息技术手段促使理论知识易学、疑难问题善思、操作技能勤练；坚持质量与速度并举、安全与规范并重；达到职业素养贯穿始终，职业能力螺旋上升。

2. 思政渗透春风化雨，素养形成润物无声

在教学实施中，注重思政渗透，基于学生职业素养和职业能力，突出学生自主探究、团队协作，改变学生重模仿轻探索、重速度轻质量、重结果轻过程等现象，让职业素养的形成有抓手。

（二）反思诊改

1. 激发学习兴趣，助力技能提升

“学启于思，思源于疑”。由于数控车削加工理论知识晦涩难懂，学生对加工工艺及方法缺乏兴趣。教师要在实训教学过程中精心设疑，耐心引导，让学生在实训中发现问题，主动探索更好的加工工艺；并将其应用到实践中，使实训课堂变竞技场，追求零件加工的更高质量，助力技能的提升。

2. 深化质量意识，培养工匠精神

理论学习需积累，实操训练要反复，总结评价促提升。本着“熟能生巧”的理念开展实训教学，娴熟的加工操作能激发学生学习热情，但部分学生重速度轻质量，应将零件精度的等级评价与企业产品检验标准相结合，既兼顾对学生技能掌握程度的肯定，又为学生树立质量为上的意识，培养精益求精的工匠精神。

3. 优化梯度设计，实现差异教学

根据学生学习基础、习惯、技能水平的差异，采用组内异质、组间同质的分组学习方式，实现了学生间的互补、协作，实训成绩有了较大提高。但学习内容的一致性，限制了部分学有余力学生知识、技能的拓展。后续课程的教学设计将在小组协作的基础上，设置基础、拓展两个梯度的训练任务，实现差异化教学目标。

4. 不断更新技术，完善评价体系

实训教学使用的虚拟仿真软件只能仿真数控机床加工流程，无法模拟设备、零件的真实物理属性；机床数据无法实时收集，加工过程只能借助影像数据监控；不同系统平台间数据难以自动整合，形成数据孤岛，今后需要进一步引进新技术，整合教学全过程的数据，用数据验证教学目标的达成度，不断完善教学评价体系。

《消毒液自动搬运码垛》教学实施报告

吴海疆　潘　赟　陈一铭①

梁启超曾说："今之机器之用大进，人力可以胜天。"在工业 4.0 时代背景下，工业机器人作为先进制造业中不可替代的重要装备，已经成为衡量一个国家制造水平和科技水平的重要标志。

《工业机器人编程与操作》课程是机电技术应用（工业机器人应用与维护）专业的一门专业（技能）方向课，授课对象为二年级学生，开设时间是二年级第二学期，共计 72 学时。本次教学内容选自职业教育规划教材《工业机器人应用基础》中的图块搬运和物料码垛编程与操作的学习项目，共计 16 学时。

一、教学整体设计

（一）德技并修创新思维，培育三新现代技术工人

基于"工业机器人技术应用" 的工艺员、程序员、装调员的岗位要求，依据会写工艺、会编程序、会装夹具和会调设备的职业能力，在真实企业项目学习过程中，运用智能控制的新知识、新技能，通过计划、执行、检查、处理的项目进程管理进行工艺、程序和操作的不断优化。建立规范、安全、质量和效能意识，将质量第一、精益求精的工匠精神有机融入课程，使学生具备科学、创新的思维，培养德智体美劳全面发展的新产业、新技术、新思维三新劳动者。

（二）融入"1+X"技能标准，优化课证融通教学内容

依据专业人才培养方案及课程标准，基于重实践轻理论，职业素养需提高的学情，结合企业岗位需求及"1+X"《工业机器人操作与运维》初中级职业技能考证内容，以消毒液搬运、码垛的编程与操作任务为载体，根据先搬、再装箱，后整箱码垛的实际工作顺序，将 1—8 学时分为瓶装消毒液取放与单个搬运、连续搬运、装箱搬运的仿真操作和取放与搬运的操作与调试的四个学习任务，涵盖"1+X"职业初级技能的"工业机器人操作安全保护""工业机器人的基本示教操作"和"基本程序示教编程"考证内容；将 9—16 学时分为整箱消毒液重叠式码垛、交错式码垛、双工位码垛的编程与操作和消毒液自动搬运码垛

① 吴海疆、潘赟、陈一铭，上海科技管理学校。

综合实训的四个学习任务，涵盖“1＋X”职业中级技能的“工业机器人搬运码垛应用系统安装”和“工业机器人典型应用操作与编程”考证内容。通过迈小步、多迈步，先易后难的学习任务，循序渐进地达成搬得准、码得稳、码得快的职业能力。

（三）充分运用信息技术，形成高效课堂教学策略

1. 线上线下混合教学

疫情期间及时调整教学策略，采用线上以基础知识和仿真编程为主，线下以技能训练和优化操作为主的混合式教学方式，利用自主开发的 APP 任务指导手册便于学生可视化学习，增强主动学习和自主探究的意识。通过离线编程仿真软件中二次开发的 Smart（智慧）组件，帮助学生仿真操作，利用模拟情境解决线上实操的问题，使学习内容贴近真实工作任务，激发学习兴趣和潜能。

2. PDCA 项目进程管理

结合学情和认知规律，以“企业真实项目导入、教师引导思路、学生主动学习”的方式，采用任务驱动法，以工作过程为主线，将 PDCA（P：plan，计划；D：do，执行；C：check，检查；A：action，处理）融入教学流程，保障每一次学习任务的有效达成，形成高效课堂教学。

（四）全面客观可评可测，构建八维一体评价体系

依据专业人才培养目标及课标要求，结合“1＋X”职业技能和国标《工业机器人安全实施规范》（GB/T 20867—2007）设计八维评价指标体系，汇总自评、互评和师评数据，让能力和素养有形可触、有据可测，形成职业能力和职业素养的八维画像。

二、教学实施过程

通过八个任务整合相关知识、技能与素养，引入 PDCA 项目进程管理，设计“探、订、编、调、试、践、结、融”递进式教学环节，体验“三员三优一化”，通过工艺员、程序员、装调员的角色扮演，完成工艺、程序、操作的不断优化，达成素养的内化。

（一）线上教学

以“瓶装消毒液取放与单个搬运的仿真操作”为例。

（1）“探”：教师课前在学习平台下发任务单和实际工作视频。学生接收电子学习包，初订工艺流程图和轨迹图。教师查看学生工艺流程图和轨迹图的制订情况。

（2）“订”：教师将工艺制订任务分解为取放与单个搬运，展示学生课前编制的工艺流程图和轨迹图，师生共同梳理出问题集中在轨迹、安全高度和点位设置三方面，教师布置轨迹优化在线测试，结果显示六组都掌握了轨迹图的规划。教师播放 3D 动画提示取放的工艺要求，引出有效载荷的新知讲解。学生通过在线讨论，师生共同梳理出有效载荷数据设定的是物料重量和重心偏移量数据，并分组讨论有效载荷在搬运任务中的具体应用。教师线上巡回指导，师生共同归纳出有效载荷在物料吸取后读取，放置后清除，并布置在线测试—完善工艺流程图，学生完成测试并由小组工艺员上传优化结果。教师展示正确

结果,分享口诀:轨迹安全很重要,预设位置要规范,有效载荷记得设,吸取松开读载荷。

(3)“编”:教师线上巡回指导,提示学生完成目标点及 I/O 信号的设定,发现多组学生有效载荷数据设定出错,教师在仿真软件中示范有效载荷的设定,强调 1+X 的职业能力,融入社会责任意识的思政教育。学生线上讨论合作编写程序,程序员在仿真软件中验证程序。6 组结果显示全部完成了消毒液取放和单个搬运任务,解决教学重点。

(4)“调”:师生共同讨论分析仿真中的取放和搬运速度设定是否合理,小组通过使用 APP 任务指导手册,线上讨论优化方案,并由程序员优化程序。教师在线答疑,通过 3D 动画给出提示,师生共同梳理出取放速度是搬运速度的 1/4 到 1/2 区间范围。

(5)“试”:教师结合实际搬运视频案例强调安全和规范操作,并融入爱岗敬业、精益求精的工匠精神,线上巡回指导操作并评分。装调员共享仿真操作过程,工艺员、程序员记录并评分,操作完成后角色互换反复操作。

(6)“践”:小组展示仿真操作结果,教师梳理出点位示教的问题,线上直播示范如何提高搬运质量,并强调安全和规范操作。学生讨论提出优化方案并仿真操作,角色互换,反复操练。师生共同归纳技巧:微调预设吸取点,安全准确取物料。

(7)“结”:教师布置程序分段在线小测试。学生完成在线测试,学生代表线上发言总结所学所获,教师结合“融 e 评”平台统计数据,评选本次课的最佳学员和最佳团队。最佳学员分享本课所学所获,教师归纳总结。

(8)课后“融”:教师查看学生线上学习情况,调整教学策略。学生融合优化内容,反思任务,完成任务单。

(二)线下教学

以“瓶装消毒液取放和搬运的操作与调试”为例。

(1)“探”:教师课前在学习平台下发任务单和取放与搬运的实际工作视频,学生接收电子学习包,初订工艺方案。教师查看学生工艺方案的制订情况。

(2)“订”:教师展示学生课前编制的瓶装消毒液取放和搬运的工艺方案,学生代表分析课前制定的方案,教师对工艺方案进行汇总,小组讨论整合吸放、搬运、装箱的工艺要求和夹具选取要求,由工艺员将整合后的工艺方案上传至学习平台。

(3)“编”:学生使用 APP 任务指导手册,分组讨论进行程序编写,程序员用仿真软件验证程序的正确性。教师对各组的程序进行分析,优化信号分配,培养学生一丝不苟的工匠精神。小组讨论修改后,由程序员将程序填入任务单并上传至学习平台。

(4)“调”:教师布置上机调试任务,学生按照“三员”分工,结合工艺方案,将吸盘夹具安装到位并连接气动线路。通过示教器设置 I/O 信号及配置可编程按钮。教师布置线性、关节运动手动控制训练任务,装调员操练,程序员和工艺员及时记录操作情况,对出现的方向错误、操作速度过快等情况及时提醒、反馈,操作完成进行角色互换,反复操练至完成连续 5 次关节、方向操作正确的测试。

(5)“试”:教师布置操作任务,强调“8S 现场管理”,学生穿戴整齐进入工位,每组装调员在实训设备上完成操作,录播系统记录操作过程。教师巡回指导,强调安全和规范操作,程序员将操作过程视频和操作结果上传至学习平台。教师指导发现多组学生操作时出现物料提前掉落的问题,师生共同分析出转弯区数据导致的掉落,教师讲解转弯区数据相关知识，学生根据优化方案再次上机优化操作。教师再次巡回指导，并上机示范stop停止指令的运用，优化调试操作，树立质量和效能意识。学生结合教师示范再次优化操作，完成度达到100%，教学重难点得以突破。学生代表上台分享操作心得，教师分享口诀：转弯数据Z和fine，平顺运行巧用Z，取放之前改用fine，安全准确有保障。

(6)“践”：学生根据口诀进行操作的优化完善，完成后进行角色互换操练。教师巡回指导，结合实际任务改善情况，培育质量第一、精益求精的工匠精神，并根据操作情况进行评分。学生进行组间互评。

(7)“结”：教师依据“融e评”平台统计的学生课前、课中的8维数据，评选本次课的最佳学员和最佳团队。最佳学员分享本课所学所获，教师归纳总结。

(8)课后“融”：教师查看学生学习情况，调整教学策略。学生融合优化内容，反思任务，完成任务单。

三、学习效果

(一)数字资源助力学习，探究意识逐渐增强

运用视频、动画、任务单、测试包等学习资源，学生能够直观学习，在线测试，并依据学习时间和学习次数奖励经验值。通过“融e评”平台收集学生的学习情况，反映出学生人人参与课前预习和测试。通过使用APP任务指导手册进行自主探究式学习，随着学习的不断深入，APP问题汇总栏目的使用频次逐步提高，反映出主动学习和自主探究的意识逐渐增强。

(二)虚实结合反复操练，“1+X”技能掌握良好

虚拟仿真技术的应用拓展了课堂时间与空间，让学生能够在仿真软件中人人参与，先仿真再实操，反复多次，不断验证程序正确性，模拟机器人的运行轨迹，方便学生查找机器人轨迹问题，及时发现，及时整改。录像回看提供了诊断与改进的依据，便于学生发现错误，有针对性地不断优化，逐步形成质量意识。根据“1+X”模拟测试，学生通过率为100%，技能掌握情况良好。

(三)遵守8S现场管理，职业素养内化于心

营造真实的企业生产环境，将“8S现场管理”融入教学过程。以任务单、交接单等为载体，记录工具、线管线缆摆放，工具清洁，杂物清扫等完成情况，规范操作明显增加，质量意识不断提升，素养落实外化于形，内化于心。

四、特色创新

(一)结合“三员三优一化”，人才培养贴近企业

以工业机器人实际应用为载体，以职业能力培养为主线，通过工艺员、程序员、装调

员的角色扮演进行学岗对接，突出了工艺优化、程序优化、操作优化和素养内化的创新能力培养思路，使人才培养更贴近企业实际，有效提高了教学质量和教学效果。

（二）能力画像直观呈现，多维评价有形有据

通过“融 e 评”平台收集和分析 APP 任务指导手册、学习平台等相关数据，将主观评价变为客观评价，形成八维能力画像，让评价有形有据，便于学生自我诊断，教师个性化指导。

（三）自主开发教学资源，教研水平有效提升

二次开发具有智能组件的离线编程仿真工作站，将理论学习与实训操作合二为一，实现理实一体无缝对接教学。自主研发 APP 任务指导手册，集可视化学习、过程性记录、问题解决、在线答疑于一体，有效提升了教师的教研水平和信息技术应用能力。

五、反思改进

（一）教学内容更新持续进行

工业机器人的行业应用不断更新，对于专业教师的要求不断提高，需要我们持续进行企业实践，吸收新技术、新工艺、新方法，不断提升自身素养，将新内容不断融入课堂教学中。

（二）实训设备有待完善提升

机器人行业的迅猛发展，模拟真实流水线的难度不断提高，需要我们引入生产流水线，进一步完善教学实训设备，缩小学习任务和真实工作任务的差距，夯实学岗对接桥梁。

（三）线上线下教学持续探索

由于疫情防控影响，线上教学难以完成全部实践性的教学内容，模拟操作和实际操作仍有距离，线上线下融合式教学仍需探索。

《意式菜肴制作》教学实施报告

朱　莉　王晶晶　蒋　玮[①]

意式菜肴素有“欧洲大陆烹调之母”之称，最为注重原料的本质、本色，成品力求保持原汁原味。烹调方法以炒、煎、焗、烩等居多。

《西餐热菜制作》是2019级西餐烹饪专业的专业(技能)方向课，144学时，开设在第3、4学期。根据教育部西餐烹饪专业教学标准要求及《西式烹调师》国家职业技能标准，结合西餐烹饪行业岗位需求，融合世界技能大赛(烹饪)项目评价要素，引入行业新技术、新工艺、新方法，以西餐烹调能力培养为本位，以典型西方国家菜系为主线，将西餐热菜整合为九个模块，本次参赛内容选取模块二：意式菜肴制作，共计16课时。

一、教学整体设计

(一)“岗课赛证”融合育人模式，培育本土化西式烹调师

践行“岗课赛证”融合育人模式，引入西餐名厨、工匠进课堂，对接真实岗位，夯实意式菜肴烹饪实践能力，激发自信表达能力，提升餐饮服务能力、烹饪技能迁移能力，树立正确的厨师道德观，通过“修厨德”“炼厨技”“慧厨心”，培育本土化西式烹调师。

(二)对接工作岗位需求，优化教学内容

1. 分析学习情况

班级现有学生23名，学生学习积极性高，自我意识较强，缺少团队合作意识。学生对意式菜肴的结构特点、文化背景、烹调方法、口味特点、操作要领和成品标准不太了解，通过法式菜肴制作的学习，掌握了热菜制作的基本操作流程和规范。

2. 制定教学目标

通过教学，学生能够简述意大利菜肴的烹调方法及特点，牢记菜品操作要领和成品标准，理解中西方餐饮文化的异同，吸收意式菜肴烹调理念与技法，制作和改良意式菜肴，养成安全意识、环保意识、规范意识、服务意识及良好的安全卫生操作习惯，树立文化自信和职业自信。

---

① 朱莉、王晶晶、蒋玮，中华职业学校。

3. 优化教学内容

对接西餐真实工作岗位需求，遵从意大利人用餐习惯，以汤菜、面食、主菜制作为工作任务，涵盖典型意式菜肴烹调技法，每一类型选取传统经典菜品和改良菜品各一款，套餐选取简易套餐和商务套餐各一款，形成从单一类型菜肴制作至套餐制作的进阶式学习内容。

（三）基于教与学的困惑，制定教学策略

针对制作过程中存在的原材料消耗大、易浪费，测量数据难收集，操作指导难精准，实训过程难追溯等困惑，制定以下教学策略：

1. 遵循技术技能形成规律，制定“三烹”教学流程

立足学生意式菜肴烹饪技能的培养、菜肴鉴赏能力、服务意识的提升、绿色环保习惯的养成，制定“模拟烹—真实烹—订单烹”的教学流程。通过“模拟烹”，练步骤，熟悉用料标准和操作规范；通过“真实烹”，练技能，固化操作要领；通过“订单烹”，练服务，满足顾客个性化需求，提升按需烹饪服务意识。

2. 整合运用信息技术，优化教学手段方法

借助模拟料理器，创设厨房情境，模拟烹饪过程，规范操作步骤，解决原材料消耗大、易浪费的问题；运用录播系统，记录、回看、分析师生操作过程，解决烹饪过程难追溯、关键技能难突破的问题；运用学习平台，获取、汇总过程评价数据，实时调整教学策略，实现以学定教。

3. 引进现代化厨房设备，对接岗位真实情境

对接岗位真实情境，引入现代化厨房设备，在保证菜品品质的前提下，倡导科学营养烹调技法，精准控制烹饪关键环节，优化烹调方法和手段，提升了学生烹调设备的应用能力，紧贴企业工作岗位需求。

（四）引入世赛评判标准，建立“一人一菜一档”

引入世界技能大赛标准，设置了卫生、安全、环保、技能、质量和服务 6 个方面的评价指标，贯穿课前、课中、课后全过程，通过学生自评、互评、师评和企业评，形成一人一菜一档。关注技能与素养，从行动到习惯，从习惯到素养，逐步内化工匠品质，促进学生可持续发展。

二、教学实施过程

本模块共 16 学时教学内容，每课次 2 学时，共 8 课次。分为两种课型，第 1 至第 6 课次是以菜品制作为主的技能训练课，采用任务驱动法。第 7 至 8 课次是围绕套餐制作而展开的综合实训课，采用项目教学法。

（一）技能训练课——以菜品为载体，通过“三烹”，开展技能训练

（1）课前：学生借助学习包，了解菜品文化，初步认识原料和烹调方法。

（2）课中：进入实训室前，检查着装，完成职业宣誓，随后准备烹饪工具，整理操作台，

完成烹调前的开档工作。

导入：学生分享菜品文化故事，欣赏菜品。

模拟烹：运用料理模拟器，熟悉原料配比、操作步骤。学生登录学习平台，接收订单，模拟菜品烹饪过程。结合顾客反馈，师生分析模拟操作问题，归纳原料配比和操作步骤，学生再次登录模拟平台，完成菜品烹饪。

真实烹：真实烹饪，掌握要领。学生根据菜品要求，按需选择原料；根据加工规范，完成原料加工；根据烹饪规范，对接成品标准，制作菜肴。由录播系统全程录制学生的操作过程，教师在巡视中可及时进行针对指导、并捕捉各小组的操作误区。随后，教师带领学生分析菜品，通过观颜色、闻气味、尝味道、称重量、核尺寸、查过程等方式，完成自评互评，分析实操优劣；教师针对学生出现的操作问题，进行点对点示范，此后师生共同归纳菜品烹饪要领。根据归纳的烹调要领，再次练习。

订单烹：接收订单，强化服务。学生登陆平台，接收订单，根据本土订单需求，在原料配比和烹饪方法上做出调整，制定方案，采用小组合作岗位制烹饪菜品。师生分析需求、点评菜品，总结服务导向的菜肴变化方法和原则。

小结：师生总结菜品制作要领、服务要领、菜肴调整原则。

(3) 课后：回顾烹饪过程视频，明确不足之处，继续巩固强化；课后烹制菜品，拍照或微视频上传班级群；为家人制作一份意式菜肴，并提交照片和家人评价反馈。

(二) 综合实训课——创设工作场景，引进真实订单，开展套餐制作

(1) 课前：发放套餐制作学习包，明确任务，小组合作设计套餐制作方案，邀请西餐名厨从原料选择、营养搭配、成本核算等方面提出指导建议，确保套餐方案合理。

(2) 课中：检查着装，完成职业宣誓，准备烹饪工具，整理操作台，完成开档工作。

导入：引导学生了解意式套餐的分类和用途。

展方案：组织学生分享套餐方案。

评方案：教师点评，学生取长补短。明确套餐设计原则、制作思路、成本控制。

制套餐：学生根据套餐方案和菜品成品标准，制作套餐。

展套餐：学生从套餐成品、操作过程、主题装盘三个方面分组推介。

评套餐：师生和西餐名厨共同品鉴套餐，并评价反馈，教师提炼套餐制作注意事项。

拓套餐：邀请西餐名厨结合菜肴变化角度演示拓展套餐，分享诀窍经验，展示职业素养。

小结：师生针对套餐制作的共性问题和个性问题进行小结。

(3) 课后：撰写一份套餐制作心得，为家人制作一份意式家庭套餐，并提交照片和家人评价反馈。

三、学生学习效果

(一) 运用信息技术，虚实结合，"厨技"精准达标

(1) 借助模拟料理器，熟悉烹饪步骤，实现 96% 的学生能掌握烹饪流程，学生运用模

拟料理器，进行原料配比、投放顺序及烹饪时间的训练，实现了人人练，学生熟练掌握烹饪流程。后台数据统计显示，65%的学生能在第一次模拟烹饪时，根据正确的原料配比和操作步骤完成模拟制作；96%的学生能在第二次模拟烹饪时准确完成烹饪流程。

（2）借助量化工具，谨遵量化要求，实现91%的学生能烹制符合标准的菜肴。学生运用称量工具、测温工具、烤箱中心温度探针等自主测量，形成经验，能够做出符合成品标准的菜肴。根据一人一菜一档数据发现，学生在卫生、安全、环保、技能、服务方面有所上升；在菜品质量的色香味形质上，有91%的学生制作的菜品符合成品标准。

（3）创设真实情境，调整烹调流程，实现87%的学生能完成订单满足需求。学生根据订单描述，分析需求，调整烹饪流程。根据互评反馈，87%的学生制作的菜品能够满足订单需求。

（二）紧扣过程融入，育训结合，“厨德”全面提升

在学校，通过职业宣誓，树立良好的职业规范和卫生意识；借助厨余垃圾称量，从源头上减少厨余垃圾；组织开档收档检查，逐渐养成良好的劳动习惯。在家中，学生主动承担家务，为家人烹调制作美食，既巩固所学、提升服务，又孝敬父母、关爱家人；在爱心义卖活动中，制作出了美味的本土化意式佳肴；在社区，温暖送餐，让更多的人感受到意餐的美味和温度。“厨德”培育融入过程，育训结合，知行合一。

（三）赋予菜品内涵，文技兼修，“厨心”有效内化

通过环境氛围的熏陶和菜品故事的分享，感悟意式菜肴的美食文化和特色，理解中西方餐饮文化的异同，用包容平等的态度尊重他人文化，洋为中用、兼容并蓄，增强文化自信。同时，结合本土顾客需求，从健康烹调和营养均衡的角度改进烹饪方法，提升菜品质量和服务品质，“厨心”得到有效内化。

四、特色亮点

（一）三烹策略，层层递进，赋菜品以人文温度

“模拟烹”，学生运用模拟料理器，能人人练反复练，既节省了食材又熟悉了量化标准和操作步骤；“真实烹”，学生走入厨房精准练，固化了操作要领，夯实了操作技能；“订单烹”，创设真实情境，融入顾客需求，学生融会贯通，烹制本土化意式菜肴，融“炼厨技”“修厨德”“慧厨心”于一体，层层递进，赋菜品以人文温度。

（二）产教融合，学岗对接，赋能学生可持续发展

真实的环境、真实的任务、真实的学习、真实的评价，实现教学实施和岗位要求的无缝对接。工作任务即教学任务，岗位分工即小组分工，采用岗位轮流制，推选当班主厨，团队协作学习，共同完成汤、面食和主菜的真实烹饪，利用一人一菜一档，精准教学诊断与评价，培养学生良好的职业习惯，建立职业自信，赋能学生可持续发展。

（三）名厨引领，整合资源，促进课程建设和专业发展

西餐名厨入驻学校，设立名厨工作室，参与专业人才培养方案制定，数字资源库开发；进入课堂传授烹调手法和技艺，树立了学习标杆；进入社会实践，展示精湛技艺，传递了工匠精神；指导学生参赛，为学生提供创新菜品的思路，拓宽了学生视野，全方位促进课程建设和专业发展。

五、反思改进措施

（一）学习能力参差不齐，高阶目标达成度有待提高

在订单烹环节，仍有13%的学生制作的菜品未能够满足订单需求。后续教师应在教学设计上充分考虑到学习者具备的能力和素质，在订单设计上做出调整，细化分层教学目标，同时延长实训室开放时间，为学生提供课后实训实践的条件，提高高阶目标达成度。

（二）菜品表现力和创新力不足，强化意识拓宽广度

意式菜肴品种繁多，风味各异。该模块仅学习了6款菜品，学生在菜品原料的选用、烹饪的技法和菜品的表现力和创新力上尚有欠缺。后续进一步强化创新意识，拓宽学习广度，增加名厨课后指导，尝试不同的烹调手法和技艺创新制作菜品，不断提高学生菜品的表现力和创新力。

《饮食和排泄护理》教学实施报告

朱　蕾　张　毅　丁　超　吴宗倩①

护理学基础课程是护理专业(老年方向)的一门专业核心课程,开设时间是二年级第一和第二学期,共计144学时。

本次教学内容选自国规教材《护理学基础》第十四章饮食与营养和第十五章排泄护理,授课时间在第二学期。遵循着以学生学习为中心,以岗位需求为导向,以能力培养为本位,以基础护理的工作任务为依据,以患者入院到出院的真实护理过程为路径,将教学内容整合为八个项目。

一、教学整体设计

(一)突出职业,培育具有人文情怀的新时代护士

饮食和排泄护理是一项富有人性和需要情感投入的工作。本次教学将培养饮食和排泄护理操作技能与培育人文关怀品质作为两条平行主线,从教学设计到教学实施再到教学评价反馈,视同车之两轮,鸟之双翼,同时设计、同时实施、同时评价反馈,扭转以往教学中重技能、轻人文的现象。

(二)构建线上线下混合式教学模式,满足疫情期间的教学需求

落实教育部"停课不停教、停课不停学"相关要求,根据《饮食与排泄护理》16学时教学内容的特点,线上教学充分利用动画视频、网络学习平台、思维导图、微课和护理虚拟仿真操作系统、语言沟通训练系统等教学资源,增强趣味性、生动性、直观性和操作可模拟性;线下教学充分利用老年护理实训室、仿真模拟人实训设备,通过教师现场示教讲解、护患角色扮演提升实操技能,强化人文体验,实现线上线下混合式教学。

(三)课证融通,优化教学内容

依据课程标准,基于学情,结合1+X老年照护初级证书考试内容和要求,根据消化系统从上到下的解剖顺序,结合饮食和排泄护理真实工作过程,将饮食护理8学时分为医院饮食的评估与护理、一般饮食护理、特殊饮食护理和饮食护理综合实训,涵盖1+X

---

① 朱蕾、张毅、丁超、吴宗倩,上海市建筑工程学校。

老年照护初级证书“进水帮助”“一般进食帮助”和“特殊进食帮助”的考试内容；将排泄护理8学时分为排泄的评估与护理、协助排尿护理技术、协助排便护理技术和排泄护理综合实训，涵盖1+X老年照护初级证书“一次性尿袋协助更换”的考试内容。教学内容由简入繁，层层递进，符合学生由一般到特殊的认知规律。

（四）以学生为中心，设计教学策略

立足同步培养学生的操作技能与人文关怀能力，设计三层级专项训练。在教学设计中利用护理虚拟仿真操作系统和语言沟通训练系统，力求及时反馈和客观评价；借助三维动画视频，帮助学生突破学习难点；采用角色扮演、高龄体验、话题讨论、社区体验，力求增加学生沟通应变能力，增强护患同理心，培养爱伤观念。

（五）德技并重，构建六维一体评价体系

根据《中等职业学校护理专业教学标准》、中职护理专业人才培养目标及能力要求，结合1+X老年照护“特殊饮食帮助”和“简易通便帮助”的职业能力要求，设计职业能力评价体系。通过职教云平台、仿真软件、仿真模拟人操作等教学资源采集相关指标数据，刻画学生“职业能力画像”，有利于学生自我诊断，教师因材施教。

二、教学实施过程

在新冠疫情防控常态化形势下，依据授课计划，16学时教学内容中6学时为线上教学内容、10学时为线下教学内容。结合教学内容特点，涉及专项实训课和综合实训课两种课型，12学时为专项实训课，4学时为综合实训课。具体安排如表1所示。

表1　授课安排

教学内容		课时	教学方式	课程类型
饮食护理	医院饮食的评估与护理	2	线上教学	专项实训
	一般饮食护理	2	线上教学	专项实训
	特殊饮食护理	2	线上教学	专项实训
	饮食护理综合实训	2	线下授课	综合实训
排泄护理	排泄的评估与护理	2	线下授课	专项实训
	协助排尿护理技术	2	线下授课	专项实训
	协助排便护理技术	2	线下授课	专项实训
	排泄护理综合实训	2	线下授课	综合实训

（一）专项实训课：任务驱动法

采用任务驱动法，为学生提供体验岗位实践的情境和感悟问题的情境，围绕任务展开学习，以任务的完成结果检验和总结学习过程。以排尿护理线下教学内容为例：

1. 课前

【导入】教师通过职教云平台向学生推送女性会阴部三维动画、导尿操作视频等基本学习资源，完成课前预习。

【自测】通过课前基础知识测试，系统记录学生对已学知识点的掌握情况，教师根据学生的测试结果，聚焦无菌操作原则问题。

2. 课中

①病例分析，明确任务。如，李奶奶，70 岁，因急性尿潴留来院就诊，患者情绪紧张，采取其他护理措施诱导排尿均无效后，护士需协助患者排尿，即实施导尿术。任务目标：患者紧张情绪缓解，愿意配合导尿；协助排尿过程顺利；协助排尿过程中未出现血尿等异常情况。②学生观看教师示教；虚拟仿真平台通过病例模拟练习，熟悉操作流程；运用语言训练沟通系统借助关键词出现的频次、语音语调的变化、语言的流畅度等训练沟通技巧，提升人文关怀能力；仿真模拟人上对操作技能进行分段练习，确保每个动作的准确，学生拍摄视频、图片上传职教云平台进行互评。③尝试进行完整操作，教师根据学生操作情况剖析操作技巧，再次示教操作难点，学生结合任务提高操作精准度，减轻患者病痛。④总结评价。针对任务目标进行考核，总结任务内容。

3. 课后

①教师布置协助排尿测试题，了解学生导尿相关理论知识掌握情况。②开展个性化指导。开放实训室，鼓励学生增加动手练习频次，提升动手能力。③组织学生进入临床与患者交流，了解导尿患者感受，增强爱伤关，提升人文关怀能力。

（二）综合实训课：结合护理程序组织项目教学

采用项目教学法，引入具体临床案例，将护理程序转换成教学流程，依照“护理评估”“护理诊断”“护理计划”“护理实施”和“护理评价”的顺序设计对应的教学流程。

以“饮食护理综合实训”为例：

1. 课前

学生接收电子学习包，复习有关饮食、排泄的微课、图片、文字等资料，完成线上测试题，教师通过查看线上检测结果，了解学生对饮食、排泄护理知识的掌握情况。

2. 课中

①护理评估：创设具体的情境，分析脑梗患者和股骨骨折患者的病例，明确饮食和排泄项目教学的综合护理任务，并通过角色扮演让学生切身体验偏瘫和股骨骨折患者的无助和痛楚，引发同情，在评估“患者”病情收集“患者”资料时融入人文关怀，注重人文沟通；②护理诊断：根据护理评估收集的患者资料，学生通过头脑风暴，在学习平台上提出护理诊断，并通过学习平台设置的投票方式选出首优、次优护理诊断；③护理计划：将学生分成 4 个小组，由小组长负责分工，学生积极开展讨论和交流，根据首优、次优护理诊断，提出并制定护理计划，书写在学案上；④护理实施：根据书写的护理计划，学生互换角色，通过体验“护士”“患者”“家属”等不同的角色，体会彼此的需求，尝试执行护理操作，教师通过思维导图引导学生整理本次计划操作要点，作难点讲解和细节示教后，学生再次执行护理计划并书写护理记录；⑤护理评价：每个小组派出代表进行操作片段展示，汇报完成后学生互相点评，教师给予综合评价和讲评，学生小组讨论，最终修订护理计划，

并上传到学习平台。

3. 课后

组织学生进行社区饮食健康宣教，强化学生对理论知识的掌握，培养学以致用，服务社会的意识。

三、学习效果

（一）学生参与率100%，自主学习能力提升

职教云数据分析看出全体学生主动投入课前预习环节。电子学习包中的教学资源尤其是重难点讲解的微视频和教师示范操作的视频点击率高。疑难问题是学生自主学习、积极探究、深入思考后发现的，小组讨论参与率高，提交的内容质量高。无论是课堂在线同步测试，还是课后操作系统及沟通系统的使用，每一位学生都学习使用。学生完全接受网络辅助教学功能，包括作业、测试、通知、答疑、讨论等互动教学活动，整个学习过程都有师生、生生之间的交流互动，交流频率增多，互动时长增加，实现资源共享、问题交流、协作学习和针对性辅导。

（二）学生操作技能精准度、熟练度提高

护理虚拟仿真操作系统的利用突破了场地和器材的限制，学生随时随地可以进行虚拟操作练习，练习频率和时间增加。在严格遵循操作步骤不断反复练习中，熟练度明显提高。学生借助三维动画视频，理解解剖结构，突破胃管、导尿管和肛管置入过程的学习难点，实现精准操作。在专项护理技能考核和综合实训考核中，获优等第学生人次占85.8%。

（三）学生人文关怀能力提高

沟通训练系统的反复练习、测试、分析和改进提高学生沟通温情度、有效度，护患沟通能力增强。职业能力画像展示出学生人文关怀职业素养提升。分组练习角色扮演，学生轮流担任“护士”“患者”“家属”和“教师”等角色，角色转换增加学生沟通和应变能力，尤其是“患者”角色的扮演，学生切身体验脑梗后遗症、截瘫患者的感受，增强护患同理心，培养爱伤观念。

四、特色创新

（一）三层级专项训练，培育德技双馨护理人才

在三层级专项训练中，一练护理流程，强调操作程序规范是护士科学严谨职业素养的具体体现，而告知义务的履行、亲切的询问可以表达对患者的尊重；二练护理质量，护患关系角色扮演、高龄体验培养爱伤护伤精神，护理操作技能的精准与熟练程度反映精益求精、追求卓越的工匠精神，在反复练习的过程中培育积极向上的劳动精神和认真负

责的劳动态度;三练人文关怀,运用沟通训练系统让人文关怀素养可测可评。三层级层层递进,技能与素养紧密结合,培育德技双馨护理人才。

(二)课程教学与技能证书有机融合,实现课证融通

把教学目标和证书技能标准有机结合,将饮食和排泄护理教学内容与1+X老年照护(初级)证书考试中“特殊进食帮助”和“简易通便帮助”任务融合,实现扩充和细化(见图12)。通过育训结合,工学一体,培养高质量老年护理人才。

(三)引入工作程序,培养岗位能力

护理程序教学模式将学生直接带入医院护理工作的真实工作流程中,给予学生强烈的职业岗位体验。护理程序教学模式创设具体真实的工作情景,要求学生充分了解患者的基本情况及病情,包括患者性别、年龄、文化程度、民族、诱因、诊断、并发症等因素,结合专业知识和技能,开展护理评估、提出护理诊断,制定护理计划,完成护理实施,真正培养学生综合运用所学知识和技能,在临床案例中发现问题、分析问题、解决问题,完成岗位工作任务,提高综合能力。

(四)教学团队结构合理,协作教研共同提高

教学团队人员具有创新意识、进取精神和表现能力,由一名教研管理能力出色的专业带头人,一名教学实践经验丰富的骨干教师和两名具有双师素质青年教师组成,形成中青年带教梯队结构,平均年龄35岁,高级讲师一名,讲师两名,助理讲师一名。团队成员多次在市级教学法评比中获得优异成绩,指导学生参加全国职业院校职业技能大赛屡获大奖,近两年撰写4篇论文发表,完成市级课题1项,校本教材(规划教材)1本,参编《新编基础护理学考题解析》《护理人文修养》。

五、反思改进

(一)“四新”技术运用力度不够,对技术发展的参与度不高

沟通训练系统技术更新升级速度较快,可以根据学生的演练情况进行大数据分析,不断地优化关键词的提取、更改和扩充,才能更加全面和准确地评价学生沟通能力。仿真模拟人能够模拟人体消化系统解剖结构,但没有感知功能,无法反馈疼痛,难以评价学生操作力度,应该多走访科技企业,参与企业研发调研项目,协助开发或引进具有触觉感知功能的人工智能模拟人来提高评价精准度。

(二)线上线下混合式教学模式还须不断创新

线上教学与线下教学各有优势和特色,要达到教学效果的最优化,应发挥两者相辅相成的作用关系,比如线上仿真操作系统无法完全取代线下实操训练,知识巩固运用线上测试题库可以达到评价客观,反馈及时,统计便捷清晰,错题反复练习便利的效果。所以线上线下混合式教学模式还须不断实践,不断突破和创新。

（三）学生对老年护理工作的职业认同感还不够充分

护士应具备优秀的人文关怀能力，才能在岗位中实现对患者的“身心护理”。但学生因年龄、社会经历、生活体验等方面的原因，面对老年患者的人文关怀意识和能力还有所欠缺，对老年护理工作的职业认同感还不够充分，应多增加情景模拟体验、角色扮演体验和医院认知实习等活动。